山东省社科规划项目研究成果（项目批准号：22DYYJ06）

山东师范大学中国语言文学山东省高水平学科·优势特色学科建设经费资助

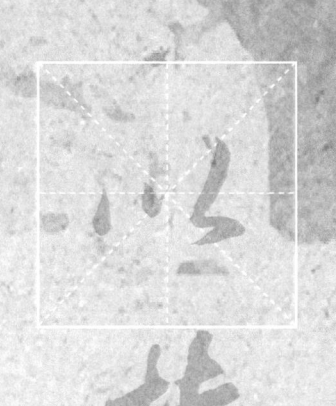

唐宋处置构式研究

杨朋飞 著

中国社会科学出版社

图书在版编目(CIP)数据

唐宋处置构式研究 / 杨朋飞著. -- 北京：中国社会科学出版社, 2025. 5. -- ISBN 978-7-5227-4722-4

Ⅰ. H141

中国国家版本馆 CIP 数据核字第 2025R4Z315 号

出 版 人	赵剑英
责任编辑	慈明亮
责任校对	韩海超
责任印制	戴　宽

出　　版	中国社会科学出版社
社　　址	北京鼓楼西大街甲 158 号
邮　　编	100720
网　　址	http://www.csspw.cn
发 行 部	010-84083685
门 市 部	010-84029450
经　　销	新华书店及其他书店
印　　刷	北京明恒达印务有限公司
装　　订	廊坊市广阳区广增装订厂
版　　次	2025 年 5 月第 1 版
印　　次	2025 年 5 月第 1 次印刷
开　　本	710×1000　1/16
印　　张	17
插　　页	2
字　　数	295 千字
定　　价	89.00 元

凡购买中国社会科学出版社图书，如有质量问题请与本社营销中心联系调换
电话：010-84083683
版权所有　侵权必究

序　言

　　杨朋飞博士读书期间就对汉语处置式产生了浓厚的兴趣，并尝试运用新理论对相关现象进行分析解释。任教于山东师范大学后，仍在这一园地里深耕细作，并以此申请到了山东省社科基金项目，如今项目已顺利完成，在结项成果《唐宋处置构式研究》即将出版之时，请我为这部著作写个序，作为朋飞的导师，我愉快地答应了下来。

　　汉语处置式一直是学界讨论的热点问题，早在20世纪40年代，王力先生就明确提出"处置式"的概念，并对其句法语义特点及发展演变做了描写与分析，此后学者们从不同角度对处置式进行研究，取得了丰硕的成果，但在其产生时代、来源、演变动因等问题上仍存在争议，留下了进一步深入研究的余地。

　　杨朋飞的《唐宋处置构式研究》就是一部旨在加深汉语处置式的历史发展演变研究的著作。该书以唐宋时期的处置式为研究对象，基于语义地图模型，运用构式语法理论，通过构建全面系统的语义地图以及不同语义域的关联，从共时和历时两个角度梳理分析汉语处置构式的历时演变及动因。在共时层面，以构式多义性为纬线，关注句式同形异义，构建以处置为核心的语义地图模型，系联同一句法形式所负载的多种相关意义，探求不同意义之间的脉络关系；在历时层面，以构式承继关系为经线，关注表达同一语法功能的不同形式，分析处置概念域表现形式的更替变化。

　　该书的建树主要体现在两个方面：一是注重将现代语法理论与古汉语语言事实相结合，尝试运用语言学理论对古汉语的语法现象进行力所能及的分析。阿黛尔·戈德伯格在《构式：论元结构的构式语法研究》中指出："一个句法形式不必只和一个特定语义相联；语言中存在构式歧义现象，即同一个形式具有不同的意义。"[①] 后来，阿黛尔·戈德伯格在《运

[①] [美]阿黛尔·戈德伯格：《构式：论元结构的构式语法研究》，吴海波译，北京大学出版社2007年版，第232页。

作中的构式：语言概括的本质》中进一步指出："一个小句的意义并不仅仅取决于用来表达它的论元结构构式的意义，这一点也是非常重要的。因此我们需要认真研究个别的动词、特别的论元以及语境。"① 汉语处置式的语义类型较为丰富，该书结合构式语法理论分析处置式的类型，这一点值得肯定。二是该书能够关注到语法的系统性，从句式间的相互联系入手探究语法现象的历时形成与发展演变。蒋绍愚先生在《近代汉语语法史研究综述》中指出："语法是一个系统，各种语法形式之间会有相互影响。有些问题应当联系起来加以考察，才能研究得比较深入。"② 该书结合不同时期的语法系统，分析了处置式与其他句式如双宾语、动结式的联系，阐释了处置式的发展演变，同时也能得到理论支撑。阿黛尔·戈德伯格在《构式：论元结构的构式语法研究》中指出："动结构式中的结果短语可以被看作是目标的隐喻，因此动结构式本身可以被看作是包含实际致使移动意义的致使—移动构式的隐喻扩展。……该隐喻是一个普遍的系统的隐喻，即把状态变化看作是向某个新处所移动。"③ 即汉语处置式"介词$_{处置}$+名词$_1$+动词+名词$_2$"形式与"介词$_{处置}$+名词+动词+补语"形式之间可以分析为存在构式承继关系。

该书通过运用西方语言学理论对汉语事实进行分析，值得肯定。同时也应该看到，西方语言学理论与汉语有"隔"，面对复杂且特性明显的汉语现象，其解释力并非无往而不利。因此从事汉语研究工作，必须尊重汉语事实，实事求是，对于国外语言学理论，择善而用，不能机械地照搬，更不可削汉语之足以适西方语言学理论之履。就该书而言，构式语法理论对处置式研究的有效性及局限，有必要做出更为全面深入的阐释。鉴于汉语处置式类型复杂，该书在分类方面可以进一步精细化：一是关于处置式的意义，依据当前学界意见，分为处置（给）义、处置（作）义、处置（到）义，由于该书立足于语义地图模型，涉及不同语义域的关联，因此处置式的意义可以进一步细化，以更好地体现处置式在历史发展过程的语义变化；二是该书对六类处置构式的历时发展作了梳理，该梳理在全面细

---

① ［美］阿黛尔·戈德伯格：《运作中的构式：语言概括的本质》，吴海波译，北京大学出版社 2013 年版，第 44 页。

② 蒋绍愚、曹广顺：《近代汉语语法史研究综述》，商务印书馆 2005 年版，第 9 页。

③ ［美］阿黛尔·戈德伯格：《构式：论元结构的构式语法研究》，吴海波译，北京大学出版社 2007 年版，第 78—80 页。

致方面还有不尽如人意之处。

　　杨朋飞思维敏捷，视野开阔，有理论追求；所任职的山东师范大学文学院，有悠久的汉语史研究传统，近年来更是取得了一系列可喜的成就。希望朋飞以前辈时贤为榜样，充分发挥自己的聪明才智，不断进取，日就月将。

徐正考

2025 年 4 月 17 日于长春

内容提要

处置构式是汉语中的常用构式,在语法系统中具有重要地位。唐宋时期,处置构式就已经基本成熟,表现为类型齐备,数量丰富。依据处置介词的不同,可以将其分为六类,分别是"以"字处置构式、"持"字处置构式、"取"字处置构式、"将"字处置构式、"把"字处置构式和"捉"字处置构式。这六类处置构式的形式表现、出现时间、形成过程以及演变结果都存在显著差异。有鉴于此,我们基于语义地图模型,运用构式语法理论,立足语法的系统性,结合语言的时代性,全面系统梳理汉语处置构式的历时形成与发展演变。

唐宋时期,"以"字处置构式的形式表现为"以+O_1+V+O_2",其构式义为"对'O_1'施以处置动作'V',致使'O_1'关联'O_2'"。根据动词"V"的不同类型,其构式义可以概括为三类,分别为"处置(给)"、"处置(作)"和"处置(到)"。其中"处置(给)"出现时间最早,使用频率最高,意义最为典型,属于基本事件类型,可以看作是处置构式的中心意义,"处置(作)"和"处置(到)"可以看作是扩展意义,这体现了处置构式的多义性。"以"字处置构式在先秦时期就已出现,它的形成是内因和外因共同作用的结果,内因是由于动词语法化的渐变性使得"以"字式具有多义性,表现为在同一时期"以"字式既可以是连动式,也可以是工具式,还可以是处置式;外因是双宾语句式的影响,表现为调整句法结构以凸显对句法成分的强调。虽然"以"字处置构式出现时间较早,但是受"以"字式多义性的制约,一直未能彻底成为纯粹的处置构式,既影响了其自身作为处置构式的使用频率,以致未能得到进一步发展,也为唐宋时期"将/把"字处置构式的出现提供了可能。

唐宋时期,"持/取"字处置构式有两种形式表现,一是"持/取+O_1+V+O_2"形式,其构式义为"对'O_1'施以处置动作'V',致使'O_1'关联'O_2'";二是"持/取+O(+X)+V"形式,其构式义为

"对'O'施以处置动作'V'"。根据动词"V"的不同类型，其构式义也可以概括为三类，分别为"处置（给）"、"处置（作）"和"处置（到）"。"持/取"字处置构式在魏晋时期也已出现，其中处置式"持/取+O_1+V+O_2"来源于连动式"持/取+O_1+V+O_2"的重新分析，其内因是连动式"持/取+O_1+V+O_2"的高使用频率为其语义重新分析提供了数量基础，且部分连动式具有可以重新分析为处置式的语义基础；外因是受到"以"字处置式的格式类推。处置构式"持/取+O+V"的形成源于两个因素的共同推动：一是连动式"持/取+O+V"提供了形式依据；二是处置式"持/取+O+V+之"提供了语义基础。虽然"持/取"字处置构式出现时间较早，且在其形式表现上有所发展，但是并没有沿用成为汉语的常用处置构式，而是逐渐衰落以至于消亡。这是由于"持/取"字处置构式只出现于汉译佛经中，没有进入全民语言，使用范围较小，且"持/取"动作性较强，语法化不够彻底，动词用法一直较为常见，影响了其作为处置介词的发展，加之汉语词汇双音化趋势也使得新形式"持/取+O+V"缺乏得以继续发展的条件，以及动补结构尚未出现等因素，使得"持/取"字处置构式逐渐衰落，未能成为汉语中的常用句式。

唐宋时期，"将/把"字处置构式有三种形式表现：一是"将/把+O_1+V+O_2"形式，当"O_1"为动词"V"的受事时，其构式义为"对'O_1'施以处置动作'V'，致使'O_1'关联'O_2'"，当"O_1"为动词"V"的施事或当事时，其构式义为"对'O_1'施以处置，致使'O_1'发生动作'VO_2'"。二是"将/把+O（+X）+V"形式，当"O"为动词"V"的受事时，其构式义为"对'O'施以处置动作'V'"，当"O"为动词"V"的施事或当事时，其构式义为"对'O'施以处置，致使'O'发生动作'V'"。三是"将/把+O（+X）+V+Y"形式，当"O"为动词"V"的受事时，其构式义为"对'O'施以处置动作'V'，致使'O'出现'Y'的状态"。当"O"为动词"V"的施事或当事时，其构式义为"对'O'施以处置，致使'O'发生动作'VY'"。"将/把"字处置构式出现于唐代，至宋代基本定型，其形式表现不同，历时形成过程也不同。"将/把+O_1+V+O_2"形式是由连动式"将/把+O_1+V+O_2"重新分析而来，其内因是句式存在的多种理解提供了语义基础，外因是已有处置式的格式类推。"将/把+O+V"形式的形成是为了适应诗词的格律要求，对句法成分进行调整的结果。"将/把+O+V+Y"形式的形成是由于受到动补结构的影响，这体现了语法的系统性。随着唐代动补结构的普遍使用，出现两种结果，一是可以与处置式"将/把+O+V"语义相融，表意更为明确；二是也为"将/把"连动式语法化为处置式提供了适宜的句法环境，因而"将/把"字处置构式得到广泛使用，一直沿用到现代汉语中。

唐宋时期，"捉"字处置构式具有三种表现形式：一是"捉+O_1+V+O_2"形式，其构式义为"对'O_1'施以处置动作'V'，致使'O_1'关联'O_2'"；二是"捉+O（+X）+V"形式，其构式义为"对'O'施以处置动作'V'"；三是"捉+O+V（+X）+Y"形式，其构式义为"对'O'施以处置动作'V'，致使'O'出现'Y'的状态"。"捉"字处置构式出现于唐代，由"捉"字连动式重新分析而来，其内因是"捉"字连动式具有重新分析为处置式的语义基础，外因是受到同型处置构式的格式类推。由于"捉"字处置构式只是一种方言句式，并没有得到广泛使用，因而随着唐代"将/把"字处置构式的普遍出现，"捉"字处置构式逐渐衰落，未能成为汉语中的常用句式。

唐宋时期，处置构式类型多样，主要表现在三点：一是结构形式相同，处置介词不同——同形异介处置构式；二是处置介词相同，结构形式不同——同介异形处置构式；三是结构形式相同，处置介词相同，但表示的意义不同——同形同介处置构式。不同类型处置构式的历时形成与发展演变并不相同，处置构式的历时形成，主要体现在同形异介处置构式，处置介词不同的处置构式都来源于连动式的重新分析，是动词语法化的结果，其语法化来自内因和外因的共同推动，内因是指高使用频率的连动式具有重新分析为处置式的语义基础，外因是指语法系统的影响：一是体现在不同句式之间存在或多或少的联系；二是体现在同一形式在不同时期的格式类推。处置构式的发展演变，可以概括为三类：第一类是同形异介处置构式的发展演变，即表意相同的同一形式的处置构式，在不同时期使用的处置介词不同，体现了构式的压制作用；第二类是同介异形处置构式的发展演变，即"P+O_1+V+O_2"形式—"P+O（+X）+V"形式—"P+O（+X）+V+Y"形式的演变过程，体现了构式的承继关系；第三类是同形同介处置构式的发展演变，即形式表现和处置介词都相同，但是表示意义不同，主要体现在"处置—致使"意义的差别，体现了构式成分对构式义的影响。

目　录

绪论 ……………………………………………………………… (1)
  0.1　选题缘由 ………………………………………………… (2)
    0.1.1　揭示唐宋语法现象的联系 ………………………… (2)
    0.1.2　解释处置构式的形成与发展 ……………………… (3)
    0.1.3　加强处置构式的理论分析 ………………………… (4)
  0.2　研究目标与方法 ………………………………………… (5)
  0.3　相关研究回顾 …………………………………………… (6)
    0.3.1　处置构式概念研究 ………………………………… (6)
    0.3.2　处置构式产生时代讨论 …………………………… (12)
    0.3.3　处置构式来源研究 ………………………………… (17)
    0.3.4　处置构式形成动因研究 …………………………… (24)
  0.4　处置构式的界定说明 …………………………………… (27)
    0.4.1　处置式的构式理据 ………………………………… (28)
    0.4.2　处置构式的概念厘定 ……………………………… (33)
    0.4.3　处置构式的形式类型 ……………………………… (34)
    0.4.4　处置构式的多义性 ………………………………… (35)
  0.5　语料选择 ………………………………………………… (44)
    0.5.1　唐五代 ……………………………………………… (44)
    0.5.2　宋代 ………………………………………………… (44)
    0.5.3　数据统计表 ………………………………………… (45)

第1章　唐宋"以"字处置构式分析 ………………………………… (47)
  1.1　"以"字处置构式的语义特点 …………………………… (47)
    1.1.1　"O_1"的语义特点 ………………………………… (47)
    1.1.2　"O_2"的语义特点 ………………………………… (53)
    1.1.3　"O_2"的语义类型 ………………………………… (57)

1.2 "以"字处置构式的语法意义……………………………(60)
   1.2.1 "处置（给）"式………………………………………(60)
   1.2.2 "处置（作）"式………………………………………(64)
   1.2.3 "处置（到）"式………………………………………(66)
1.3 "以"字处置构式的历时形成及在唐宋的表现…………(69)
   1.3.1 动词"以"的语法化……………………………………(70)
   1.3.2 双宾语句式的影响……………………………………(72)
1.4 "以"字处置构式的衰落及其动因…………………………(79)
   1.4.1 "以"字式的多义性……………………………………(80)
   1.4.2 处置介词"将/把"对"以"的替换…………………(81)
1.5 小结………………………………………………………………(84)

第2章 唐宋"持/取"字处置构式分析……………………(86)

2.1 "持/取"字处置构式的语义特点…………………………(87)
   2.1.1 "O_1"的语义特点……………………………………(87)
   2.1.2 "O_2"的语义特点……………………………………(91)
   2.1.3 "O_2"的语义类型……………………………………(94)
2.2 "持/取"字处置构式的语法意义…………………………(99)
   2.2.1 "处置（给）"式………………………………………(99)
   2.2.2 "处置（作）"式………………………………………(102)
   2.2.3 "处置（到）"式………………………………………(104)
2.3 "持/取"字处置构式的历时形成及在唐宋的表现……(105)
   2.3.1 "持"字处置构式的历时形成及在唐宋的表现………(107)
   2.3.2 "取"字处置构式的历时形成及在唐宋的表现………(117)
   2.3.3 "持/取"字处置构式及其工具式的关系……………(130)
2.4 "持/取"字处置构式的衰落及其动因……………………(134)
   2.4.1 动词"持/取"语法化的不彻底性……………………(134)
   2.4.2 使用范围的制约…………………………………………(137)
   2.4.3 "将"字处置构式的兴起………………………………(138)
   2.4.4 句法环境的制约…………………………………………(139)
   2.4.5 汉语词汇双音化的影响…………………………………(141)
2.5 小结………………………………………………………………(142)

第3章 唐宋"将/把"字处置构式分析 (144)

3.1 "将/把"字处置构式的语义特点 (145)
3.1.1 "将/把+O_1+V+O_2"式 (146)
3.1.2 "将/把+O (+X) +V"式 (159)
3.1.3 "将/把+O (+X) +V+Y"式 (165)

3.2 "将/把"字处置构式的语法意义 (174)
3.2.1 "将/把+O_1+V+O_2"式 (176)
3.2.2 "将/把+O (+X) +V"式 (183)
3.2.3 "将/把+O (+X) +V+Y"式 (185)

3.3 "将/把"字处置构式的历时形成及在唐宋的表现 (189)
3.3.1 "将/把+O_1+V+O_2"式的历时形成及在唐宋的表现 (190)
3.3.2 "将/把+O (+X) +V"式的历时形成及在唐宋的表现 (199)
3.3.3 "将/把+O (+X) +V+Y"式的历时形成及在唐宋的表现 (203)

3.4 小结 (207)

第4章 唐宋"捉"字处置构式分析 (210)

4.1 "捉"字处置构式语义特点 (210)
4.1.1 "捉+O_1+V+O_2"式 (210)
4.1.2 "捉+O (+X) +V"式 (211)
4.1.3 "捉+O (+X) +V+Y"式 (212)

4.2 "捉"字处置构式的历时形成及在唐宋的表现 (213)
4.2.1 动词"捉"的历时演变 (214)
4.2.2 "将"字处置构式的影响 (216)

4.3 "捉"字处置构式的衰落及其动因 (218)

第5章 处置构式的形成动因及发展演变 (220)

5.1 处置构式的形成动因 (222)
5.1.1 动词语法化的影响 (223)
5.1.2 语法现象之间的影响 (229)
5.1.3 语言环境的影响 (231)
5.1.4 政治中心变迁的影响 (232)

5.2 处置构式的历时形成与发展演变 (232)

5.2.1 不同句型的处置构式的历时形成……………………（233）
5.2.2 不同类型的处置构式的历时形成……………………（233）
5.2.3 同一类型处置构式义的发展演变……………………（234）
结语……………………………………………………………（237）
参考文献………………………………………………………（242）

绪　　论

处置构式是汉语特有的语法现象，也是一种重要的句法结构，通过加深对处置构式的研究，不仅有助于深入理解这一特殊句式的历时形成和发展演变，而且对于全面系统认识汉语的语法系统具有重要意义。王力最早关注这一句式，在1943年明确提出"处置式"的概念，王力指出："就形式上说，它是用一个介词性的动词'把'字把宾语提到动词的前面；就意义上说，它的主要作用在于表示一种有目的的行为，一种处置。"① 这说明处置式是形式和意义的结合体。戈德伯格（A. E. Goldberg）认为："任何一个构式都是形式和意义的对应体。"② 因此，处置式可以理解为构式，我们运用构式语法理论对处置式进行分析，将其定义为处置构式，其形式表现为"$S+P+O_1\ (+X)\ +V+O_2/Y$"，其中"S"是指主语，"P"是指处置介词，"O_1"是指处置对象，"X"是指动词的前加部分，"V"是指动词，"O_2"是指动词后的间接宾语③，"Y"主要是指补语。由于构式是形式和意义的结合体，因此当处置构式的形式表现不同时，其意义也会存在不同，这可以看作是处置构式群。当处置构式的形式表现为"$S+P+O_1+V+O_2$"时，其构式的中心意义为"'S'对'O_1'施以处置动作'V'，致使'O_1'关联'O_2'"。当处置构式的形式表现为"$S+P+O\ (+X)\ +V$"时，其构式的中心意义为"'S'对'O'施以处置动作'V'"。当处置构式的形式表现为"$S+P+O\ (+X)\ +V+Y$"时，其构式的中心意义为"'S'对'O'施以处置动作'V'，致使'O'出现'Y'的状态"。同时，同一形式的处置构式，其构式成分不同，可导致处置构式具有不同的扩展意义，这体现了构式的多义性。

---

① 王力：《汉语史稿》，中华书局2013年版，第397页。
② 参见自陆俭明《构式语法理论的价值与局限》，《南京师范大学文学院学报》2008年第1期。
③ 吴福祥主编：《近代汉语语法》，中国社会科学出版社2015年版，第374页。

0.1 选题缘由

语法具有系统性，主要表现为语法现象之间存在错综复杂的关系。从共时层面来看，各种语法现象相互依存，相互联系，共同组成一个系统，这是语法现象相互平衡的结果。王力指出："处置式是汉语语法走向完善的标志之一。"① 因此，孙锡信指出："研究它产生的来由、途径和发展的历史层次、语法语义的特点及制约因素，对于构建汉语历史语法和现代汉语语法中的句法结构体系，都是一个十分重要的环节。"② 从历时层面来看，由于语法的系统性，一种语法现象的变化往往引起系统内其他语法现象的变化。处置构式作为汉语中特有的语法现象，也是一种常见的句式，具有很高的使用频率，在语言系统中具有重要的地位，其历时形成以及发展演变都与其他句式之间存在诸多联系，这是语法系统性的体现。蒋绍愚也指出："语法是一个系统，各种语法形式之间会有相互影响。有些问题应当联系起来加以考察，才能研究得比较深入。"③ 因此，本书的选题缘由主要有以下三点。

0.1.1 揭示唐宋语法现象的联系

关于汉语史的分期，学界尚存在不同的意见，这是由于学者依据的判断标准不同，如高本汉基于语音特征的五期说④、王力基于语法特征的四期说⑤、吕叔湘基于文体特征的二期说⑥、王云路基于词汇特征的三期说⑦等。从分期来看，虽然各家存在分歧，但是一般认为晚唐五代时期是汉语史的重要分界点，在此前后汉语发生很多明显的变化，现代汉语中的诸多语法现象都可追溯到这一时期，其中讨论较为广泛的如现代汉语中的

---

① 王力：《汉语语法史》，中华书局 2014 年版，第 315 页。
② 孙锡信主编：《中古近代汉语语法研究述要》，复旦大学出版社 2014 年版，第 12 页。
③ 蒋绍愚、曹广顺主编：《近代汉语语法史研究综述》，商务印书馆 2005 年版，第 9 页。
④ [瑞典] 高本汉：《中国音韵学研究》，赵元任、罗常培、李方桂译，商务印书馆 1940 年版，第 20—21 页。
⑤ 王力：《汉语史稿》，中华书局 2013 年版，第 35 页。
⑥ 吕叔湘：《近代汉语指代词》，学林出版社 1985 年版，第 1 页。
⑦ 王云路、方一新：《中古汉语语词例释》，吉林教育出版社 1992 年版，第 8 页。

常用句式——"将/把"字处置构式便可以追溯到这一时期。王力指出："处置式的产生大约在 7 世纪到 8 世纪之间。"① 即在唐代初期和中期。但是我们之所以选择唐宋时期的处置构式作为研究对象，主要原因有两点：一是虽然处置构式在唐代已经产生，但是直到五代时期处置构式类型都不够齐全，且有的类型数量极少，到了宋代处置构式才基本定型，表现为类型齐全，且不同类型的处置构式都具有了一定的数量，如吴福祥指出："元明清时期处置式的发展主要表现在狭义处置式的句法演变上，突出的表现是狭义处置式谓语部分的复杂化以及受事成分的复杂化。"② 因此我们根据处置构式自身的历时发展特点，对唐宋时期的处置构式进行研究。二是唐宋处置构式与其他句式存在密切联系，如刘子瑜指出："述补结构的进入促使处置式定型化，推动了处置式的繁荣发展。"③ 梅祖麟也指出："'被'字句的发展应该会影响'把'字句的发展。"④ 我们通过对处置构式的历时形成与发展演变进行分析，发现处置构式在宋代已经基本定型。述补结构的形成时间虽有不同意见，但"无论如何，述补结构的普遍使用是在唐代以后"⑤。而"被"字句虽然在先秦时期就已出现，但"用'被'表示的被动式的广泛应用是在唐以后"⑥。结合述补结构以及被动式普遍使用的时间，我们认为二者与处置构式的发展演变存在一定的联系。因此通过对唐宋时期的处置构式进行分析，有助于揭示这一时期语法现象之间的关系。同时由于语言的发展是一个连续不断的过程，各种语法现象都经历了从萌芽到成熟的发展过程，唐宋时期作为中古汉语和近代汉语发展中承上启下的重要时期，加深对这一时期语法现象的研究，也可以更好地把握汉语语法系统的历史发展，深入理解现代汉语语法现象的形成，解释现代汉语语法现象的来源。

0.1.2 解释处置构式的形成与发展

处置构式作为汉语中的常用句式，在语法系统中具有重要地位，受到

---

① 王力：《汉语史稿》，中华书局 2013 年版，第 400 页。
② 吴福祥主编：《近代汉语语法》，中国社会科学出版社 2015 年版，第 413 页。
③ 刘子瑜：《处置式带补语的历时发展》，《语言教学与研究》2009 年第 1 期。
④ 梅祖麟：《唐宋处置式的来源》，《中国语文》1990 年第 3 期。
⑤ 蒋绍愚：《近代汉语研究概要》（修订本），北京大学出版社 2017 年版，第 211 页。
⑥ 蒋绍愚：《近代汉语研究概要》（修订本），北京大学出版社 2017 年版，第 287 页。

学界普遍关注，取得了丰硕的研究成果。但是从研究成果来看，当前学界对处置构式意见分歧较大，主要表现在两方面：一是处置构式的形成时间；二是处置构式的形成过程。关于形成时间的分歧，主要在于是否承认"以"字式是处置式。持赞同意见的学者，认为处置式在先秦形成；持否定意见的学者，认为处置式在唐代形成。关于形成过程的分歧，主要在于认为处置式不同类型的形成是多源的还是连续的。学界意见的分歧说明对处置构式研究有待深入，蒋绍愚与曹广顺认为："语法研究应当从丰富的语料出发，分别不同的历史时期，对'把/将'字句中的语义关系作深入的考察，这样，一方面有助于弄清楚'把/将'字句历史发展的面貌，另一方面有助于更深入、更全面地把握'把/将'字句的语义、语用特点。"① 刘子瑜也指出："唐五代是处置式产生发展的重要时期，动态地研究这一时期的处置式对于我们全面地认识处置式的整个演变过程有着不可忽视的重要意义。"② 因此，通过加深对唐宋时期处置构式的研究，尤其是深入处置构式的历时研究，系统分析处置构式的形成过程，不仅有助于全面认识汉语处置构式的句法语义特点，而且对于梳理清晰其历时形成与发展演变具有重要意义。正如蒋绍愚与曹广顺所说："关于'将/把'字句，究竟哪些语义类别的名词可以作'把/将'的宾语，哪些语义类别的动词可以作'把/将'字句的谓语，'把/将'字句有什么语义、语用特点，这些问题都和'把/将'字句的产生和发展有密切的关系。"③

0.1.3 加强处置构式的理论分析

此前学界对处置构式的研究，主要集中在对处置构式的描写和梳理，而在理论层面则略显不足，主要表现在未能结合现代语言学理论对处置构式进行系统深入的理论分析，未能充分发挥理论的指导作用。因此本书在全面详细考察的基础上，基于处置构式的语义地图模型，主要通过运用构式语法理论，从构式化与构式演变角度对处置构式的历时形成和发展演变进行较为深入分析，以期发挥理论的指导作用。之所以运用构式语法理论，是由于处置式本质上属于构式。戈德伯格指出："C 是一个构式当且

---

① 蒋绍愚、曹广顺主编：《近代汉语语法史研究综述》，商务印书馆 2005 年版，第 12 页。
② 刘子瑜：《唐五代时期的处置式》，《语言研究》1995 年第 2 期。
③ 蒋绍愚、曹广顺主编：《近代汉语语法史研究综述》，商务印书馆 2005 年版，第 12 页。

仅当 C 是一个形式—意义的配对 <F_i, S_i>，且 C 的形式（F_i）或意义（S_i）的某些方面不能从 C 的构成成分或其他先前已有的构式中得到完全预测。"① 即构式是形式和意义的结合体，且具有不可预测性。后来，戈德伯格进一步指出："即使有些语言格式可以得到完全预测，只要它们的出现频率很高，这些格式仍然会被语言使用者存储为构式。"② 关于处置式的特点，王力指出："就形式上说，它是用一个介词性的动词'把'字把宾语提到动词的前面；就意义上说，它的主要作用在于表示一种有目的的行为，一种处置。"③ 因此处置式是形式和意义的结合体，且作为汉语常用句式，具有较高的出现频率，可以看作是构式，我们通过运用构式语法理论对处置式进行分析，旨在较为深入地探讨其形成机制与发展。

0.2 研究目标与方法

研究目标：在共时层面，从语义特点和语法意义两个角度，对处置构式进行全面细致的描写。在历时层面，结合语法的系统性，分析解释处置构式的发展变化。通过对处置构式的描写和解释，以期实现以下三个目标。

一是旨在刻画出每一类处置构式的面貌，对每一类处置构式的形成和发展作一个清晰的梳理。

二是从语法系统角度出发，旨在分析处置构式与其他句式之间的关系。

三是从处置构式自身出发，旨在分析不同处置构式之间的历时替换及其动因机制。

研究方法：先秦时期出现"以"字处置构式，唐代才出现"将/把"字处置构式，这期间处置构式的语义类型、句法特点等都发生了很大变化，鉴于处置构式的复杂性以及历时发展演变，我们主要使用以下研究方法。

---

① ［美］阿黛尔·戈德伯格：《构式：论元结构的构式语法研究》，吴海波译，冯奇审订，北京大学出版社 2007 年版，第 4 页。

② ［美］阿黛尔·戈德伯格：《运作中的构式：语言概括的本质》，吴海波译，北京大学出版社 2013 年版，第 5 页。

③ 王力：《汉语史稿》，中华书局 2013 年版，第 397 页。

（1）比较法。比较是语言研究中常常采用的方法，通过比较才能发现研究对象的特点。通过对唐宋时期不同句型处置构式的比较，揭示存在的差异性，结合语法系统和处置构式各自的特点，对这种差异性进行解释。

（2）定量统计与定性分析相结合的方法。定量指对语料的限定，既保证全面，又突出典型性。我们在选择语料时，根据不同历史时期语料的特点，在保证数量的基础上，尽量选择口语性高的语料，这样有助于凸显处置构式自身的特点及不同历史时期的发展变化，定性指明确处置构式的性质，根据处置构式的特点进行分类，对不同类型的处置构式进行探讨。

（3）描写与解释相结合的方法。解释是建立在描写基础之上的，只有对语言现象进行充分、准确的描写，才能进行正确的解释。书中对处置构式的描写体现在两点：一是对处置构式各成分的语义特征和语法性质进行描写；二是对不同时期的处置构式的发展变化进行描写。对处置构式的解释主要体现在从不同角度分析处置构式发展变化的动因，从内因来看，是由于处置构式自身特点的原因；从外因来看，是受到语法系统中其他句式的影响。

（4）共时与历时研究相结合的方法。共时和历时是两个相辅相成的层面，书中通过对处置构式全面细致的描写，梳理出处置构式的发展变化脉络，旨在对处置构式有更深入的理解。

0.3 相关研究回顾

处置构式作为一种常见的语法现象，属于汉语的重要句式。自王力明确提出处置构式的概念后，学界对这一句式进行了深入细致的研究，取得了丰硕的研究成果，主要体现在以下四个方面。

0.3.1 处置构式概念研究

王力在1943年最早明确提出处置式的概念，他指出："凡用助动词把目的位提到叙述词的前面，以表示一种处置者，叫做处置式。"[①] 随后，王力在1944年对这一概念进行更加详细的阐述，进一步指出："中国语里

[①] 王力：《中国现代语法》，中华书局2014年版，第92页。

有一种特殊句式,就是用助动词'把'(或'将')字,把目的语提到叙述词的前面,……大致说来,'把'字所介绍者乃是一种做的行为,是一种施行,一种处置,在中文里,我们把它称为处置式。"①王力主要着眼于句式的意义,认为"将/把"字句表示处置意义,表示"把人怎样安排,怎样支使,怎样对付,或把物怎样处理,或把事情怎样进行"②。持这一观点的学者还有张志公③、齐荣④、李因⑤、潘文娱⑥、宋玉柱⑦、王还⑧、王自强⑨、景士俊⑩、张济卿⑪、沈家煊⑫、王红旗⑬、刘培玉⑭等,都较为详细地论述了这一句式的处置义,认为应当从更宽泛的角度理解处置式。其中潘文娱首次提出并阐释了"广义的处置式(当然也可另取名为'施置式')"的概念⑮,宋玉柱认为应理解为:"句中谓语动词所代表的动作对'把'字介绍的受动成分施加某种积极的影响,以致往往使得该受动成分发生某种变化,产生某种结果,或处于某种状态。因此,这'处置'是指动词与受动成分之间的关系,并不一定是主语所代表的人或事物的一种有目的的行为。"⑯沈家煊认为:"'把'字句的语法意义是表示'主观处置'——说话人主观认定主语甲对宾语乙作了某种处置。"⑰刘培玉认为:"'把'字句的语法意义是表示'语法处置'——某人、某物或某事件通过动作对'把'的宾语施加作用和影响,使'把'的宾语、

---

① 王力:《中国语法理论》,中华书局2015年版,第91页。
② 王力:《中国现代语法》,中华书局2014年版,第88页。
③ 张志公:《汉语语法常识》,新知识出版社1953年版,第84—87页。
④ 齐荣:《"把"字句的用法》,《语文学习》1954年第4期。
⑤ 李因:《"把"字的误用》,《语文学习》1954年第4期。
⑥ 潘文娱:《对"把"字句的进一步探讨》,《语言教学与研究》1978年第3期。
⑦ 宋玉柱:《关于"把"字句的两个问题》,《语文研究》1981年第2期。
⑧ 王还:《"把"字句和"被"字句》,上海教育出版社1984年版,第1—37页。
⑨ 王自强:《现代汉语虚词用法小词典》,上海辞书出版社1984年版,第4—5页。
⑩ 景士俊:《"把"字句琐议》,《语文学刊》1988年第5期。
⑪ 张济卿:《有关"把"字句的若干验证与探索》,《语文研究》2000年第1期。
⑫ 沈家煊:《如何处置"处置式"?——论把字句的主观性》,《中国语文》2002年第5期。
⑬ 王红旗:《"把"字句的意义究竟是什么》,《语文研究》2003年第2期。
⑭ 刘培玉:《关于"把"字句的语法意义》,《汉语学习》2009年第3期。
⑮ 潘文娱:《对"把"字句的进一步探讨》,《语言教学与研究》1978年第3期。
⑯ 宋玉柱:《关于"把"字句的两个问题》,《语文研究》1981年第2期。
⑰ 沈家煊:《如何处置"处置式"?——论把字句的主观性》,《中国语文》2002年第5期。

主语发生某种变化,或使动作达到某种结果。"① 以上诸位学者的论述进一步扩大了处置式的意义,深化了对处置义的理解。

关于处置式的概念,也有学者提出不同的意见,如吕叔湘着眼于句式的形式,将这一句式称为"把"字句,认为它是"在止词前安上一个'把'字,借此把他提在动词之前的一种句法"②,指出"将/把"字句的语义并不都表示处置。持这一观点的学者还有胡附与文炼③、梁东汉④、梅广⑤等。如胡附与文炼指出:"处置的说法是比较勉强的,因为把字句不一定表示处置的意义,许多没有处置意义的意思,在我们语言里也常常用'把'字句表示出来。"⑥梁东汉也指出有些"把"字句不能够理解为具有处置意义,认为:"研究句法单纯从意义出发,把结构完全抛开不谈是很不妥当的。……研究句法应该从结构着眼,不能单纯着重意义。"⑦梅广则进一步指出:"'处置'是动词的性质,不是把字式的功能。"⑧

上述学者讨论的焦点主要是"将/把"字句的"处置义"问题,还有一部分学者认为"将/把"字句表示的意义为"致使",持这一观点的学者主要有邵敬敏⑨、薛凤生⑩、崔希亮⑪、金立鑫⑫、杨素英⑬、张伯江⑭、

---

① 刘培玉:《关于"把"字句的语法意义》,《汉语学习》2009年第3期。
② 吕叔湘:《中国文法要略》,商务印书馆2014年版,第49页。
③ 胡附、文炼:《现代汉语语法探索》,东方书店1955年版,第123—132页。
④ 梁东汉:《论"把"字句》,北京大学中国语言文学系主编《语言学论丛》(第二辑),新知识出版社1958年版,第100—119页。
⑤ 梅广:《把字句》,《台湾大学文史哲学报》1978年第12期。
⑥ 胡附、文炼:《现代汉语语法探索》,东方书店1955年版,第124页。
⑦ 梁东汉:《论"把"字句》,北京大学中国语言文学系主编《语言学论丛》(第二辑),新知识出版社1958年版,第102页。
⑧ 梅广:《把字句》,《台湾大学文史哲学报》1978年第12期。
⑨ 邵敬敏:《把字句及其变换句式》,江苏古籍出版社主编《研究生论文选集·语言文字分册》,江苏古籍出版社1985年版,第196—210页。
⑩ 薛凤生:《"把"字句和"被"字句的结构意义》,戴浩一、薛凤生主编《功能主义与汉语语法》,北京语言学院出版社1994年版,第34—59页。
⑪ 崔希亮:《"把"字句的若干句法、语义问题》,《世界汉语教学》1995年第3期。
⑫ 金立鑫:《"把"字句的句法、语义、语境特征》,《中国语文》1997年第6期。
⑬ 杨素英:《从情状类型来看"把"字句》,《汉语学习》1998年第2—3期。
⑭ 张伯江:《论"把"字句的句式语义》,《语言研究》2000年第1期。

王红旗①、郭锐②、叶向阳③、胡文泽④、王广成⑤、郭姝慧⑥、王蕾⑦、周红⑧、张豫峰⑨等。其中，邵敬敏通过分析归纳各种把字句，认为把字句表示"致使"意义，指出："把字句的语法意义：表示由于某种动作或某个原因，使 O、S 或 S（VO）获得某种结果，或使动作达到某种状态。简而言之，是致果或致态。"⑩ 薛凤生认为："把"字句不是表示"处置"，将其归纳为"句法结构：A 把 B+C；语义诠释：由于 A 的关系，B 变成 C 所描述的状态"⑪。薛凤生的观点得到学界的关注，蒋绍愚认为："这种观点虽不够全面，但是注意到了'将/把'字句发展过程中的一个重要趋势：'将/把'字句的功能逐渐由主要表'处置'变为主要表'致使'。"⑫ 张伯江认为："'A 把 B V C'的整体意义：由 A 作为起因的、针对选定对象 B 的、以 V 的方式进行的、使 B 实现了完全变化 C 的一种行为。"⑬ 郭锐将"把"字句的语法意义统一为表达致使情景，分为"分析型把字句"和"综合型把字句"两大类，认为："'把'字句的语义构造可以表示为'致使者+把+被致使者+致使事件谓词+被使事件谓词'。"⑭ 郭浩瑜

---

① 王红旗：《"把"字句的意义究竟是什么》，《语文研究》2003 年第 2 期。
② 郭锐：《把字句的语义构造和论元结构》，北京大学汉语语言学研究中心《语言学论丛》编委会主编《语言学论丛》（第二十八辑），商务印书馆 2003 年版，第 152—181 页。
③ 叶向阳：《"把"字句的致使性解释》，《世界汉语教学》2004 年第 2 期。
④ 胡文泽：《也谈"把"字句的语法意义》，《语言研究》2005 年第 2 期。
⑤ 王广成、王秀卿：《事件结构的句法映射——以"把"字句为例》，《现代外语》2006 年第 4 期。
⑥ 郭姝慧：《"把"字句与"使"字句的置换》，《山西大学学报》（哲学社会科学版）2008 年第 3 期。
⑦ 王蕾：《致使义视角下的"把"字句及其英语表达形式》，《外语教学与研究》2008 年第 1 期。
⑧ 周红：《"把"字句、"被"字句与致使力的传递》，《齐齐哈尔大学学报》（哲学社会科学版）2008 年第 3 期。
⑨ 张豫峰：《现代汉语致使态研究》，复旦大学出版社 2014 年版，第 94—109 页。
⑩ 邵敬敏：《把字句及其变换句式》，江苏古籍出版社主编《研究生论文选集·语言文字分册》，江苏古籍出版社 1985 年版，第 198 页。
⑪ 薛凤生：《"把"字句和"被"字句的结构意义》，戴浩一、薛凤生主编《功能主义与汉语语法》，北京语言学院出版社 1994 年版，第 34—59 页。
⑫ 蒋绍愚：《近代汉语研究概要》（修订本），北京大学出版社 2017 年版，第 277 页。
⑬ 张伯江：《论"把"字句的句式语义》，《语言研究》2000 年第 1 期。
⑭ 郭锐：《把字句的语义构造和论元结构》，北京大学汉语语言学研究中心《语言学论丛》编委会主编《语言学论丛》（第二十八辑），商务印书馆 2003 年版，第 152—181 页。

则将处置式分为典型处置式和非典型处置式，认为："典型处置式的主要的语法意义仍然是"处置"。……致使义处置式的语法意义是"致使"，遭受义处置式表达的是"遭受（损失、不幸、不如意）"的语义。"①

随着构式理论研究的逐渐深入，学者开始尝试用构式语法对处置式进行研究，取得了可喜的成果，主要集中在三点：一是处置构式意义的讨论，或侧重心理认同，如高亚亨认为："从形式和功能的配对角度看，汉语心理认同类'把'字句可以作为一个独立构式存在，其构式义为'人们把两个不同范畴的物体（包括抽象的物体）加以联系并在心理上做出等值判断'。"②并进一步分析了"把"字句构式的句法、语义和语用属性，指出"把"字句的构式义具有隐喻性和主观性的语义特点。或侧重空间位移，如赵燕华认为："'把'字句的构式义为'致使—位移'，具体表述为'责任者致使对象发生位移'，'把'字句构式义既强调责任者，又强调对象位移的程度和状态，而位移的终点必须得到凸显，而'致使'义只是'把'字句特殊的构式义。"③而葛龙龙则把"把"字句的构式义界定为"可控制性的致使"，指出："'把'字句表示的是一个'致使'事件，而这个'致使'事件中必须出现致使事件、被致使事件和二者间的致使关系，对于'把'字句而言，可以认为是对'始源—路径—目的地'图式的隐喻。"④二是处置构式类型的分析，或认为"把"字句是一个具有多义性的构式，如赵燕华根据"把"字句的意义特点，指出："'把'字句具有多义性，是以中心意义为基础而形成一个多义联接构式义系统。"⑤或认为"把"字句存在多个构式，如刘伟运用分类思想，认为："汉语'把'字句至少存在八类构式，并且具有八种不同的构式

---

① 郭浩瑜：《处置式的语法意义》，《洛阳师范学院学报》2010年第1期。
② 高亚亨：《汉语心理认同类"把"字句的构式研究——兼论韩英对应构式的比较》，博士学位论文，上海师范大学，2011年，第124页。
③ 赵燕华：《"把"字句研究新视角——"致使—位移"构式》，《哈尔滨师范大学社会科学学报》2011年第4期。
④ 葛龙龙：《汉语"把"字句"被"字句构式研究》，硕士学位论文，西北师范大学，2012年，第19页。
⑤ 赵燕华：《"把"字句研究新视角——"致使—位移"构式》，《哈尔滨师范大学社会科学学报》2011年第4期。

义。"① 这八类构式义分别为"位移义、变化义、认同义、处置义、致使义、因果致使义、凭借义、主体位移义的周遍性"②，并分析了每类构式义的语义范畴和配置方式。崔淑燕则以构式语法理论为指导，将"把"字句分为六种构式，分别为"位移构式、变化构式、处置构式（没有结果）、认同构式、致使构式、不如意构式"③，并且分析了每类构式的句法结构和语义结构。三是处置构式成因的探讨，学者们从语义、词汇和句法等角度进行了深入研究，如刘峥峥通过分析"把"字句的构式意义以及位移路径，指出："'致使—位移'是'把'字句的特殊构式义，位移终点界标可以有多种形式，非典型'把'字句语义重心前移，致使者角色得到凸显。"认为构式"把+NP+V"的形成是由于"致使事件承担了致使者的语义角色，而实现位移的角色落在 NP 上，这样一种角色的转移使得其紧缩形式的成立变为可能"。④ 王坤通过分析"将"字处置构式的历时形成，认为："在'将'字连动构式发展演变为'将'字处置构式的过程中，'将'的语义变化起着核心作用，汉语'将'字处置式的演变路径为链条式。'将'字处置式语法化的演变历程和不同阶段变化的动因包含构式语境、构式压制、词汇压制、转喻机制和汉语规则五个方面。"同时在分析狭义处置式的形成时进一步指出，构式"将+NP+V"的形成"可能是受到复指宾语衰弱以及动补结构发展的双重影响"⑤。诸位学者通过运用构式语法理论，使得处置式的研究更为细致深入，对于全面系统理解处置式具有重要意义。

总的看来，关于处置构式的界定，学界意见尚未统一，或着重于意义，或着重于形式，这只是关注的角度不同。其实王力也曾明确指出："正如动词不都表示动作一样，处置式不都表示处置。但是在现代汉语里，这一种结构的主要作用是表示处置；它在现代的文学语言里更是表示

---

① 刘伟：《构式语法理论视角下的"把"字句研究》，《牡丹江教育学院学报》2014 年第 4 期。

② 刘伟：《构式语法理论视角下的"把"字句研究》，《牡丹江教育学院学报》2014 年第 4 期。

③ 崔淑燕：《构式语法理论下的特殊句式"把"字句的教学》，《首都经济贸易大学学报》2014 年第 1 期。

④ 刘峥峥：《"把"字句"致使—位移"构式解释》，《现代语文》（语言研究版）2015 年第 5 期。

⑤ 王坤：《"将"字处置式的构式语法化》，《宜宾学院学报》2017 年第 1 期。

处置。可见处置的作用是主要的，能产的。我们认为抓住一种结构的主要作用来给它一个名称是合理的。"① 随着研究的逐渐展开，学界开始注重运用现代语言学理论更为全面深入地分析这一句式不同意义之间的关联。虽然现代汉语中处置构式也称为"把"字句，但是在汉语史研究领域，学者普遍认为"'把'只是处置标记从'以''将'等发展到晚期的一种标记形式"②，因而用"处置式"指称这种句式。

0.3.2 处置构式产生时代讨论

关于处置构式的产生时代，学界存在不同的意见，大致可以分为两类：一是先秦说；二是唐代说。这两种意见的分歧点在于是否承认"以"字结构属于处置式，持赞同意见的学者，认为汉语处置式在先秦已经产生；持反对意见的学者，认为"将/把"式才是真正意义上的处置式，认为汉语处置式产生于唐代。关于"以"字式是否属于处置式，多数学者持肯定意见，如太田辰夫指出："有两个宾语（直接、间接）的这种处置句在古代汉语中也有，是用'以'来代替'把'的；表示认定、充当的这种处置句古代汉语中也有，也用'以'。"③ 例如：

(1) 天子不能以天下与人。(《孟子·万章上》)
(2) 齐侯以许让公。(《左传·隐公十一年》)
(3) 尧以不得舜为己忧。(《孟子·滕文公上》)
(4) 吾必以仲子为巨擘焉。(《孟子·滕文公上》)

以上 4 例都属于处置式，其中例（1）（2）是带有两个宾语的处置式，例（3）（4）是表示认定、充当的处置式。而陈初生进一步指出，金文中已经有"以"字处置式，可分为三种类型。

1. 施动者+"以"+直接受动者+他动词。例如：

(5) 乃师或以女告。(《文物》1976 年第 6 期)

---

① 王力：《汉语史稿》，中华书局 2013 年版，第 397 页。
② 李蓝、曹茜蕾：《汉语方言中的处置式和"把"字句（上）》，《方言》2013 年第 1 期。
③ [日] 太田辰夫：《中国语历史文法》（修订译本），蒋绍愚、徐昌华译，北京大学出版社 2003 年第 2 版，第 241 页。

2. 施动者+"以"+直接受动者+他动词+间接受动者。例如：

(6) 或以匡季告东宫。(智鼎，三代4，45·2)

3. 施动者+"以"+直接受动者+他动词+处所。例如：

(7) 俗（欲）女弗以乃辟函于艰。(毛公鼎，三代4·27)①

以上这三种类型主要是从形式上划分的，梅祖麟从语义角度出发，将"以"字处置式分为三类，分别为"处置（给）""处置（作）""处置（到）"，认为"以"字句的"处置（给）""处置（作）"在先秦时期就有，而"处置（到）"最早出现于西汉，如"复以弟子一人投河中（《史记·滑稽列传》）。"并进一步强调指出，汉代出现的这种用"以"字把宾语提前的"处置（到）"，"是处置式发展史中相当关键的一步"。② 章也指出："处置式在上古汉语里就已经产生了，其中的介词'以'已经具备了后来的'把'字所具有的语义特点和语法功能。"③ 同时章也认为："'以字式'和'把字式'是不同年代的产物，'以'和'把'也是两个不同的虚词，因此'以字式'和'把字式'也有很多不同。"④ 罗国强也认为："虽然'以字句式'往往存在歧义或者说界限不够分明，但却不足以否定那些符合处置式界定的'以字句'为处置式。"⑤ 吴福祥⑥、蒋绍愚⑦也持相同意见，都认为先秦时期"以"字结构属于处置式，是由"以"字工具式演变而来。

但是有的学者认为，"以"字式不属于处置式，"将/把"式才属于处置式，如祝敏彻认为："处置式由连动式发展而来，'将'字处置式形成

---

① 陈初生：《早期处置式略论》，《中国语文》1983年第3期。
② 梅祖麟：《唐宋处置式的来源》，《中国语文》1990年第3期。
③ 章也：《汉语处置式探源》，《内蒙古大学报》（哲学社会科学版）1992年第4期。
④ 章也：《汉语处置式探源》，《内蒙古大学报》（哲学社会科学版）1992年第4期。
⑤ 罗国强：《"以字句"略论》，《浙江树人大学学报》2007年第2期。
⑥ 吴福祥主编：《近代汉语语法》，中国社会科学出版社2015年版，第383—384页。
⑦ 蒋绍愚：《近代汉语研究概要》（修订本），北京大学出版社2017年版，第270页。

于第八世纪间,'把'字处置式形成于中唐以后。"① 王力也认为:"处置式的产生大约在7世纪到8世纪之间。就处置式来说,在较早时期,'将'字用得较多。到了中、晚唐以后,'把'字用于处置式的情况更加普遍起来。"② "7世纪到8世纪"大致即是唐代初期和中期。祝敏彻和王力虽然认为处置式来源于"将/把+NP$_1$+V$_2$"连动式,但并没有分析为何不将"以"字结构看作是处置式。张华文指出:"'以'字并无提宾作用,'以'字句不能和'把'字句相提并论。"③ 认为"以"字句不属于处置式。刘子瑜从语法意义和句法结构两个方面进行分析,也认为"以"字结构不属于处置式,他指出:"在语法意义上,《孟子》里表'处置(给)''处置(到)'的'以'字结构中,'以'的宾语均为无生的事物,并且都是泛义宾语,是不定指的。在结构上,'以'字结构在动词前后的位置灵活,即可放在动词前,也可以放在动词后,'以'的宾语可以省略、可以前置,有时连动词都可以省略。"④ 因此,刘子瑜认为"以"字结构不属于处置式。同时刘子瑜指出:"虽然上古汉语没有处置式,但是存在表达处置语义范畴的句法形式,如双宾语结构、单宾语结构等,由于这些句法形式分担了处置语义范畴,因此上古汉语没有产生专职化处置句式。"⑤ 而关于处置式的形成,刘子瑜认为:"处置式的演变发展是两条线索即语法化和类化交替作用的结果。其来源和发展演变大体有两条途径:一是通过语法化手段,由连动式虚化而来;二是因上古表处置的'以'字结构类化而产生。"⑥ 他通过分析王梵志白话诗、《敦煌变文集》、《祖堂集》三部典籍中处置式的特点,指出"唐五代时期处置式尚处于发展的初期阶段"⑦。何亚南从语义来源和用法角度对"以"字式进行分析,

---

① 祝敏彻:《论初期处置式》,北京大学中国语言文学系编《语言学论丛》(第一辑),新知识出版社1957年版,第17—33页。

② 王力:《汉语史稿》,中华书局2013年版,第400页。

③ 张华文:《〈早期处置式略论〉质疑——与陈初生同志商榷》,《云南师范大学学报》(哲学社会科学版)1985年第1期。

④ 刘子瑜:《再谈唐宋处置式的来源》,北京大学中文系《语言学论丛》编委会主编《语言学论丛》(第二十五辑),商务印书馆2002年版,第221—223页。

⑤ 刘子瑜:《古汉语"以"字结构是否处置式的再讨论》,浙江大学汉语史研究中心主编《汉语史学报》(第十辑),上海教育出版社2010年版,第131—143页。

⑥ 刘子瑜:《唐五代时期的处置式》,《语言研究》1995年第2期。

⑦ 刘子瑜:《唐五代时期的处置式》,《语言研究》1995年第2期。

同样指出"以"和"将/把"有本质不同，认为"以"字结构不是处置式。同时，通过深入分析"将/把"字句，他指出："'将/把'字处置式的原始句型秦代已可见到，它的产生是自身发展演变的结果。"① 李林青则从介词角度考虑，认为能够"决定处置式性质的关键因素是介词"②。他通过对比两种句式中介词的语义特征以及宾语特点，明确指出："'以'字结构是完全不同于处置式的一种结构，它从来没有表示处置过。"③

总的看来，虽然关于处置构式的产生时间存在争议，但是多数学者认为它出现于先秦时期，只是此时期的"以"字处置式不如唐代出现的"将/把"字处置式典型，而持反对意见的学者往往通过对比"以"字式和"将/把"字式的特点，指出"以"字式不是处置式。产生这种分歧的原因在于先秦时期"以"字式的意义较为复杂，主要体现在两个方面：一是"以"字式可以是连动式，也可以是工具式，还可以是处置式，如"王以诸侯伐郑"（《左传·桓公五年》）属于"以"字连动式，"以此攻城，何城不克"（《左传·僖公四年》）属于"以"字工具式，"天子不能以天下与人"（《孟子·万章上》）属于"以"字处置式；二是即使当"以"字式可以分析为处置式时，有些也还可以看作是工具式，如"以崔子之冠赐人"（《左传·襄公二十五年》）。这充分体现了语法化的渐变原则，如沈家煊指出："语法化是个连续的渐变的过程。我们总是可以在一种新的语境里引申出一种新的意思来。这条原则意味着一个词由 A 义转变为 B 义，一般总是可以找出一个中间阶段既有 A 义又有 B 义。"④ 我们认为，"以"字式和"把"字式毕竟存在于不同时期，而一种句式形成之初，受语法系统的影响，往往和其他句式存在或多或少的联系，自身特点并不一定就非常稳定明显，而句式的发展过程实际上也是一个不断完善的过程，因而虽然先秦时期"以"字式和唐代"将/把"字式存在差别，但是并不能够影响"以"字式可以分析为处置式。因此我们赞同蒋绍愚等学者的意见，认为"以"字结构属于处置式，主要原因有三点：一是从

---

① 何亚南：《汉语处置式探源》，《南京师大学报》2001 年第 5 期。

② 李林青：《"以"字结构与"将/把"处置式的对比》，《科教导刊》（中旬刊）2010 年第 10 期。

③ 李林青：《"以"字结构与"将/把"处置式的对比》，《科教导刊》（中旬刊）2010 年第 10 期。

④ 沈家煊：《"语法化"研究综观》，《外语教学与研究》1994 年第 4 期。

形式上来看，"以"字式和"将/把"字式具有相同的结构，从语义上来看，"以"字结构可以表达处置意义，从这一点来说，应该把"以"字结构理解为处置式。二是由于"以"字处置式是由"以"字工具式发展而来，在早期阶段发展还不够完善，这也充分体现了认知语言学的元型范畴理论，正如盖拉茨（Dirk Geeraerts）指出："元型范畴中成员的身份具有程度之别，不是每一个成员都能同等程度地代表一个范畴，范畴成员在典型程度上是不同的。"[①] 邵敬敏也指出："从最典型成员到最不典型成员，按照典型程度的高低逐步过渡，从而形成一个连续统。"[②] 即"以"字处置式尚不属于典型的处置式，而是具有工具式的特点，因此在句法上要求相对较为宽松，从而可以出现省略和移位等情况。同时朱玉宾也指出："认为'以'字结构在动词前后位置灵活，实际上是混淆了'以'字工具式和处置式，在魏晋以前，介词短语的前后位置本来就不固定，'以'字短语前后均可，魏晋以后，介词短语基本以前置为主，大量处置式标记如'将''把'等便是在前置定型的情况下产生的，自然位置也就固定化。"[③] 三是在"将/把"字处置式中，"O_1"和"O_2"也可以省略。例如：

（8）幸有明珠一颗……但将放在池中，其水自然清静。（《敦煌变文集》第518页）

（9）若将珠投之，随珠浊水便清。（《敦煌变文集》第517页）

（10）目连将饭并钵奉上，阿娘恐被侵夺。（《敦煌变文集》第741页）

（11）唯将天女一万两千奉上师兄，可酬说法。（《敦煌变文集》第442页）[④]

基于例（8）和例（9）的比较分析，例（8）可以看作是省略"O_1"的结果。基于例（10）和例（11）的比较分析，例（10）可以看作是省

---

① ［比利时］德克·盖拉茨：《认知语言学基础》，邵军航、杨波译，上海译文出版社2012年版，第161—164页。
② 邵敬敏主编：《现代汉语通论》，上海教育出版社2007年版，第239页。
③ 朱玉宾：《常式与变式——近代汉语"把"字句研究》，中西书局2018年版，第20页。
④ 吴福祥主编：《近代汉语语法》，中国社会科学出版社2015年版，第374—376页。

略"O_2"的结果。因此这说明即使在"将/把"字处置式中,也同样存在省略的情况,这一点和"以"字处置式情况相同。

0.3.3 处置构式来源研究

关于处置构式的来源,当前学界讨论较多的有三类:一是"以"字处置构式的来源;二是"持/取"字处置构式的来源;三是"将/把"字处置构式的来源。

0.3.3.1 "以"字处置构式的来源

关于"以"字处置构式的来源,学界主要有三种意见,一是认为"以"字处置式来源于双宾语结构,代表学者如徐志林[①],他推测:"'以'字式是从双宾语句式衍生出来的,只不过为了强调直接宾语,才通过介词'以'将其提到动词的前面。"[②] 二是认为"以"字处置式是汉语施受关系表达多样化的结果,代表学者如陈初生[③],他认为"以"字处置式的词序"似是上承远古和上古前期的宾语前置而来",在前置宾语"加一个介词'以'为语法标志",[④] 就产生了"以"字句处置式。三是认为"以"字处置式是由"以"字工具式演变而来,代表学者如龙国富[⑤]、蒋绍愚[⑥]、吴福祥[⑦]等,其中蒋绍愚论述得较为全面细致,他指出:"'处置(给)'中的'以'和工具式中的'以'实质上没有差别,'处置(到)'中的'以'也是从表工具的'以'发展而来的,从结构看,在'以+O_1+V+O_2'中,动词后面的宾语都不是动词的受事,因为受事不出现,所以工具式和处置式的区别不明显,既可以把它们看作工具式,也可以把它们看作处置式。从语义看,如果动词后面不出现受事,而只出现与事/处所,即在'以+工具+V+D/L'的句式中,'以'的宾语原来是表

---

① 徐志林:《汉语双宾句式的历史发展及相关问题研究》,中国文史出版社2013年版,第170页。
② 徐志林:《汉语双宾句式的历史发展及相关问题研究》,中国文史出版社2013年版,第170页。
③ 陈初生:《早期处置式略论》,《中国语文》1983年第3期。
④ 陈初生:《早期处置式略论》,《中国语文》1983年第3期。
⑤ 龙国富:《从"以/将"的语义演变看汉语处置式的语法化链》,浙江大学汉语史研究中心主编《汉语史学报》(第九辑),上海教育出版社2009年版,第36—47页。
⑥ 蒋绍愚:《近代汉语研究概要》(修订本),北京大学出版社2017年版,第270页。
⑦ 吴福祥主编:《近代汉语语法》,中国社会科学出版社2015年版,第383—384页。

示动作的工具的，但也可以理解为动作的受事。这样，'以'的功能就从引进工具变为引进受事。"① 吴福祥也指出："'以'字处置式源于工具式的重新分析，由于'以'的宾语语义上发生了重新分析，而导致'以'由工具介词语法化为处置介词。"② 例如：

(1) 醒，以戈逐子犯。(《左传·僖公二十三年》)
(2) a. 楚子以灭舒鸠赏子木。(《左传·僖公二十五年》)
    b. 孔子以其兄之子妻之。(《论语·先进》)
(3) a. 天子不能以天下与人。(《孟子·万章下》)
    b. 复以弟子一人投河中。(《史记·滑稽列传》)
    c. 吾必以仲子为巨擘焉。(《孟子·滕文公上》)

吴福祥指出："例（1）是典型的工具式；例（2）既可以理解为工具式，也可以理解为处置式；例（3）是典型的处置式"③。其中例（3a）表示处置（给），可以理解为"把'天下'给'人'"；例（3b）表示处置（到），可以理解为"把'弟子一人'投到'河中'"；例（3c）表示处置（作），可以理解为"把'仲子'当作'巨擘'"。

0.3.3.2 "持/取"字处置构式的形成

关于"持/取"字处置构式的形成，学界主要有两种意见，一是认为由"持/取"字工具式演变而来，如朱冠明认为："'持'字式受'以'字式的影响，其语法化也经历了'把持'_动—'工具'_介—'处置'_介的途径。"④ 吴福祥也指出："这类处置式的产生是经历了'连动式>工具式>广义处置式'的演变。"⑤ 二是认为由"持/取"连动式语法化而成，即"持/取"字处置式和"持/取"字工具式同时出现，如曹广顺与龙国富认为："在工具式和广义处置式之间，基本上没有一个出现时间的差异，所以，如果按发展顺序排列，应该是从动词到介词，介词中包括工具以及对

---

① 蒋绍愚：《近代汉语研究概要》（修订本），北京大学出版社 2017 年版，第 270 页。
② 吴福祥主编：《近代汉语语法》，中国社会科学出版社 2015 年版，第 383—384 页。
③ 吴福祥主编：《近代汉语语法》，中国社会科学出版社 2015 年版，第 384 页。
④ 朱冠明：《中古译经中的"持"字处置式》，浙江大学汉语史研究中心主编《汉语史学报》（第二辑），上海教育出版社 2002 年版，第 83—88 页。
⑤ 吴福祥主编：《近代汉语语法》，中国社会科学出版社 2015 年版，第 383—384 页。

象、材料等各种内容，其中并没有介词到广义处置的环节。"① 需要指出的是，"持/取"字处置式出现于魏晋时期，凡是认为存在"持/取"字处置式的学者，也都赞同先秦时期已经出现"以"字处置式。

需要指出的是，书中涉及"连动式""工具式""处置式"这三个名称。连动式的形式表现为"$V_1+O_1+V_2+O_2$"，表示两种先后发生的动作行为，属于形式和意义的结合体，但是连动式的意义可以通过两个动宾结构得到推知，因而具有可预测性，且虽然在汉语中连动式具有较高的使用频率，但并无固定的句式成分，对于词的准入限制较小，句式意义差别较大，因而不能分析为构式。工具式的形式表现为"$Prep+O_1+V+O_2$"，表示通过使用某种工具进行某种动作行为，属于形式和意义的结合体，同时由于工具式可以细分为表示介引动作行为的工具、凭借、方式等，具有不可预测性，且在汉语中具有较高的使用频率，因而可以分析为构式。在书中为了更加清晰三者之间的历时关系，均使用"连动式—工具式—处置式"这一表述。

0.3.3.3 "将/把"字处置构式的形成

关于"将/把"字处置构式的形成，学界的研究大致可以分为两类，一是没有细致区分"将/把"字处置式的不同类型，而将其作为一个整体讨论，代表学者如祝敏彻②、王力③、本涅特（Panl. A Bennett）④、陈初生⑤等。其中祝敏彻⑥、王力⑦等学者认为处置式来源于"将/把"连动式，本涅特⑧、陈初生⑨、徐志林⑩等学者认为处置式来源于"以"字处

---

① 曹广顺、龙国富：《再谈中古汉语处置式》，《中国语文》2005年第4期。
② 祝敏彻：《论初期处置式》，北京大学中国语言文学系编《语言学论丛》（第一辑），新知识出版社1957年版，第17—33页。
③ 王力：《汉语史稿》，中华书局2013年版，第397—405页。
④ [英]本涅特：《被动式和处置式的发展》，《中国语言学报》1981年第1期。
⑤ 陈初生：《早期处置式略论》，《中国语文》1983年第3期。
⑥ 祝敏彻：《论初期处置式》，北京大学中国语言文学系主编《语言学论丛》，新知识出版社1957年版，第17—33页。
⑦ 王力：《汉语史稿》，中华书局2013年版，第397—405页。
⑧ [英]本涅特：《被动式和处置式的发展》，《中国语言学报》1981年第1期。
⑨ 陈初生：《早期处置式略论》，《中国语文》1983年第3期。
⑩ 徐志林：《汉语双宾句式的历史发展及相关问题研究》，中国文史出版社2013年版，第174页。

置式。二是认为处置式具有不同的类型，代表学者如叶友文①、梅祖麟②、冯春田③、吴福祥④、蒋绍愚⑤等，其中叶友文⑥、梅祖麟⑦、蒋绍愚⑧等学者认为不同类型处置式的形成是多源的，因此对不同类型处置式的来源分别进行讨论。冯春田⑨、吴福祥⑩等学者认为不同类型处置式的形成是一个连续的发展过程，是句式自身发展演变的结果。具体来看，关于"将/把"字处置式的形成，学界的意见可以分为五种。

（一）认为"将/把"字处置式形成于唐代，由连动式"将/把$_{动词}$+NP$_1$+V$_2$"发展而来。在连动式中，动词"把/将"经过语法化，重新分析为介词，从而形成"把/将"处置式，代表学者如祝敏彻⑪、王力⑫、贝罗贝（Alain peyraube）⑬。祝敏彻指出，"将"和"把"在初唐以前都是有实义的独立动词，南北朝以后，'将'经常出现在连动式句子中……处置式由连动式发展而来，"将"字处置式形成于第八世纪间，"把"字处置式形成于中唐以后。⑭ 王力也认为："处置式的产生大约在7世纪到8世纪之间。"⑮ 即"将/把"处置式在唐代初、中期由"将"和"把"虚化而产生。例如：

(1) 诗句无人识，应须把剑看。（唐·姚合《送杜观罢举东

---

① 叶友文：《隋唐处置式内在渊源分析》，《中国语言学报》1988年第1期。
② 梅祖麟：《唐宋处置式的来源》，《中国语文》1990年第3期。
③ 冯春田：《近代汉语语法研究》，山东教育出版社2000年版，第555—581页。
④ 吴福祥主编：《近代汉语语法》，中国社会科学出版社2015年版，第382—400页。
⑤ 蒋绍愚：《近代汉语研究概要》（修订本），北京大学出版社2017年版，第244—286页。
⑥ 叶友文：《隋唐处置式内在渊源分析》，《中国语言学报》1988年第1期。
⑦ 梅祖麟：《唐宋处置式的来源》，《中国语文》1990年第3期。
⑧ 蒋绍愚：《近代汉语研究概要》（修订本），北京大学出版社2017年版，第244—286页。
⑨ 冯春田：《近代汉语语法研究》（修订本），山东教育出版社2000年版，第555—581页。
⑩ 吴福祥主编：《近代汉语语法》，中国社会科学出版社2015年，第382—400页。
⑪ 祝敏彻：《论初期处置式》，北京大学中国语言文学系《语言学论丛》（第一辑），新知识出版社1957年版，第17—33页。
⑫ 王力：《汉语史稿》，中华书局2013年版，第397—405页。
⑬ ［法］贝罗贝：《双宾语结构从汉代至唐代的历史发展》，《中国语文》1986年第3期。
⑭ 祝敏彻：《论初期处置式》，北京大学中国语言文学系编《语言学论丛》（第一辑），新知识出版社1957年版，第17—33页。
⑮ 王力：《汉语史稿》，中华书局2013年版，第400页。

游》）

（2）两鬓愁应白，何劳把镜看。（唐·李频《黔中罢职将泛江东》）

（3）莫愁寒族无人荐，但愿春官把卷看。（唐·杜荀鹤《入关因别舍弟》）

以上3例都属于"把"字句。王力指出："就意义上说，'把卷看'是处置式，而'把剑看'和'把镜看'不是，就结构形式上说，它们的结构完全是一样的，从这一点上看，动词虚化的过程就更加明显了。"① 贝罗贝也认为"将/把"字处置式是通过语法化产生的。② 他指出首先在共时层面，当"$N_1 = N_2$"时，"N+将/把$_{动词}$+N_1+V+N_2"发展为"N+将/把$_{动词}$+N_1+V"，经过历时层面的语法化，"N+将/把$_{动词}$+N_1+V"发展为处置式"N+将/把$_{介词}$+N_1+V"。③ 需要指出的是，虽然语法化和虚化不同，如吴福祥指出："这是两个并不等同的概念，语法化关注的是一个语义单位或语用单位如何实现为特定的语法形式，虚化着眼的是词义由实到虚的演变过程。"④ 但是这里王先生所说的"动词虚化"实际上指的就是"语法化"，两者只是表述的不同。

（二）认为"将/把"字处置式来源于先秦时期具有提宾功能的"以"字结构，"把/将"处置式的形成是对"以"的介词替换，代表学者如本涅特⑤、陈初生⑥等。本涅特最早明确提出："古代汉语中的'以'字结构是把字句（处置式）的前身。"⑦ 陈初生也认为，后来的"将/把"字处置式是在"以"字处置式的基础上，"随着语言的不断发展，介词的替换（当然不是简单替换）"⑧ 而形成的。

（三）认为"将/把"字处置式是为了消除动词虚价现象而产生，代

---

① 王力：《汉语史稿》，中华书局2013年版，第399页。
② [法]贝罗贝：《双宾语结构从汉代至唐代的历史发展》，《中国语文》1986年第3期。
③ 参见蒋绍愚《近代汉语研究概要》（修订本），北京大学出版社2017年版，第249页。
④ 吴福祥：《汉语能性述补结构"V得/不C"的语法化》，《中国语文》2002年第1期。
⑤ [英]本涅特：《被动式和处置式的发展》，《中国语言学报》1981年第1期。
⑥ 陈初生：《早期处置式略论》，《中国语文》1983年第3期。
⑦ [英]本涅特：《被动式和处置式的发展》，《中国语言学报》1981年第1期。
⑧ 陈初生：《早期处置式略论》，《中国语文》1983年第3期。

表学者如徐志林①，他认为："'以'字处置式由双宾语结构发展而来，双宾语结构中的动词都是三价的，必须涉及三个论元，由于介词'以'将一个论元提到动词前面，因此造成动词后面的论元实际数量的减少，出现了动词'虚三价，实二价'语法现象。由于'以'字式本身无法消弭这种'虚价'的存在，因此在魏晋南北朝时期，'取''将'等动词可以出现在'以'字位置。"②

（四）认为"将/把"字处置式具有不同的类型，不同类型的处置式来源不同，代表学者如叶友文③、梅祖麟④。叶友文首次注意到隋唐的"将/把"字处置式具有不同的语义类别，根据语义关系分为"纯处置""处置到""处置给"三类。他认为"纯处置"是在唐代伴随介词"将/把"用于诗句而产生，"处置给""处置到"则源自先秦至隋唐以前的"以"字句和"於/于"字句。⑤梅祖麟则根据形式表现将处置式分为（甲）（乙）（丙）三类⑥，认为它们的来源也各不相同，其中（甲）型处置式来源于先秦两汉具有提宾功能的'以'字结构；（乙）型处置式是由受事主语句加上介词'把/将'形成；（丙）型处置式是由连动式发展而来⑦。蒋绍愚对梅祖麟关于（甲）（丙）型处置式来源的分析持肯定意见，但是认为（乙）型处置式的来源尚可商榷，他不赞成梅祖麟所分析的（乙）型是由受事主语句加上"将"字而形成，而是认为它"是在（丙）型的基础上，在动词前面或后面加上别的成分而发展来的"⑧。

（五）认为"将/把"字处置式的不同类型，是句式自身发展演变的

---

① 徐志林：《汉语双宾句式的历史发展及相关问题研究》，中国文史出版社2013年版，第174页。

② 徐志林：《汉语双宾句式的历史发展及相关问题研究》，中国文史出版社2013年版，第174页。

③ 叶友文：《隋唐处置式内在渊源分析》，《中国语言学报》1988年第1期。

④ 梅祖麟：《唐宋处置式的来源》，《中国语文》1990年第3期。

⑤ 叶友文：《隋唐处置式内在渊源分析》，《中国语言学报》1988年第1期。

⑥ （甲）某些承继上古"以"字句的双宾语处置式：V_B+O_1+V（+于/与）$+O_2$；（乙）动词前后有别的成份的：$V_B+O+X+V$，$V_B+O+V+Y$；（丙）动词是单纯的单音节或双音节的动词：V_B+O+V。

⑦ 梅祖麟：《唐宋处置式的来源》，《中国语文》1990年第3期。

⑧ 蒋绍愚：《近代汉语研究概要》（修订本），北京大学出版社2017年版，第255—258页。

结果，代表学者如冯春田①、龙国富②、吴福祥③等。冯春田认为："从意义上说，汉语的处置式从处置的给、作、到以至于表示其他的处置，又出现致使义处置式，是处置式发展演变的结果，是同一基本类型的处置句式本身的嬗变。"④ 龙国富指出："'将'的语义演变有两条平行的路线，一是当'N_1'和'N_2'不同指时，连动式'将+N_1+V+N_2'直接发展为广义处置（给/到）式，二是当'N_1'和'N_2'同指时，连动式'将+N_1+V+N_2'直接发展为狭义处置式。"⑤ 吴福祥认为："'把/将'处置式的产生与演变都经历了'连动式>工具式>广义处置式>狭义处置式>致使义处置式'这样的一个连续的发展过程，'以''将'之间的词汇兴替开始于隋代，在晚唐五代完成。"⑥ 其中，"广义处置式"指的即是梅祖麟所言的（甲）型处置式，"狭义处置式"指的即是梅祖麟所言的（乙）（丙）型处置式，而"致使义处置式"指的是"处置式中介词'把''将'的宾语语义上不是动词的受事，而是其当事或施事；整个格式具有一种致使义"⑦ 吴福祥认为："这类处置式中介词'把/将'本身并无'致使'义，'致使'义是由句子结构本身所显现的。介词'把/将'本身的语义及功能与一般处置式中的'把/将'并无区别。"⑧ 而关于处置式不同类型的关系，吴福祥认为："处置式的三种类型是由于词汇扩展形成的：处置式的'VP'由三价谓词扩展为二价谓词，又由二价谓词扩展为一价谓词。"⑨ 需要指出的是，吴福祥认为"将/把"广义处置式的形成经历了"连动式—工具式"过程；而刘子瑜通过分析东汉到六朝的"将"字句，认为"将/把"广义处置式是直接由连动式演变而来，没有经历"工具式"这一过程。例如：

---

① 冯春田：《近代汉语语法研究》，山东教育出版社2000年版，第580页。
② 龙国富：《从"以/将"的语义演变看汉语处置式的语法化链》，浙江大学汉语史研究中心主编《汉语史学报》（第九辑），上海教育出版社2009年版，第36—47页。
③ 吴福祥主编：《近代汉语语法》，中国社会科学出版社2015年版，第382—400页。
④ 冯春田：《近代汉语语法研究》，山东教育出版社2000年版，第555—581页。
⑤ 龙国富：《从"以/将"的语义演变看汉语处置式的语法化链》，浙江大学汉语史研究中心主编《汉语史学报》（第九辑），上海教育出版社2009年版，第36—47页。
⑥ 吴福祥主编：《近代汉语语法》，中国社会科学出版社2015年版，第382—400页。
⑦ 吴福祥主编：《近代汉语语法》，中国社会科学出版社2015年版，第381页。
⑧ 吴福祥：《敦煌变文语法研究》，岳麓书社1996年版，第427页。
⑨ 吴福祥主编：《近代汉语语法》，中国社会科学出版社2015年版，第382—400页。

(4) 令数吏将建弃市，莫敢近者。(《汉书·赵广汉传》)

(5) 遂将后杀之。(《三国志·武帝纪》裴松之注)

以上两例中"将"字"既可以看作是'携带'义的动词，又可以看作是表处置的标记，这正是从'连动—处置'的重新分析"①。蒋绍愚赞同刘子瑜的意见，指出："'将'的'携带'义汉代就有了，而且用得相当普遍。所以'将'字句由'连动'到'处置'的演变是完全可能的。"② 关于致使义的形成，吴福祥认为："这类处置式的产生方式是由介词'将/把'加上施事主语句构成。"③ 蒋绍愚认为"这只是说明了这种句式的结构特点，并没有说明为什么'将/把'可以加在施事主语句前面"。因此蒋绍愚从两方面对这个问题做了部分回答，他认为："一是由于一些致使义处置式的谓词是使动义的动词或形容词，或者是含有使动义的动结式，其宾语在语义上是谓词的施事或当事，所以，宾语放在谓词前面的时候，就构成了一个施事（或当事）主语句。二是有些致使义处置式'S_1+将/把+$[S_2$+V+O]'是由工具句演变而来，当工具式作不同的语义理解时，就可以看作是致使义处置式。"④ 郭浩瑜与杨荣祥则认为："早期致使义处置式的情况比较复杂，'以'字式最早产生了'致使'之意，经过中古、近代早期的'持''将''把'字式的层层累积，致使义处置式渐趋成熟，认为致使义处置式可能有多重来源，或来源于工具式，或来源于处置（到），或来源于连动式，或来源于连动式与'A/V 了 N'的类推。"⑤

0.3.4 处置构式形成动因研究

关于处置构式的形成动因，学界主要有四种意见：第一种是侧重语法系统角度，关注不同句式之间的联系，代表学者如梅祖麟⑥、石毓智⑦、

---

① 蒋绍愚：《近代汉语研究概要》（修订本），北京大学出版社 2017 年版，第 273 页。
② 蒋绍愚：《近代汉语研究概要》（修订本），北京大学出版社 2017 年版，第 273 页。
③ 吴福祥：《敦煌变文语法研究》，岳麓书社 1996 年版，第 428 页。
④ 蒋绍愚：《近代汉语研究概要》（修订本），北京大学出版社 2017 年版，第 274—276 页。
⑤ 郭浩瑜、杨荣祥：《试论早期致使义处置式的产生和来源》，《语言科学》2016 年第 1 期。
⑥ 梅祖麟：《唐宋处置式的来源》，《中国语文》1990 年第 3 期。
⑦ 石毓智：《处置式产生和发展的历史条件》，《语言研究》2006 年第 3 期。

刘子瑜①等，其中梅祖麟认为："受事主语句、被字句、施事和受事的中立化三种因素促使处置式的产生：一是南北朝时期处置（给）和处置（到）去掉'将'字，剩下的部分是受事主语句，反之亦然；二是'被'字句里的'被'字引出施事，'把'字句里的'把'字引出受事。'把'字句和'被'字句结构相同，都是连谓结构，语法功用对立而相辅相成。因此，'被'字句的发展应该会影响'把'字句的发展；三是南北朝时期，出现了若干句型的主谓句，主语可能是施事，也可能是受事，加'把''被'可以分辨施受关系，因此处置式的流行还和施事、受事的中立化有关。"② 石毓智通过分析现代汉语处置式的特点，认为："处置式的语法化动因是有定性受事名词的重新分布，要求受事名词要出现在谓语动词之前来获得有定性的特征，从而诱发了连动格式中的'将'或者'把'语法化为标记动词之前受事的语法手段。"③ 同时石毓智进一步指出："处置式使用频率的大量增加，在时间上与动补结构的建立与发展相吻合，而且增加的用例中多采用动补结构，说明动补结构的建立是推动处置式发展的主要动力。"④ 刘子瑜也认为：刘子瑜也认为："处置式的语义核心是表达人或事物因某种手段的作用而达成某种目的或结果，即表示人或事物经历一个完整的事件变化过程而达成某种结果。狭义处置式只有处置动作，而无处置结果，表达的并非完整的事件过程。补语的进入是句法格式语义完整化的要求。述补结构的进入促使处置式定型化，推动了处置式语法化过程的完成，并进一步推动了处置式的繁荣发展。"⑤ 第二种是侧重认知角度，关注由转喻造成的语义演变，代表学者如龙国富⑥、吴福祥⑦、王坤⑧等。如龙国富从认知角度考虑，指出："'以'字句沿着'连动式—工具式—广义处置（给/到）式'的方向发展，'以'的意义从'携带—工具—处置'的演变，是一种由语义推理促动的转喻过程。'将'字句有

---

① 刘子瑜：《处置式带补语的历时发展》，《语言教学与研究》2009 年第 1 期。
② 梅祖麟：《唐宋处置式的来源》，《中国语文》1990 年第 3 期。
③ 石毓智：《处置式产生和发展的历史条件》，《语言研究》2006 年第 3 期。
④ 石毓智：《处置式产生和发展的历史条件》，《语言研究》2006 年第 3 期。
⑤ 刘子瑜：《处置式带补语的历时发展》，《语言教学与研究》2009 年第 1 期。
⑥ 龙国富：《从"以/将"的语义演变看汉语处置式的语法化链》，浙江大学汉语史研究中心主编《汉语史学报》（第九辑），上海教育出版社 2009 年版，第 36—47 页。
⑦ 吴福祥：《再论处置式的来源》，《语言研究》2003 年第 3 期。
⑧ 王坤：《"将"字处置式的构式语法化》，《宜宾学院学报》2017 年第 1 期。

两个发展方向,一是沿着'连动式—广义处置式',一是沿着'连动式—狭义处置式'。"① 并且认为在"将"的语义演变中,同样是转喻在起着重要作用。第三种是侧重主观性角度,关注说话者的态度,代表学者如沈家煊②、席留生③、李青④、洪水英⑤等。如沈家煊从主观性角度出发,推测:"处置式产生的动因是说话人在表述客观处置事件的同时还要表达自己对事件的主观情感和态度,表达主观处置是把字句产生的动因,而把字句的发展一方面适应了主观表达的需要,一方面又会导致主观性的减弱。"⑥ 第四种是侧重历时替换角度,代表学者如冯春田⑦、田春来⑧等。冯春田认为:上古就已经形成以"以""用"为介词的处置句式,汉末以来的"将""捉"以及近代汉语里的"把""拿"等,"在一定程度上是汉语不同时期内处置介词的替换,这种替换可能伴随着处置式功能的扩大或演变"⑨。他进一步指出:"汉语的处置式从处置的给、作、到以至于表示其他的处置,又出现致使义处置,可以看作是处置句式语法意义的虚化或泛义化,是处置式发展演变的结果,是同一基本类型的处置句式本身的嬗变。"⑩ 学者通过从不同角度对处置式的形成动因进行了深入分析,取得了较为丰硕的研究成果,对深入理解处置式的历时形成具有积极意义。总的看来,一种句式不会无缘无故的出现与消失,它的出现与消失都是语言系统的需要。处置式的形成可以分析为两个动因的共同作用:一是主观的语言表达为其出现提供了语义要求,即需要表达对某人某物施以某种处置,如"天子不能以天下与人"(《孟子·万章上》);二是客观的语法

---

① 龙国富:《从"以/将"的语义演变看汉语处置式的语法化链》,浙江大学汉语史研究中心主编《汉语史学报》(第九辑),上海教育出版社 2009 年版,第 36—47 页。
② 沈家煊:《如何处置"处置式"——论把字句的主观性》,《中国语文》2002 年第 5 期。
③ 席留生:《把字句的认知研究》,博士学位论文,河南大学,2008 年,第 4 页。
④ 李青:《现代汉语把字句主观性研究》,博士学位论文,吉林大学,2011 年,第 13 页。
⑤ 洪水英:《南北方言中处置式主观性的差异表达——以〈红楼梦〉和〈蜃楼志〉"把/将"处置式为例》,《东南传播》2012 年第 11 期。
⑥ 龙国富:《从"以/将"的语义演变看汉语处置式的语法化链》,浙江大学汉语史研究中心主编《汉语史学报》(第九辑),上海教育出版社 2009 年版,第 36—47 页。
⑦ 冯春田:《近代汉语语法研究》,山东教育出版社 2000 年版,第 555—581 页。
⑧ 田春来:《汉语处置介词的来源和替换》,《浙江师范大学学报》(社会科学版)2011 年第 1 期。
⑨ 冯春田:《近代汉语语法研究》,山东教育出版社 2000 年版,第 580 页。
⑩ 冯春田:《近代汉语语法研究》,山东教育出版社 2000 年版,第 580 页。

系统性为其提供了形式依据，出于强调等需要可以对句式进行变换，如双宾语句式"子犯授公子载璧"（《国语·晋语四》）与处置式"子犯以璧授公子"（《左传·僖公二十四年》）之间的形式联系。

综上可见，学者们从不同角度对处置构式的研究取得了丰硕成果，但是在其产生时代、来源、动因等问题上都存在争议，诸多问题有待进一步研究：一是自先秦至唐代先后出现了六种处置构式，其形成动因与机制是否相同？二是不同时期先后出现的处置构式之间存在怎样的联系？三是汉语处置构式为何在唐代逐渐定型，此后再没有出现新的处置构式？因此有待基于大型语料库系统深入地描述处置构式的历时形成与发展演变，借助语义地图和构式语法理论从形式和意义结合的角度探索其动因与机制。

0.4 处置构式的界定说明

我们在上文中指出，处置式属于构式，因此我们运用构式语法理论对处置式进行分析，将其定义为处置构式，首先我们对处置构式作一个简要说明。

构式语法理论兴起于20世纪80年代，以认知语言学为理论背景，强调研究语言要注重形式与意义的结合，后经学者的不断研究而形成不同派别。陆俭明指出："构式语法理论现在起码有四个支派：一派是以Goldberg，A. E 和 Lakoff，G. 为代表；一派是以 Fillmore，C. J. 和 Key，P. 为代表；一派是以 Croft，W. 和 Taylor，J. R. 为代表；一派是以 Langacker，R. W. 为代表。"① 其中，戈德伯格的构式语法理论对我国学术界影响最大，为现代汉语的深层解释提出了新的研究思路，对推动汉语语法研究起到了较为重要的作用。戈德伯格指出："构式语法的基本观点是'C 仅当 C 是一个形式—意义的配对<F_i, S_i>，且 C 的形式（F_i）或意义（S_i）的某些方面不能从 C 的构成成分或其他先前已有的构式中得到完全预测'。"② 这主要强调了两点：一是构式是形式和意义的结合体；二是构式具有不可预测性。后来，戈德伯格进一步指出："即使有些语言格式可以得到完全预测，只要它们的出现频率很高，这些格式仍然会被语言使用

---

① 陆俭明：《构式语法理论的价值与局限》，《南京师范大学文学院学报》2008年第1期。
② ［美］阿黛尔·戈德伯格：《构式：论元结构的构式语法研究》，吴海波译，冯奇审订，北京大学出版社2007年版，第4页。

者存储为构式。"①

0.4.1 处置式的构式理据

处置式作为汉语中的一种常用句式，具有很高的出现频率。从形式上来看，大致可以分为三类，分别是："$S+P+O_1+V+O_2$"形式、"$S+P+O$（+X）+V$"形式、"$S+P+O$（+X）+V+Y$"形式。实际上，唐宋时期处置构式的形式表现相对更为复杂一些，如"相公是日只于福光寺内，具将此事，写表奏上晋文皇帝"（《敦煌变文校注》卷二《庐山远公话》），"沩山把一枝木吹三两气过与师"（《景德传灯录》卷六）。我们之所以将其分为三类，主要基于以下两点考虑：一是遵从学界关于处置式的普遍分类；二是根据其主要的结构特点，首先看宾语，根据宾语的数量，将处置式分为"$P+O_1+V+O_2$"形式和"$P+O+V$"形式；其次看动词，根据动词的特点，我们再将"$P+O+V$"形式分为两类，一类是"$P+O$（+X）+V$"；一类是"$P+O$（+X）+V+Y$"，其中"Y"属于动作行为的补语。从语义上来看，这三种形式都可以表示"处置"意义，因此处置式可以理解为形式和意义的结合体。同时，由于处置式的意义不能从成分义得到推知，具有不可预测性，因此可以将处置式看作是构式。由于在处置构式"$S+P+O_1$（+X）+V+O_2/Y$"中经常出现省略"S"的情况，因此为了方便讨论，我们将处置构式的三种形式简述为"$P+O_1+V+O_2$"形式、"$P+O$（+X）+V$"形式和"$P+O$（+X）+V+Y$"形式。由于构式是形式和意义的结合体，且具有不可预测性，因此我们主要从这两方面进行讨论。

0.4.1.1 形式和意义的结合体

"处置式"这一名称主要是从语义角度来命名的，即句式表示的是"处置"意义，如王力指出："大致说来，'把'字所介绍者乃是一种'做'的行为，是一种施行，是一种处置，在中文里，我们把它称为处置式。"② 但是从形式上来看，处置式可以具有不同的形式表现。由于处置式是形式和意义的结合体，因此，当形式不同时，处置式表示的具体意义也就不同。例如：

---

① [美]阿黛尔·戈德伯格：《运作中的构式：语言概括的本质》，吴海波译，北京大学出版社2013年版，第5页。

② 王力：《中国语法理论》，中华书局2015年版，第91页。

(1) 若将明月为俦侣，应把清风遗子孙。(唐·方干《李侍御上虞别业》)

(2) 惜无载酒人，徒把凉泉掬。(唐·宋之问《温泉庄卧病寄杨七炯》)

(3) 图把一春皆占断，固留三月始教开。(唐·秦韬玉《牡丹》)

在以上3例中，虽然都表示"处置"的意义，即对"O_1"施以某种处置。但是由于形式的不同，处置式的意义也存在着差异。在例（1）中，处置式的形式表现为"$P+O_1+V+O_2$"，表示"'（S）'把'清风'遗留'子孙'"，即"S"对"O_1"施以处置动作"V"，致使"O_1"关联"O_2"。在例（2）中，处置式的形式表现为"$P+O(+X)+V$"，表示"'（S）'把'凉泉'掬"，即"S"对"O"施以处置动作"V"。在例（3）中，处置式的形式表现为"$P+O(+X)+V+Y$"，表示"'（S）'把'一春'占'断'"，即"S"对"O"施以处置动作"V"，致使"O"出现"Y"的状态。通过以上3例可以看出，虽然都是表示对"O"的处置，但是由于形式表现不同，处置式的具体意义也就不同，这体现了形式和意义的统一，即处置式是形式和意义的结合体。

0.4.1.2 处置式的不可预测性

在处置式中，其整体意义具有不可预测性，即处置式的意义不能从成分义中得到推知。这主要体现在两个方面：一是准入构式的动词类型不同；二是同一句式可以表示不同的意义，这体现了动词对构式的影响。例如：

(1) 失脚落地狱，将身投镬汤。(宋·王安石《拟寒山拾得二十首其八》)

(2) 若尧当时把天下与丹朱，舜把天下与商均，则天下如何解安！(《朱子语类》卷十六《大学三》)

(3) 后来见南容亦是个好人，又把兄之女妻之。(《朱子语类》卷二十八《论语十》)

在以上3例中，处置式的形式表现都为"$P+O_1+V+O_2$"，表示"对'O_1'施以处置动作'V'，致使'O_1'关联'O_2'"。如例（2）表示

"'尧''舜'对'天下'施以处置动作'与',致使'天下'给予'丹朱''商均'"。但是以上3例中的动词类型并不相同,其中例(1)中的"投"属于二价动词,如"祭者投钱及羊骨,皎然皆见"(《朝野佥载》卷六)。例(2)中的"与"属于三价动词,如"奏云见孝和,怒曰:'我与人官,何因夺却'"(《朝野佥载》卷一)。例(3)中的"妻"属于名词,在上例中活用为动词。通过以上3例可以看出,在处置式中,"V"既可以是二价动词,也可以是三价动词,还可以是名词的活用,这可以看作是构式对动词的压制,准入不同类型的动词,体现了动词类型的不可预测性。同时处置式的不可预测性还体现在句式义。例如:

(4) 莫将天人施沙门,休把娇姿与菩萨。(《敦煌变文校注》卷五《维摩诘经讲经文》)

(5) 以此思量这丈夫,何必将心生爱恋。(《敦煌变文校注》卷五《佛说观弥勒菩萨上生兜率天经讲经文》)

(6) 却思城外花台礼,不把庭前竹马骑。(《敦煌变文校注》卷五《维摩诘经讲经文》)

(7) 引调得、上界神仙,把凡心都起。(宋·无名氏《红窗迥·富春坊》)

在例(4)(5)中,处置式的形式表现都为"$P+O_1+V+O_2$",但是语义却有所不同。在例(4)中,表示"将'天人'移给'沙门'",在例(5)中,表示"将'心'生出'爱恋'"。在例(6)(7)中,处置式的形式表现都为"$P+O\ (+X)\ +V$",例(6)表示"对'庭前竹马'施以'骑'的动作",例(7)表示"对'凡心'施以'起'的动作"。吴福祥指出:"大约在晚唐五代时期,出现致使义处置式,介词'将''把'的宾语语义上不是动词的受事,而是其当事或施事;整个格式具有一种致使义。"① 即在例(5)(7)中,处置式具有一种致使意义,表示"'S'致使'$O_{(1)}$'发生某种动作",这可以理解为"S"对"$O_{(1)}$"的主观处置。需要指出的是,所谓的"致使"意义是就"$O_{(1)}$"与"V"的关系而言,实质上也是"S"对"$O_{(1)}$"施以处置动作的结果,属于处置式的特

---

① 吴福祥主编:《近代汉语语法》,中国社会科学出版社2015年版,第381页。

殊类型。为更好地深入处置式的研究,我们将"处置"与"致使"并列,以期清晰梳理两者之间的联系。通过以上 4 例可以看出,虽然处置式是形式和意义的结合体,但是当形式相同时,由于成分语义特征不同,表示的具体意义也可能不同,即处置式具有多义性,这体现了处置式意义的不可预测性。处置构式的形式与意义关系如图 0-1 所示。

$P+O_1+V+O_2$

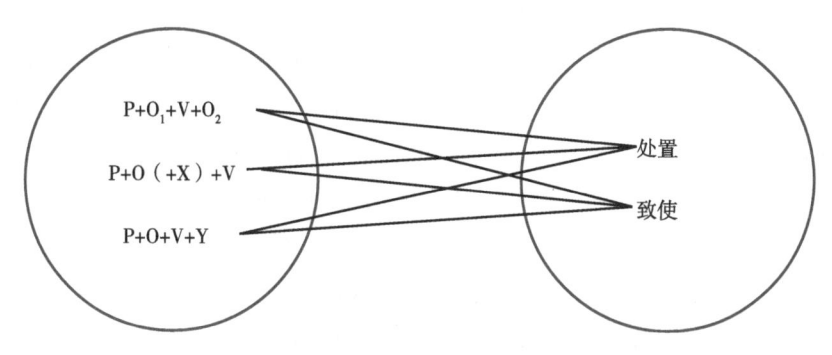

$P+O(+X)+V$

$P+O+V+Y$

处置

致使

图 0-1　处置构式的形式与意义关系图

通过以上对处置式的分析,我们可以发现,处置式是形式和意义的结合体,体现在处置式的形式不同,意义也就不同。同时,处置式具有不可预测性,整体义不能从成分义得到推知,主要体现在两点:一是由于构式对动词具有压制作用,因此准入构式的动词类型不同,从而无法从成分义推知整体义;二是当处置式具有同样的形式时,由于成分语义特征不同,整体意义也会不同。戈德伯格指出:"一个小句的意义并不仅仅取决于用来表达它的论元结构构式的意义,这一点也是非常重要的。因此我们需要认真研究个别的动词、特别的论元以及语境。"[①] 同时戈德伯格指出:"一个句法形式不必只和一个特定语义相联:语言中存在构式歧义现象,即同一个形式具有不同的意义。"[②] 但是这些意义之间存在联系,属于中心意义的扩展,即由于句式成分类型的不同,从而使得处置式具有多义性,这体现了处置式整体意义的复杂性。因此,即使有些处置式的意义可以从成分义进行部分推知,但是并不能获得完整的处置式的整体意义,即戈德伯

[①] [美] 阿黛尔·戈德伯格:《运作中的构式:语言概括的本质》,吴海波译,北京大学出版社 2013 年版,第 44 页。

[②] [美] 阿黛尔·戈德伯格:《构式:论元结构的构式语法研究》,吴海波译,冯奇审订,北京大学出版社 2007 年版,第 232 页。

格在定义构式时所指出的"不能从构成成分得到完全预测"①。需要指出的是,我们在上文提到两点:一是处置式的形式不同,意义也就不同;二是即使处置式形式相同,但由于成分的影响,所表示的意义也会不同。虽然我们指出处置式的意义不同,但这是就处置式意义的微观层面来说的,是指不同的形式类型表达的具体意义不同;从宏观层面来看,处置式都表示的是"处置"意义,即都属于处置式。处置式的具体意义随着形式的不同而发生变化,这也是形式和意义相互统一的体现。周国光与张林林也指出:"对句法结构进行语义分析的事实依据是句法结构的二重性,对句法结构进行语义分析的理论依据是句法结构二重性理论。句法结构的二重性是一种客观语言事实,语法结构和语义结构是两种完全不同的结构,两者之间存在着复杂的'一对多'和'多对一'的对应关系。"② 同时,他们认为:"语法研究的最终目的就是为了探求语法形式和语法意义之间的对应关系。"③ 因此,我们主要通过运用构式语法理论,分析解释处置式形式和意义的对应关系。

  总的看来,由于处置式属于构式,因此,运用构式理论对处置式进行分析,具有理论优势,这主要体现在两个方面:一是构式不但具有一个明确的中心意义,同时以中心意义为基础,又包括许多密切联系的意义,即构式具有多义性。而处置式虽然都表示"处置"意义,但是具体来看,意义也存在不同,这可以看作是处置式的多义性,通过运用构式理论,可以将处置式的意义系统化,从而更好地解释处置式的语义发展变化。二是构式具有独立的意义,对动词具有压制作用,而处置式在历时发展变化中,先后存在不同的句型,如"以"字处置构式、"将/把"字处置构式等,同时也存在着不同的形式,如"$P+O_1+V+O_2$"形式、"$P+O\ (+X)\ +V$"形式、"$P+O\ (+X)\ +V+Y$"形式,通过运用构式理论,分析构式对成分的压制,可以更好地解释处置式的历时形成与发展变化。

---

  ① [美]阿黛尔·戈德伯格:《构式:论元结构的构式语法研究》,吴海波译,冯奇审订,北京大学出版社 2007 年版,第 4 页。

  ② 周国光、张林林编著:《现代汉语语法理论与方法》,广东高等教育出版社 2011 年版,第 211 页。

  ③ 周国光、张林林编著:《现代汉语语法理论与方法》,广东高等教育出版社 2011 年版,第 68 页。

0.4.2 处置构式的概念厘定

处置构式作为汉语中的一种常见构式，具有很高的使用频率，在语法系统中具有非常重要的地位。王力指出："在现代汉语里，有一种特殊的语法结构。就形式上说，它是用一个介词性的动词'把'字把宾语提到动词的前面；就意义上说，它的主要作用在于表示一种有目的的行为，一种处置。"[①] 王先生所指的处置式即是"把$_{介词}$"字句。虽然在现代汉语中，处置构式一般指的就是"把$_{介词}$"字句，但是从历时来看，处置构式和"把$_{介词}$"字句的内涵并不一致，"把$_{介词}$"字句只是处置构式的一种类型。"把$_{介词}$"字句在唐代形成，而在先秦时期就已经出现处置构式，只是使用的介词是"以"，而不是"把"，如"天子不能以天下与人"（《孟子·万章上》）。此后在汉魏时期，在处置构式中又出现了介词"持"，如"持无常作有常"（《佛说遗日摩尼宝经》），在魏晋六朝时期又出现了处置介词"取""将"，如"持薪归家，取此香木，分为十段"（《贤愚经》卷六），"瓒将灵母弟置城上，诱呼灵"（《三国志·魏书·徐晃传》裴松之注），直到唐代才开始出现"把""捉"字处置构式，如"有人把椿树，唤作白旃檀"（唐·寒山《诗三百三首》），"几许难部宰，捉此用为心"（唐·王梵志《慎事罪不生》）。因此，我们在书中所说的处置构式，从历时出现顺序来看，分别是"以"字处置构式、"持"字处置构式、"取"字处置构式、"将"字处置构式、"把"字处置构式、"捉"字处置构式。从形式表现来看，可以分为"P+O_1+V+O_2""P+O（+X）+V""P+O（+X）+V+Y"三种形式；从语义上来看，都表示的是"处置"意义。吴福祥指出："处置式类型指的是处置式的语义类型，处置式句型则指的是由不同介词构成的处置句。"[②] 我们沿用这两个名称，即处置构式句型依据的是不同的处置介词，但是处置构式类型的所指有所不同，我们主要指的是形式不同的处置构式。其中，"P"是指介词，如"以""持""取""将""把""捉"。由于处置构式的成分较为复杂，因此在书中"O_1""O_2"只是一种概括性的表示，既可以表示名词和名词性短语，也可以表示代词，还可以表示谓词和谓词性短语。

---

① 王力：《汉语史稿》，中华书局2013年版，第397页。
② 吴福祥主编：《近代汉语语法》，中国社会科学出版社2015年版，第374页。

0.4.3 处置构式的形式类型

关于"处置构式"这一名称,主要是从意义角度进行的界定,即表示对某种事物进行了某种处置。具体来看,由于现实情境的多样性,对某种事物可以有不同的处置过程,因此,处置构式可以分为不同的类别,体现在形式上就是处置构式具有不同的形式表现。因此,我们根据形式类型,同时结合构式的论元角色,将处置构式分为三类,分别是"S+P+O_1+V+O_2"形式、"S+P+O(+X)+V"形式和"S+P+O(+X)+V+Y"形式。在"S+P+O_1+V+O_2"形式中,涉及三个参与者角色,即"S""O_1"和"O_2";在"S+P+O(+X)+V"形式中,涉及两个参与者角色,即"S"和"O";在"S+P+O(+X)+V+Y"形式中,涉及两个参与者角色,即"S"和"O"。需要指出的是,在"S+P+O_1+V+O_2"形式中,当省略"O_2"时,会形成"S+P+O_1+V"形式,但是"V"一般属于三价动词,涉及三个参与者角色,属于"S+P+O_1+V+O_2"的省略形式,因此"S+P+O+V"形式和"S+P+O_1+V"形式不同,两者表示不同的构式义,因此"S+P+O+V"形式并不包括"S+P+O_1+V"形式。由于这三种形式都表示"处置"意义,因此我们将这三种形式看作是处置构式群,不同的形式反映了不同的处置过程。施春宏指出:"表达同一语义范畴或特定语义关系的相关句式集合可以称作'句式群',句式群有大有小,每个句式在句式群中所凸显的语义侧面和所实现的语用功能并不相同,这也是特定句式存在的基本理据。"① 维特根斯坦(Ludwig wittensten)提出"家族相似性",认为:"家族中的各个成员,尽管不尽相同,但是彼此相似——可能具有同样的构造,或者具有同样的表面特征。一个家族中的众多成员,以各不相同的方式彼此相似。"② 因此处置构式的不同形式可以理解为家族相似性。关于这三种形式之间的联系,我们认为"P+O_1+V+O_2"形式是基本类型,来源于连动式"V_1+O_1+V_2+O_2"的重新分析,而"P+O(+X)+V"形式和"P+O(+X)+V+Y"形式则属于"P+O_1+V+O_2"形式的承继联接。戈德伯格指出:"当一个构式是另一个构式固有的

---

① 施春宏:《形式和意义互动的句式系统研究:互动构式语法探索》,商务印书馆2018年版,第303页。
② 参见[美]乔治·莱考夫《女人、火与危险事物:范畴显示的心智》,李葆嘉、章婷、邱雪玫译,世界图书出版公司2016年版,第16页。

一个子部分并且独立存在时,我们把该联接称为子部分联接。"① 因此,"P+O(+X)+V"形式可以看作是"P+O_1+V+O_2"形式的子部分联接。戈德伯格指出:"动结构式中的结果短语可以被看作是目标的隐喻,因此动结构式本身可以被看作是包含实际致使移动意义的致使——移动构式的隐喻扩展。该隐喻是一个普遍的系统的隐喻,即把状态变化看作是向某个新处所移动。"② 在"P+O_1+V+O_2"形式中,当"V"属于位移类动词时,表示"对'O_1'施以处置动作'V',致使'O_1'移到'O_2'",属于位移变化。在"P+O(+X)+V+Y"形式中,表示"对'O'施以处置动作'V',致使'O'出现'Y'的状态",属于状态变化。因此"P+O(+X)+V+Y"形式可以看作是"P+O_1+V+O_2"形式的隐喻扩展联接。

0.4.4 处置构式的多义性

构式语法理论将一个个构式看成独立存在的对象,对象之间具有联系性,共同构成语言系统。每个独立的构式都是形式和意义的结合体,来源于现实的情境性,戈德伯格指出:"与基本句子类型对应的构式把与人类经验有关的基本事件类型编码为构式的中心意义。"③ 因此构式的中心意义是对人类基本事件类型的反映。在现实情境中,存在着很多不同的基本事件类型,如"某人对某物施以处置,致使某物出现某种结果",这可以看作是处置构式的基本事件类型,即处置构式作为一种基本的事件类型,在现实情景中表示"处置"的意义。从处置构式的句型来看,最早出现的是"以"字处置构式,从处置构式的类型来看,最早出现的是"P+O_1+V+O_2"形式,其构式义为"对'O_1'施以处置动作'V',致使'O_1'关联'O_2'",这可以分为三类,分别是"处置(给)"、"处置(作)"和"处置(到)"④。例如处置构式"以+O_1+V+O_2",由于"处置(给)"和"处置(作)"在先秦时期已经出现,如"天子不能以天

---

① [美]阿黛尔·戈德伯格:《构式:论元结构的构式语法研究》,吴海波译,冯奇审订,北京大学出版社2007年版,第75页。
② [美]阿黛尔·戈德伯格:《构式:论元结构的构式语法研究》,吴海波译,冯奇审订,北京大学出版社2007年版,第78—80页。
③ [美]阿黛尔·戈德伯格:《构式:论元结构的构式语法研究》,吴海波译,冯奇审订,北京大学出版社2007年版,第38页。
④ 梅祖麟:《唐宋处置式的来源》,《中国语文》1990年第3期。

下与人"(《孟子·万章上》)、"尧以不得舜为己忧"(《孟子·滕文公上》),而"处置(到)"出现于西汉时期,如"以弟子一人投河中"(《史记·滑稽列传》),同时结合双宾语句式对"以"字处置构式的影响,因此我们将"处置(给)"看作是处置构式"以+O_1+V+O_2"的中心意义。由于现实情境的复杂性,每一种情境都会有不同的表现方式,因此在基本事件类型的基础上,会形成其他不同的事件类型,如在处置构式中,对"O_1"的处置不仅仅限于"致使'O_1'给予'O_2(接受者)'",还可以是"致使'O_1'移向'O_2(处所)'",从而出现"处置(到)"。戈德伯格指出:"构式并非只有一个固定不变的、抽象的意义,而是通常包括许多密切联系的意义,这些意义共同构成一个家族。"① 即以中心意义为基础,可以衍生出许多扩展意义,这体现了构式的多义性。我们认为,处置构式的形成与发展,体现了语言的构式化与构式演变。特劳戈特(Traugott)等指出:"构式化是指形式新——语义新(组合)符号的产生,构式演变是指影响构式内部某一维度的变化,它并不涉及构式网络中新节点的产生。"② 即"所谓'构式化'是指新的形式语义匹配的产生过程,所谓'构式变化'则是指影响现存构式的内部特征的变化。"③ 杨永龙也指出:"简单地说,构式化是着眼于构式演变的输出端,探讨新的构式的形成过程;构式演变是着眼于变化的输入端,探讨构式是如何发展变化的。"④ 因此,处置构式的形成,可以看作是构式化,即一种新构式的形成,而处置构式的发展,可以看作是构式演变,即一种构式的历时发展变化。在处置构式中,根据构式是形式和意义的结合体,可以将处置构式分为三种类型,基于语义地图模型对汉语处置构式进行全面深入的分析,讨论不同类型处置构式的意义。共时层面,以构式多义性为纬线,关注句式同形异义,构建以处置为核心的语义地图模型,系联同

---

① [美]阿黛尔·戈德伯格:《构式:论元结构的构式语法研究》,吴海波译,冯奇审订,北京大学出版社 2007 年版,第 31 页。

② [美]伊丽莎白·特劳戈特、[英]格雷姆·特劳斯代尔:《构式化与构式演变》,詹芳琼、郑友阶译,商务印书馆 2019 年版,第 35—45 页。

③ 参见杨永龙《结构式的语法化与构式演变》,《古汉语研究》2016 年第 4 期。杨永龙所言的"构式变化"相当于詹芳琼所译的"构式演变",但杨永龙认为"构式化和构式变化统称为构式演变"。

④ 杨永龙:《结构式的语法化与构式演变》,《古汉语研究》2016 年第 4 期。

一句法形式所负载的多种相关意义,探求不同意义之间的脉络关系;历时层面,以构式承继关系为经线,关注表达同一语法功能的不同形式,分析处置概念域表现形式的更替变化。汉语发展史上每一个横截面都可视为自足的语言系统,通过绘制相关的语义地图,就能从既微观又直观的角度观察到汉语的历时动态变化。根据处置构式的历时形成与发展演变,综合处置构式不同历史时期的形式与意义,我们将不同时期的处置意义层累,因而处置构式的语义地图模型简图可大致构绘如图0-2所示。

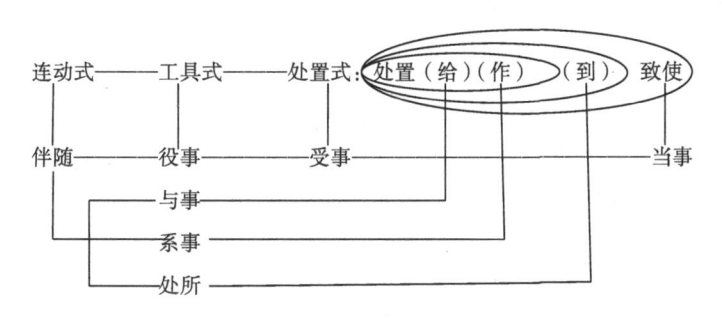

图0-2 处置构式和相关功能语义地图

我们在对语料详尽考察基础上,基于以处置构式为核心的语义地图模型,全面系统分析其语义域,宏观把握其多义性,根据语义域内不同功能之间的远近关系,探讨处置式标记与工具标记、受益者(即动作行为的受事)标记的联系,梳理不同意义之间的脉络关系,深入分析其语义特点,如"O_1""O_2"的语义类型和"V"的语义特征,"处置(给)""处置(作)""处置(到)"等语法意义。正如吴福祥与张定所说:"语义图研究模型在构建概念空间时根据意义的相似程度来确定不同功能的空间位置和连接方式,因此概念空间的构型可以非常直观地表征多功能语素不同功能之间的远近亲疏关系:位置邻接且有连线相连的功能关系较近,属于直接关联;反之,位置间隔较远或无连线连接的功能,关系较远,属于间接关联。"① 通过上图可以发现,处置构式的语义与"工具""受益者""使役"具有直接关联,而与其他功能属于间接关联,这既有助于深入探讨处置构式的历时形成与发展演变,也有助于改善传统语义分析中只能"将一个语法形式的各种用法或意义简单地罗列在一起并贴上

---

① 吴福祥、张定:《语义图模型:语言类型学的新视角》,《当代语言学》2011年第4期。

不同的标签",而"不能反映多功能语法形式不同功能之间的内在联系"① 的不足。

0.4.4.1 "$P+O_1+V+O_2$"形式

当处置构式的形式表现为"$P+O_1+V+O_2$"时,其构式义大致可以概括为"对'O_1'施以处置动作'V',致使'O_1'关联'O_2'",根据动词意义的不同,其"关联"主要可以分为三种类型:

0.4.4.1.1 "处置(给)"式

这主要是指处置构式表示"对'O_1'施以处置动作'V',致使'O_1'移给'O_2'"的意义。例如:

(1) 主上以湜父年老,瓜初熟,赐一颗,湜以瓜遗妾,不及其父,朝野讥之。(《朝野佥载》卷四)

(2) 正合谨守宗庙,传之子孙,不可持国与人,有私于后,惟陛下详审。(《大唐新语》卷二)

(3) 余杭人陆彦……时沧州人李谈新来,其人合死,王曰:"取谈宅舍与之。"(《朝野佥载》卷二)

(4) 莫将天人施沙门,休把娇姿与菩萨。(《敦煌变文校注》卷五《维摩诘经讲经文》)

在以上4例中,"$P+O_1+V+O_2$"形式都表示"处置(给)"的意义,如例(1)表示"'湜'对'瓜'施以处置动作'遗',致使'瓜'移给'妾'";例(4)表示"对'天人''娇姿'分别施以处置动作'施''与',致使'天人''娇姿'移给'沙门''菩萨'"。

0.4.4.1.2 "处置(作)"式

这主要是指处置构式表示"对'O_1'施以处置动作'V',致使'O_1'作为'O_2'"的意义。其中,"作为"是一种概括性的表述,根据"V"的特点,"处置(作)"可以分为不同的类型,如"当作""比作"等。例如:

---

① 吴福祥、张定:《语义图模型:语言类型学的新视角》,《当代语言学》2011年第4期。

(1) 丑又问："昔者子夏子游子张皆得圣人之一体，意欲以孟子比圣人。故孟子推尊圣人，以为己不敢当，遂云姑舍是。"(《朱子语类》卷五十二《孟子二》)

(2) 取岭为山障，将泉作水帘。溪晴多晚鹭，池废足秋蟾。(唐·皮日休《奉和鲁望秋日遣怀次韵》)

(3) 且把风寒作闲事，懒能和泪拜庭闱。(唐·杜荀鹤《下第东归将及故园有作》)

(4) 一领彤弓下赤墀，惟将清净作藩篱。(唐·贯休《上卢使君二首》)

在以上4例中，"$P+O_1+V+O_2$"形式都表示"处置（作）"的意义，如例（1）表示"对'孟子'施以处置动作'比'，致使'孟子'比作'圣人'"，例（2）表示"对'岭''泉'施以处置动作'为''作'，致使'岭''泉'当作'山障''水帘'"。需要指出的是，虽然"处置（给）"和"处置（作）"的形式表现都为"$P+O_1+V+O_2$"，但是两者在成分的语义关系上存在较大不同。根据戈德伯格对双及物构式的分析，我们认为这是处置构式"基本意义的有限扩展"[①]，我们不需要把上4例和其他处置构式等同对待，但是我们认为它们与其他处置构式有联系。施春宏也指出："构式语法坚持构式的统一观，这既是指将所有的语言现象都统一为构式，也指所有的构式分析都基于统一的分析原则。"[②] 因此我们基于"$P+O_1+V+O_2$"形式，结合形式与意义的相互对应，对处置构式进行全面系统的统一分析。

0.4.4.1.3 "处置（到）"式

这主要是指处置构式表示"对'O_1'施以处置动作'V'，致使'O_1'移到'O_2'"的意义。例如：

(1) 明日岩出，妇人即阖扉，键其门，以岩衣囊置庭中，毁裂

[①] [美] 阿黛尔·戈德伯格：《构式：论元结构的构式语法研究》，吴海波译，冯奇审订，北京大学出版社2007年版，第35页。

[②] 施春宏：《形式和意义互动的句式系统研究：互动构式语法探索》，商务印书馆2018年版，第322页。

殆尽。(《宣室志·陈岩》)

(2) 有僧与童子上经了，令持经着函内。(《景德传灯录》卷二七)

(3) 寒气宜人最可怜，故将寒水散庭前。(唐·张说《舞马词》)

(4) 每把金襕安膝上，更将银缕挂肩头。(《敦煌变文校注》卷五《妙法莲华经讲经文》)

在以上4例中，"$P+O_1+V+O_2$"形式都表示"处置（到）"的意义，如例（1）表示"对'岩衣囊'施以处置动作'置'，致使'岩衣囊'移到'庭中'"；在例（4）中表示"对'金襕''银缕'施以处置动作'安''挂'，致使'金襕''银缕'移到'膝上''肩头'"。

总的看来，处置构式"$P+O_1+V+O_2$"具有三种语法意义，大致可以概括为"对'O_1'施以处置动作'V'，致使'O_1'关联'O_2'"，都表示的是含有三个参与者角色的处置过程。如杨素英指出："处置（给）是一个完整的物件传递过程，其终结点为收受人；处置（到）也是一个完整的物件安置过程，其终结点为目的地；处置（作）也是一个完整的关系确立过程，终结点是确立的称谓。"[①] 这说明处置构式"$P+O_1+V+O_2$"具有多义性，动词类型的不同导致构式意义的不同，体现了动词类型对构式意义的影响。

0.4.4.2 "P+O（+X）+V"形式

当处置构式的形式表现为"P+O（+X）+V"时，表示"对'O'施以处置动作'V'"的意义。例如：

(1) 已用当时法，谁将此义陈。(唐·杜甫《寄李十二白二十韵》)

(2) 只恐东归后，难将鸥鸟亲。(唐·崔涂《送友人归江南》)

(3) 却思城外花台礼，不把庭前竹马骑。(《敦煌变文校注》卷五《维摩诘经讲经文》)

(4) 若把白衣轻易脱，却成青桂偶然攀。(唐·杜荀鹤《恩门致书远及山居因献之》)

在以上4例中，例（1）表示"对'此义'施以处置动作'陈'"，

---

① 杨素英：《从情状类型来看"把"字句》（上），《汉语学习》1998年第2期。

例（3）表示"对'庭前竹马'施以处置动作'骑'"。

0.4.4.3 "P+O（+X）+V+Y"形式

当处置构式的形式表现为"P+O（+X）+V+Y"时，表示"对'O'施以处置动作'V'，致使'O'出现'Y'的状态"的意义。例如：

（1）那虚底在里夹杂，便将实底一齐打坏了。（《朱子语类》卷十三《学七》）

（2）不多时，老陈将一把雨伞撑开。（《话本·白娘子永镇雷峰塔》）

（3）图把一春皆占断，固留三月始教开。（唐·秦韬玉《牡丹》）

（4）伯父、伯母言孩儿诈认，我见将着合同文字，又不肯看，把我打倒，又得爹爹救命。（《话本·合同文字记》）

在以上4例中，例（1）表示"对'实底'施以处置动作'打'，致使'实底'出现'坏了'的状态"；例（3）表示"对'春'施以处置动作'占'，致使'春'出现'断'的状态"。需要指出的是，"Y"可以是动态助词，表示动作的体貌，这可以看作是构式的扩展意义，表示的是处置动作的状态，体现了构式的多义性。

总的来看，在以上诸例中，处置构式都表示的是"处置"义，即对"O_1"施以某种动作行为。吴福祥指出："大约在晚唐五代时期，出现致使义处置式，介词'将''把'的宾语语义上不是动词的受事，而是其当事或施事；整个格式具有一种致使义。"① 根据致使义处置式的形式表现，主要可以分为以下三种类型。

0.4.4.4 "将/把+O_1+V+O_2"形式

这主要是指处置构式表示"对'O_1'施以处置，致使'O_1'发生动作'VO_2'"的意义。例如：

（1）以此思量这丈夫，何必将心生爱恋。（《敦煌变文校注》卷五《佛说观弥勒菩萨上生兜率天经讲经文》）

（2）二人辞了须好去，不用将心怨阿郎。（《敦煌变文校注》卷

---

① 吴福祥主编：《近代汉语语法》，中国社会科学出版社2015年版，第381页。

一《董永变文》)
(3) 且向人间作酒仙，不肯将身生羽翼。(唐·皎然《寒栖子歌》)
(4) 虚把身心生寂寞，待来时，须祈祷。(唐·林楚翘《渔歌子》)

在以上4例中，例(1)(2)中的"心"是动词"生""怨"的施事，例(3)(4)中的"身""身心"是动词"生"的施事，即"O_1"是动作"V"的实际发出者，因此"S"和"O_1"可以理解为致使关系，表示"S"致使"O_1"发出动作，整个格式具有一种致使义。当处置构式表示"致使"义时，"V"属于非三价动词，这可以看作构式对动词的压制作用，为准入构式的动词提供了参与者角色，即在处置构式"将/把+O_1+V+O_2"中，"致使"义可以看作是这一形式的扩展意义。

0.4.4.5 "将/把+O（+X）+V"形式

这主要是指处置构式表示"对'O'施以处置，致使'O'发生动作'V'"的意义。例如：

(1) 学道修行力未充，须将此身崄中行。(《祖堂集》卷七)
(2) 离思从此生，还将此心了。(唐·皎然《奉酬颜使君真卿、王员外圆宿寺兼送员外使回》)
(3) 引调得、上界神仙，把凡心都起。(宋·无名氏《红窗迥·富春坊》)
(4) 把乌程烂醉，不数郫筒。(宋·葛郯《满庭霜·和前》)

在以上4例中，例(1)(2)中的"此身""此心"分别是动词"行""了"的施事，例(3)(4)中"凡心""乌程"分别是动词"起""烂醉"的施事，即"O"是动作"V"的实际发出者，因此"S"和"O"可以理解为致使关系，表示"S"致使"O"发出动作，整个格式具有一种致使义。当处置构式表示"致使"义时，"V"主要是一价动词，这可以看作构式对动词的压制作用，为准入构式的动词提供了参与者角色，即在处置构式"将/把+O（+X）+V"中，"致使"义可以看作是这一形式的扩展意义。

0.4.4.6 "将/把+O（+X）+V+Y"形式

这主要是指处置构式表示"对'O'施以处置，致使'O'发生动作'VY'"的意义，其中"Y"主要是动态助词。例如：

(1) 前辈多就动、正、出三字上说，一向都将三字重了。(《朱子语类》卷三十五《论语十七》)

(2) 安卿思得义理甚精，只是要将那粗底物事都掉了。(《朱子语类》卷一百二十《朱子十七》)

(3) 试把渔竿都掉了，百种千般拘束。(宋·范成大《酹江月》)

(4) 如此看，恐将本意失了。(《朱子语类》卷二十九《论语十一》)

在以上4例中，例(1)(2)中的"三字""粗底物事"分别是动词"重""掉"的施事；例(3)(4)中的"渔竿""本意"分别是动词"掉""失"的施事，即"O"是动作"V"的实际发出者，因此"S"和"O"可以理解为致使关系，表示"S"致使"O"发出动作，即整个格式具有一种致使义。当处置构式表示"致使"义时，"V"主要是一价动词，这可以看作构式对动词的压制作用，为准入构式的动词提供了参与者角色，即在处置构式"将/把+O（+X）+V+Y"中，"致使"义可以看作是这一形式的扩展意义。

总的看来，处置构式可以分为三种形式：一是"$P+O_1+V+O_2$"形式，其构式义为"对'O_1'施以处置动作'V'，致使'O_1'关联'O_2'"；二是"P+O（+X）+V"形式，其构式义为"对'O'施以处置动作'V'"；三是"P+O（+X）+V+Y"形式，其构式义为"对'O'施以处置动作'V'，致使'O'出现'Y'的状态"。当处置构式的形式表现不同时，其表示的构式义也就不同，这体现了构式是形式和意义的结合体。当处置构式的形式表现相同时，由于动词类型的不同，其表示的具体意义也会不同，如"处置（给）""处置（作）""处置（到）"。戈德伯格指出："构式自身具有独立于动词的意义，但是很明显语法的运作绝对不是完全自上而下的，即构式简单地将其意义强加于意义固定的动词。语法分析既是自上而下的也是自下而上的，构式意义和动词意义以几种重要的方式相互影响，因此动词和论元的相互参照是必要的。"[①] 这体现了构式成分对构式义的影响。在"将/把"字处置构式中，当介词"将""把"

---

① [美]阿黛尔·戈德伯格：《构式：论元结构的构式语法研究》，吴海波译，冯奇审订，北京大学出版社2007年版，第23页。

的宾语语义上是动词的受事时，表示的是处置意义；当介词"将""把"的宾语语义上是动词的当事或施事时，表示的是致使意义，即同一种句法形式即可以表示处置意义，也可以表示致使意义，其差别主要在于句法成分的语义关系。正如戈德伯格指出："一个句法形式不必只和一个特定语义相联；语言中存在构式歧义现象，即同一个形式具有不同的意义。"① 这体现了构式成分的语义关系对构式义的影响。

0.5 语料选择

0.5.1 唐五代

（1）敦煌文书：《敦煌变文校注》《敦煌曲子词集》
（2）禅宗语录：《六祖坛经》《神会语录》《祖堂集》
（3）诗词：《全唐诗》《唐五代词》
（4）笔记小说：《朝野佥载》《隋唐嘉话》《唐国史补》《大唐新语》《玄怪录》《次柳氏旧闻》《酉阳杂俎》《因话录》《大唐传载》《独异志》《明皇杂录》《宣室志》《开天传信记》《本事诗》《唐阙史》《北里志》《桂苑丛谈》《唐摭言》②
（5）其他：《入唐求法巡礼行记》

0.5.2 宋代

（1）禅宗语录：《景德传灯录》《五灯会元》
（2）宋儒语录：《朱子语类》
（3）宋人话本：《梁公九谏》《大唐三藏取经诗话》《简帖和尚》《西湖三塔记》《合同文字记》《风月瑞仙亭》《蓝桥记》《洛阳三怪记》《陈巡检梅岭失妻记》《五戒禅师私红莲记》《刎颈鸳鸯会》《杨温拦路虎传》《花灯轿莲女成佛记》《苏长公章台柳传》《张生彩鸾灯传》《赵伯昇茶肆遇仁宗》《史弘肇龙虎君臣会》《杨思温燕山逢故人》《张古老种瓜娶文女》《崔待诏生死冤家》《钱舍人题诗燕子楼》《三现身包龙图断冤》《一

---

① ［美］阿黛尔·戈德伯格：《构式：论元结构的构式语法研究》，吴海波译，冯奇审订，北京大学出版社2007年版，第232页。

② 上海古籍出版社：《唐五代笔记小说大观》，上海古籍出版社2000年版，第1—3页。

窟鬼癞道人除怪》《崔衙内白鹞招妖》《计押番金鳗产祸》《乐小舍拼生觅偶》《白娘子永镇雷峰塔》《宿香亭张浩遇莺莺》《金明池吴清逢爱爱》《皂角林大王假形》《万秀娘仇报山亭儿》《福禄寿三星度世》《闹樊楼多情周胜仙》《郑节使立功神臂弓》《十五贯戏言成巧祸》①。

（4）史籍中的白话资料：《燕云奉使录》《茅斋自叙》《靖康城下奉使录》《山西军前和议奉使录》《绍兴甲寅通和录》《采石战胜录》《乙卯入国奏请》

（5）诗词：《全宋词》《全宋诗》

0.5.3 数据统计表

表 0-1　　　　　　　语料字数统计表

类别	语料	字数	总字数
唐五代			
敦煌文书	《敦煌变文校注》	约 350000 字②	约 10221000 字
	《敦煌曲子词集》	约 31000 字③	
禅宗语录	《六祖坛经》《神会语录》《祖堂集》	约 280000 字④⑤⑥	
诗词	《全唐诗》	约 8710000 字⑦	
	《全唐五代词》	约 120000 字⑧	
笔记小说		约 650000 字⑨	
《入唐求法巡礼行记》		约 80000 字⑩	

---

① 朱明来：《宋人话本动补结构研究》，博士学位论文，山东大学，2006年，第3—5页。
② 葛丽娜：《敦煌变文介词研究》，硕士学位论文，云南大学，2017年，第12页。
③ 王重民辑：《敦煌曲子词集》，商务印书馆1950年版，版权页。
④ 罗二红：《旅顺博物馆藏敦煌写本〈坛经〉研究》，硕士学位论文，云南师范大学，2016年，第26页。
⑤ 《神会语录》的数据来源于汉籍全文检索系统（第四版）。
⑥ 《祖堂集》的数据来源于朱氏语料库（电子版）。
⑦ 中华书局编辑部编：《全唐诗》（版权页），中华书局1999年版。
⑧ 朱冠明：《朱氏语料库》（电子版）。
⑨ 朱冠明：《朱氏语料库》（电子版）。
⑩ 董志翘：《〈入唐求法巡礼行记〉的词汇特点及其在中古汉语词汇史研究上的价值》，《中国语文》1999年第2期。

续表

	宋代		
禅宗语录	《景德传灯录》《五灯会元》	约 1300000 字①②	约 42513000 字
宋儒语录	《朱子语类》	约 2300000 字③	
宋人话本		约 240000 字④	
史籍中的白话资料		约 73000 字⑤	
诗词	《全宋词》	约 2600000 字⑥	
	《全宋诗》	约 36000000 字⑦	

---

① 朱靖怡：《〈景德传灯录〉副词研究》，硕士学位论文，东北师范大学，2015 年，第 1 页。

② 周金萍：《〈五灯会元〉并列式复音词研究》，硕士学位论文，南京师范大学，2013 年，第 1 页。

③ 李顺：《〈朱子语类〉词义类聚研究》，硕士学位论文，广西师范学院，2016 年。

④ 汉籍全文检索系统（第四版）。

⑤ 朱冠明：《朱氏语料库》（电子版）。

⑥ 唐圭璋编：《全宋词》（版权页），中华书局 1965 年版。

⑦ 北京大学古文献研究所编：《全宋诗》（版权页），北京大学出版社 1998 年版。

第1章 唐宋"以"字处置构式分析

从上古汉语到现代汉语,处置构式作为一种常用构式,一直活跃在汉语语法系统中。在不同的历史时期,处置构式具有不同的形式表现,这体现了处置构式的历时发展变化。其中,最早出现的是"以"字处置构式,形式表现为"以+O_1+V+O_2"。"以"字处置构式形成于先秦时期,虽然在汉魏六朝时期先后出现了"持/取"字处置构式,但是并没有取代"以"字处置构式。唐宋时期,由于"将/把"字处置构式的普遍出现,从而影响了"以"字处置构式的使用频率,使得"以"字处置构式出现数量较少,加之"以"字式具有多义性,而其中"以"字处置式的语义类型较为单一,多是固定格式"以……为……"的遗留,因而没有在汉语史中沿用下来成为现代汉语的常用句式。

1.1 "以"字处置构式的语义特点

唐宋时期,"以"字处置构式的形式表现为"以+O_1+V+O_2",构式义为"对'O_1'施以处置动作'V',致使'O_1'关联'O_2'"。根据"以"字处置构式的形式表现,我们主要对其宾语"O_1""O_2"进行分析,通过加深对处置构式成分的语义分析,有助于更好地把握处置构式的特点。

1.1.1 "O_1"的语义特点

唐宋时期,在处置构式"以+O_1+V+O_2"中,"O_1"既可以是名词、代词和谓词,也可以是名词性短语和谓词性短语。

1.1.1.1 "O_1"为名词和名词性短语

在处置构式"以+O_1+V+O_2"中,当"O_1"为名词和名词性短语时,既可以是具体的名词和名词性短语，也可以是抽象的名词和名词性短语。

1.1.1.1.1 "O_1" 为具体名词

当 "O_1" 为具体名词时，主要指称现实中存在的客观事物，在我们统计的唐代语料中发现了 163 例，宋代语料中发现了 113 例①。例如：

(1) 陛下当以凤凰为凡鸟，麒麟为凡兽。(《大唐新语》卷二)

(2) 二贤当兴王佐命，位极人臣，杜年稍减于房耳，愿以子孙为托。(《大唐新语》卷七)

(3) 无忌曰："先朝以陛下托付遂良，望陛下问其可否。"(《大唐新语》卷十二)

(4) 只将琴作伴，唯以酒为家。(唐·白居易《忆微之伤仲远》)

(5) 主上以湜父年老，瓜初熟，赐一颗，湜以瓜遗妾，不及其父，朝野讥之。(《朝野佥载》卷四)

(6) 明旦，以鱼投伊水中，且命僧转经画像。(《宣室志·柳沂》)

在以上 6 例中，"O_1" 都是具体名词，既可以是指物名词，如例(1)中的"凤凰""麒麟"，也可以是指人名词，如例(2)(3)中的"子孙""陛下"。

1.1.1.1.2 "O_1" 为具体名词性短语

当 "O_1" 为具体的名词性短语时，即短语中的中心成分属于具体名词，唐代 98 例，宋代 68 例。例如：

(1) 无有亦不以四人为异，四人亦不虞无有之在堂隍也。(《玄怪录》卷一)

(2) 既而逢赦，以家产童仆悉施洛北惠林寺而寓生焉。(《玄怪录》卷四)

(3) 遂以白金二斤授之，揖而上马。(《玄怪录》卷三)

(4) 则天大怒，即日以卫士二人配二公主。(《大唐新语》卷十

---

① 为了行文简洁，下文我们一概表述为：唐代××例，宋代××例。

二)

(5) 孔孟往矣，口不能言。须以此心比孔孟之心，将孔孟心作自己心。(《朱子语类》卷十九《论语一》)

(6) 愿陛下以尧舜禹汤为法。(《朱子语类》卷九十三《孔孟周程张子》)

在以上6例中，"O_1"都是具体的名词性短语，如"家产童仆""白金二斤"。根据结构类型，可以将唐宋时期的"O_1"分为三类：一类是偏正结构，如例 (1) (5) 中的"四人""此心"；一类是联合结构，例 (2) (6) 中的"家产童仆""尧舜禹汤"；一类是主谓结构，例 (3) (4) 中的"白金二斤""卫士二人"。

1.1.1.1.3 "O_1"为抽象名词

当"O_1"为抽象名词时，唐代39例，宋代41例。例如：

(1) 太宗谓之曰："我儿初登储贰，故以宫事相委，勿辞屈也。"(《大唐新语》卷十一)

(2) 帝叹曰："大师不复留矣。烛者将以后事嘱我乎。"(《景德传灯录》卷二七)

(3) 问："程先生尹先生皆以仁为正理，如何是正理？"(《朱子语类》卷二十五《论语七》)

(4) 自古圣贤皆以心地为本。(《朱子语类》卷十二《学六》)

在以上4例中，"O_1"都是抽象名词，如例 (1) (3) 中的"宫事""仁"，在现实中都不存在对应的客观物。

1.1.1.1.4 "O_1"为抽象名词性短语

当"O_1"为抽象的名词性短语时，即短语中的中心成分属于抽象名词，唐代47例，宋代36例。例如：

(1) 因以韩氏之梦告焉，萧氏闻之，甚不乐。(《宣室志·侯生》)

(2) 卜得行日，或头眩不果去，或驴来脚损，或雨雪连日，或亲故往来，因循之问，遂逼试日，入场而过，不复以旧日之望为意。

（《玄怪录》卷三）

（3）瘗且惊怪，以梦中事语诸道俗，遂赴古图边锄掘地，深至胸上，寻得佛菩萨像。（《入唐求法巡礼行记》卷二）

（4）故孟子独以仁义二者为主，而以礼为"节文斯二者"，智为"知斯二者"。（《朱子语类》卷五十六《孟子六》）

（5）若是朝夕忧虑，以天下国家为念，又那里教你恁地来？（《朱子语类》卷九十四《周子之书》）

（6）他以仁义礼智为性，以喜怒哀乐为情，只是中间过接处少个"气"字。（《朱子语类》卷四《性理一》）

在以上6例中，"O_1"都是抽象的名词性短语，如"仁义礼智""韩氏之梦"。根据结构类型，可以将唐宋时期的"O_1"分为三类：一类是主谓结构，如例（4）中的"仁义二者"；一类是联合结构，如例（5）中的"天下国家"；一类是偏正结构，如例（2）中的"旧日之望"。

总的看来，当"O_1"为名词时，既可以是具体名词，也可以是抽象名词。戈德伯格指出："与基本句子类型对应的构式把与人类经验有关的基本事件类型编码为这些构式的中心意义。"① 由于处置构式"以+O_1+V+O_2"表示"处置"的意义，而在现实情境中，具体事物比抽象事物更容易认知，更具有可处置性，也更符合基本事件类型，因此在处置构式中，我们将具体名词看作是原型，抽象名词的出现可以看作是具体名词的引申。张伯江在分析双及物式的引申机制时也指出："给予物可以是空间领域的实体，也可以是非空间领域的实体，还可以是话语领域的实体。"② 因此，在"以"字处置构式中，"O_1"可以由具体名词引申为抽象名词，由于抽象名词在现实中不存在客观事物与之对应，从而使得处置意义有所减弱。当"O_1"为短语时，既可以是具体的名词性短语，也可以是抽象的名词性短语，这可以分别看作是具体名词和抽象名词的扩展。叶蜚声与徐通锵指出："结构中某个单位（例如词）可以不断地被一个同功能的词组去替换，结果可以使基本结构里面的项扩展成非常复杂的结

---

① ［美］阿黛尔·戈德伯格：《构式：论元结构的构式语法研究》，吴海波译，冯奇审订，北京大学出版社2007年版，第38页。

② 张伯江：《现代汉语的双及物结构式》，《中国语文》1999年第3期。

构，但作用仍等于原先的那个项。"① 因此我们认为，名词性短语的出现可以看作是名词扩展的结果。从短语的结构类型来看，"O_1"主要有联合结构、偏正结构和主谓结构三种类型，其句法功能与名词相同，都属于处置的对象，这体现了处置构式中"O_1"结构的复杂性。

1.1.1.2 "O_1"为代词

在处置构式"以+O_1+V+O_2"中，当"O_1"为代词时，唐代38例，宋代82例，总共有4个代词，分别为"此""彼""斯""何"。例如：

(1) 但功德未成，以此为恨耳。（《朝野佥载》卷二）
(2) 若必以圣人为能之，则尧舜亦尝以此为病。（《朱子语类》卷三十三《论语十五》）
(3) 又有一样人底，半间不界，可进可退，自家却以此为贤，以彼为不肖，此尤难认，便是难。（《朱子语类》卷七十二《易八》）
(4) 以斯为思虑，吾道宁疲苶。（唐·皮日休《二游诗·任诗》）
(5) 孔子问诸弟子："汝诸人以何为道？"（《祖堂集》卷十）
(6) 世尊曰："汝义以何为宗？"志曰："我以一切不受为宗。"（《五灯会元》卷一）

在以上6例中，"此""彼""斯"属于指示代词，代指前面出现的成分，如例（1）中"此"代指"功德未成"；"何"属于疑问代词，表示一种询问。

1.1.1.3 "O_1"为谓词或谓词性短语

在处置构式"以+O_1+V+O_2"中，"O_1"既可以是谓词，也可以是谓词性短语。

1.1.1.3.1. "O_1"为谓词

当"O_1"为谓词时，唐代25例，宋代30例。例如：

---

① 叶蜚声、徐通锵：《语言学纲要》，北京大学出版社1994年版，第103页。

(1) 无过学王绩，唯以醉为乡。(唐·白居易《九日醉吟》)

(2) 师云："以劣为宗，不得静胜。老僧是一头驴。"(《祖堂集》卷十八)

(3) 周子之说只是无欲故静，其意大抵以静为主，如礼先而乐后。(《朱子语类》卷九十四《周子之书》)

(4) 裴琰之弱冠为同州司户，但以行乐为事，略不视案牍。(《大唐新语》卷八)

(5) 某问："明性须以敬为先？"(《朱子语类》卷八《学二》)

(6) 才以得失为心，理会文字，意思都别了。(《朱子语类》卷十三《学七》)

在以上 6 例中，"O_1" 都是谓词，其中前 3 例中的 "O_1" 属于形容词，后 3 例中的 "O_1" 属于动词；从音节数量上来看，"O_1" 既可以是单音节谓词，也可以是双音节谓词。需要指出的是，在 "以" 字处置构式中，当 "O_1" 为谓词时，其 "V" 都是动词 "为"，这是由于 "以" 字处置构式表示 "处置" 的意义，而谓词表示的是一种状态或动作，而不是指称事物。因此，在处置构式中不能对 "O_1" 施以实际的处置动作，从而谓词 "O_1" 只能出现在 "以+O_1+为+O_2" 形式中，表示 "对'O_1'施以处置动作'V'，致使'O_1'作为'O_2'" 的意义，体现的是对 "O_1" 的主观处置。

1.1.1.3.2 "O_1" 为谓词性短语

当 "O_1" 为谓词性短语时，唐代 30 例，宋代 30 例。例如：

(1) 每于驿边起店停商，专以袭胡为业，赀财巨万，家有绫机五百张。(《朝野佥载》卷三)

(2) 监察御史李全交素以罗织酷虐为业，台中号为"人头罗刹"。(《朝野佥载》卷二)

(3) 臣年三十，居泽中，以呼鹰逐兔为乐，犹不知书。(《大唐新语》卷一)

(4) 临终，其妻李氏，以家贫子幼，身后冻馁为忧。(《因话录》卷三《商部下》)

(5) 专以饮酒为事，不择贵贱，皆往啖之，诗亦无甚佳者。

(《朱子语类》卷一百三十二《本朝六》)

(6) 他以仁义礼智为性，以喜怒哀乐为情，只是中间过接处少个"气"字。(《朱子语类》卷四《性理一》)

在以上6例中，"O_1"都是谓词性短语，从语义来看，都表示"对'O_1'施以处置动作'V'，致使'O_1'作为'O_2'"的意义，即动词"V"都是"为"。如例（3）表示"把'呼鹰逐兔'作为'乐趣'"，例（4）表示"把'身后冻馁'作为'忧愁'"，其原因与"O_1"为谓词时相同，即不能对"O_1"施以实际处置，体现的是主观处置。根据结构类型，可以将唐宋时期的"O_1"分为三类：一是动宾结构，如例（1）（5）中的"袭胡""饮酒"；二是连动结构，如例（3）（6）中的"呼鹰逐兔""喜怒哀乐"；三是主谓结构，如例（4）中的"身后冻馁"。

总的看来，在"以"字处置构式中，"O_1"既可以是谓词，也可以是谓词性短语，但是由于受到语义特点的影响，即"O_1"表示的是动作或状态，因此当"O_1"属于谓词性成分时，主要和动词"为"共现，表示"对'O_1'施以处置动作'V'，致使'O_1'作为'O_2'"的意义，即表示的是一种主观处置，这体现了"O_1"的语义特点对动词"V"的影响。由于处置构式"以+O_1+V+O_2"的中心意义表示"处置（给）"，而在"以"字处置构式中，"O_1"既可以是名词性成分，也可以是谓词性成分，因此这可以看作是名词性成分向谓词性成分的类推，即在处置构式"以+O_1+V+O_2"中，为了满足表义的需要，在格式类推的作用下，从而可以促使谓词性成分出现在"O_1"的位置。

1.1.2 "O_2"的语义特点

唐宋时期，在处置构式"以+O_1+V+O_2"中，"O_2"既可以是名词、代词和谓词，也可以是名词性短语。

1.1.2.1 "O_2"为名词或名词性短语

在处置构式"以+O_1+V+O_2"中，当"O_2"为名词或名词性短语时，既可以是具体的名词和名词性短语，也可以是抽象的名词和名词性短语。

1.1.2.1.1 "O_2"为具体名词

当"O_2"为具体名词时，主要指称现实中存在的客观事物，唐代134

例，宋代 158 例。例如：

（1）桓彦范进曰："太子安得更归！往者天皇弃群臣，以爱子托陛下。"（《大唐新语》卷一）
（2）主上以浞父年老，瓜初熟，赐一颗，浞以瓜遗妾，不及其父，朝野讥之。（《朝野佥载》卷四）
（3）将花饵鹿麛，以果投猿父。（唐·皮日休《奉和鲁望樵人十咏·樵子》）
（4）都缘心似水，故以钵为舟。（唐·郑遨《题壁画杯渡道人》）

在以上 4 例中，"O_2" 都是具体名词，既可以是指人名词，如例（1）（2）中的"陛下""妾"，也可以是指物名词，例（3）（4）中的"猿父""舟"。

1.1.2.1.2　"O_2" 为具体名词性短语

当 "O_2" 为具体的名词性短语时，唐代 55 例，宋代 50 例。例如：

（1）思彦推案数日，令厨者奉乳自饮讫，以其余乳赐争财者，谓之曰："汝兄弟久禁，当饥渴，可饮此乳。"（《大唐新语》卷十二）
（2）因以诗示二童子。（《玄怪录》卷三）
（3）时人以帘为夏侯妓衣。（《独异志·补佚》）
（4）道严遂以清油置巨手中，其手即引去。（《宣室志·道严》）

在以上 4 例中，"O_2" 属于具体的名词性短语，如例（1）中的"争财者"，表示处置动作的承受者，例（4）中的"巨手中"，表示处置动作的处所。

1.1.2.1.3　"O_2" 为抽象名词

当 "O_2" 为抽象名词时，唐代 90 例，宋代 242 例。例如：

（1）当时朝野之士以绰为圣。（《朝野佥载》卷六）

(2) 学者工夫只得勉勉循循，以克人欲存天理为事。(《朱子语类》卷三十一《论语十三》)

(3) 向颜子说，则以克己为仁。(《朱子语类》卷三十三《论语十五》)

(4) 操行清苦，遍游师席，以明悟为志。(《五灯会元》卷十五)

在以上4例中，"O_2"都为抽象名词，如例（1）（2）中的"圣""事"，主要出现在"以+O_1+为+O_2"形式中，表示"处置（作）"，这是由于抽象名词"O_2"一般不能表示处置动作的与事和处所，这体现了"O_2"的语义特点对动词"V"的影响。

1.1.2.1.4 "O_2"为抽象名词性短语

当"O_2"为抽象的名词性短语时，唐代31例，宋代70例。例如：

(1) 如列子达生之论，反以好色饮酒为善事，而不觉其离于道也。(《朱子语类》卷五十二《孟子二》)

(2) 既与常人一同，又安得不以圣贤为己任？(《朱子语类》卷八《学二》)

(3) 又问："仁义礼智，皆正理也，而程子独以仁为天下之正理，如何？"(《朱子语类》卷二十五《论语七》)

(4) 谁云至理宗无相，大道由来万法兼。且以声音为佛事，晓敲清磬诵华严。(宋·张耒《自遣四首其一》)

在以上4例中，"O_2"属于抽象的名词性短语，如例（1）（2）中的"善事""己任"，主要出现在"以+O_1+为+O_2"形式中，表示"处置（作）"，其原因与"O_2"为抽象名词时相同，即一般不能表示处置动作的与事和处所。

1.1.2.2 "O_2"为代词

在处置构式"以+O_1+V+O_2"中，当"O_2"为代词时，唐代27例，宋代7例，但是只有代词"之"。例如：

(1) 素览之欣然，以妄与之，并资从数十万。(《隋唐嘉话》

上）

(2) 汝必入内，上必问汝，汝当以此进之。（《唐国史补》卷中）

(3) 封德彝在隋，见重于杨素，素乃以从妹妻之。（《大唐新语》卷六）

(4) 遂以女弟配之，锷终为将相。（《独异志》卷下）

在以上4例中，"O_2"属于代词，代指前面出现的名词性成分，如例(3)中的"之"代指"封德彝"，例(4)中的"之"代指"王锷"。

1.1.2.3 "O_2"为谓词

在处置构式"以+O_1+V+O_2"中，当"O_2"为谓词时，唐代80例，宋代70例。例如：

(1) 香风飒来，神清气爽，飘飘然有凌云之意，不复以使车为重。（《玄怪录》卷一）

(2) 后世骄侈日甚，反以臣子之职为耻。（《朱子语类》卷十三《学七》）

(3) 请从郭公，不复以旧乡为念矣。（《玄怪录》卷一）

(4) 见有吾辈临终，多以不能终养与卒学为恨。（《朱子语类》卷十三《学七》）

在以上4例中，"O_2"都属于谓词，其中前两例中的"O_2"属于形容词，后两例中的"O_2"属于动词，都表示"处置（作）"，即在"以"字处置构式中，当"O_2"为谓词时，"V"主要是动词"为"，这是由于当"O_2"为谓词时，表示的是动作或状态，一般不能作为与事宾语和处所宾语，这体现了"O_2"的语义特点对"V"的影响。

总的看来，在处置构式"以+O_1+V+O_2"中，"O_1""O_2"既可以是名词、代词和谓词，也可以是短语，并且出现数量不同。唐宋时期，当"O_1"为具体的名词和名词性短语时，出现数量最多；当"O_1"为谓词和谓词性短语时，出现数量最少，这是由于处置构式"以+O_1+V+O_2"表示"对'O_1'施以处置动作'V'，致使'O_1'关联'O_2'"的意义，因此当"O_1"属于具体的名词和名词性短语时，所指称的事物具有较高的可处置性，因此出现数量较多。当"O_1"属于谓词和谓词性短语时，所指称的是动作或状态，可处置性较低，因此出现数量较少。当"O_2"为具体的名词和短语时，出现数量最多；当"O_2"为抽象名词性短语时，出现数量较少，这是由于在构式中"O_1""O_2"存在关联，在构式义的作用下，"O_2"的类型受到"O_1"的影响，因此不同类型的"O_2"出现数量不同。

1.1.3 "O_2"的语义类型

"O_2"的语义类型是指"O_2"与"V"之间的语义关系。邵敬敏指出："语义关系是指隐藏在句法结构后面由该词语的语义范畴所建立起来的关系。"[①] 因此，语义关系并不等同句法关系。通过加深对语义关系的分析，有助于深入理解汉语构式的多义性。同时邵敬敏也指出："汉语句法结构中的语义关系是多种多样的，句法分析的重点是动词和名词性词语之间的语义关系，在各种语义关系中，名词性成分担任了一定的语义角色，揭示了名词性成分和动词之间的关系。"[②] 在处置构式"以+O_1+V+O_2"中，"V"和"O_2"属于动名关系，由于在格语法理论中，"格"指的是句子中的名词与动词之间的关系，因此我们主要运用格语法理论对"V"和"O_2"的语义关系进行分析。根据"V"和"O_2"之间的语义关系，我们将"O_2"的语义类型分为与事宾语、结果宾语[③]、处所宾语、施事宾语四种。

1.1.3.1 "O_2"属于与事宾语

与事宾语是指宾语表示动作行为的间接承受者，即"O_2"是处置构式中动作行为涉及的间接客体，唐代131例，宋代94例。例如：

(1) 主上以浞父年老，瓜初熟，赐一颗，浞以瓜遗妾，不及其父，朝野讥之。(《朝野佥载》卷四)

(2) 太子安得更归！往者天皇弃群臣，以爱子托陛下。(《大唐新语》卷一)

[①] 邵敬敏主编：《现代汉语通论》(第二版)，上海教育出版社2007年版，第220页。
[②] 邵敬敏主编：《现代汉语通论》(第二版)，上海教育出版社2007年版，第220页。
[③] 吴福祥：《敦煌变文语法研究》，岳麓书社1996年版，第425页。

(3) 照惊噫久之，谓之曰："贫道五十年前常谓郎君必贵，今削尽，何也。"章自以薄妻之事启之。（《独异志》卷上）

(4) 又明日，周生乃以梦语家僮，且以事讯之。（《宣室志·周氏子》）

在以上4例中，"O_1"是动作支配的对象，属于直接宾语，"O_2"是动作行为的参与者，属于间接宾语，如例（2）表示"把'爱子'托付给'陛下'"，例（4）表示"把'梦'告诉'家僮'"，其中"爱子""梦"分别是"托""语"的支配对象，可以理解为"托'爱子'于'陛下'""语'梦'于'家僮'"，如"或有人榜之曰'托庸才于主第，进艳妇于春宫'"（《朝野佥载》卷五）。需要指出的是，由于前两例中的"O_1"属于具体名词，因此"O_2"表示客观地获得某物，这可以看作是具体的转移过程。而后两例中的"O_1"属于抽象名词，因此"O_2"表示主观地获得某物，这可以看作是抽象的转移过程。虽然"O_2"都属于与事宾语，表示动作行为的间接承受者，但是由于"O_1"语义虚实的不同，因而"O_2"的承受程度不同，这体现了"O_1"的语义特征对"O_2"的影响。

1.1.3.2 "O_2"属于结果宾语

结果宾语是指宾语表示动作行为的结果，唐代198例，宋代280例。例如：

(1) 前御史王义方出莱州司户参军，去官归魏州，以讲授为业。（《朝野佥载》卷六）

(2) 师语神光云："诸佛菩萨求法，不以身为身，不以命为命。汝虽断臂求法，亦可在。"（《祖堂集》卷二）

(3) 其上善略以虚怀为本，不著为宗。（《景德传灯录》卷二十七）

(4) 自此垂诲，虽广演言教，而唯以无念为宗。（《景德传灯录》卷四）

在以上4例中，"O_2"属于结果宾语，即"V"和"O_2"属于"动作—结果"关系。如例（1）（3）中的"为业""为本"分别表示"作为职业""作为根本"的意义,其中"业""本"可以看作"为"的结果宾语。

1.1.3.3 "O_2"属于处所宾语

处所宾语是指宾语表示动作行为发生或关涉的处所,即"O_2"是处置构式中动作行为涉及的处所,唐代 24 例,宋代 28 例。例如:

(1) 明日岩出,妇人即阖扉,键其门,以岩衣囊置庭中,毁裂殆尽。(《宣室志·陈岩》)

(2) 生以马系门外,将止屋中,忽怵然心动,即匿身东庑下。(《宣室志·郑生》)

(3) 明旦,以鱼投伊水中,且命僧转经画像。(《宣室志·柳沂》)

(4) 忽大悟,以瓷盘投地。(《五灯会元》卷十九)

在以上 4 例中,"O_2"属于处所宾语,即"V"和"O_2"属于"动作—处所"关系。如例(1)表示"把'岩衣囊'放在'庭中'",例(3)表示"把'鱼'投到'水中'"。

1.1.3.4 "O_2"属于施事宾语

施事宾语是指宾语表示动作行为的发出者,即"O_2"是处置构式中动作行为的主体,唐代 2 例,宋代 1 例。例如:

(1) 神因操钵举匕,以筋食之。禅师未敢食,乃怖以金刚杵,稠惧遂食。(《朝野佥载》卷二)

(2) 因以刀割其股,以肉啖雄信曰:"示无忘前誓。"(《隋唐嘉话》上)

(3) 张居士名拱,字辅之。诚信孝谨之士,昔遇异人,以蒸枣七枚食之,云饵此当终身不食。(宋·李廌《张居士歌》)

在以上 3 例中,"O_2"属于施事宾语,即"V"和"O_2"属于"动作—施事"关系。如例(1)中的"以筋食之"表示"把筋给禅师吃",即"禅师吃筋";例(2)中的"啖雄信"表示"把肉给雄信吃",即"雄信吃肉";例(3)中的"以蒸枣七枚食之"表示"把蒸枣七枚给张居士吃",即"张居士吃蒸枣"。

1.2 "以"字处置构式的语法意义

戈德伯格指出:"构式并非只有一个固定不变的、抽象的意义,而是通常包括许多密切联系的意义,这些意义共同构成一个家族。"① 唐宋时期,"以"字处置构式的形式表现为"以+O_1+V+O_2",主要有三种语法意义,分别表示"处置(给)"、"处置(作)"和"处置(到)",这体现了处置构式的多义性。同时戈德伯格指出:"与基本句子类型对应的构式把与人类经验有关的基本事件类型编码为这些构式的中心意义。"② 在处置构式"以+O_1+V+O_2"中,由于"处置(给)"出现时间最早,表示"把某物给予某人",属于基本事件类型,同时结合双宾语句式对"以"字处置构式的影响,因此我们将"处置(给)"看作是处置构式"以+O_1+V+O_2"的中心意义。即由于现实事件的多样性,因此以中心意义为基础,可以形成不同的扩展意义,从而构式具有多义性,这可以理解为构式对动词的压制作用。梅祖麟也指出:"处置式是一种多元性的句式,本身包括几小类,而且从历时的角度来看,产生的方法也是层层积累。"③ 因此处置构式的意义比较复杂多样。唐宋时期,"以"字处置构式只有"以+O_1+V+O_2"形式,但是刘子瑜指出:"'以'字结构在动词前后的位置灵活,既可放在动词前,也可放在动词后,'以'的宾语可以省略和前置。"④ 因此我们对这三种语法意义的不同形式进行讨论。

1.2.1 "处置(给)"式

这主要是指处置构式"以+O_1+V+O_2"表示"对'O_1'施以处置动作'V',致使'O_1'移给'O_2'"的意义。由于构式成分可以存在省略

---

① [美]阿黛尔·戈德伯格:《构式:论元结构的构式语法研究》,吴海波译,冯奇审订,北京大学出版社2007年版,第31页。
② [美]阿黛尔·戈德伯格:《构式:论元结构的构式语法研究》,吴海波译,冯奇审订,北京大学出版社2007年版,第38页。
③ 梅祖麟:《唐宋处置式的来源》,《中国语文》1990年第3期。
④ 刘子瑜:《再谈唐宋处置式的来源》,北京大学中文系《语言学论丛》编委会主编《语言学论丛》(第二十五辑),商务印书馆2002年版,第221—223页。

和移位的情况,因此在"处置(给)"式中,"以"字处置构式存在不同的形式表现,这主要可以分为三种形式:一是"以+O_1+V+于+O_2"形式;二是"以+O_1+V"形式;三是"V+O_2+P+O_1"形式,这三种形式可以看作是"以+O_1+V+O_2"形式的变换。

1.2.1.1 "以+O_1+V+O_2"形式

唐宋时期,"以+O_1+V+O_2"形式最为常见,唐代126例,宋代72例。例如:

(1) 主上以湜父年老,瓜初熟,赐一颗,湜以瓜遗妾,不及其父,朝野讥之。(《朝野佥载》卷四)

(2) 素览之欣然,以妾与之,并资从数十万。(《隋唐嘉话》上)

(3) 先人慕刘君之高义,遂以妾归刘氏。(《宣室志·陈岩》)

(4) 将花饵鹿麕,以果投猿父。(唐·皮日休《奉和鲁望樵人十咏·樵子》)

(5) 王老以其言问诸人,皆云不知,方悟是神明所告也。(《朝野佥载》卷二)

(6) 思止闾巷佣保,尝以此谓诸囚也。(《大唐新语》卷十二)

在以上6例中,"以"字处置构式的形式表现为"以+O_1+V+O_2",表示"对'O_1'施以处置动作'V',致使'O_1'移给'O_2'"。其中前4例中的"O_1"属于具体名词,表示客观具体的给予过程。其中例(1)(2)中的"V"属于三价动词,例(3)(4)中的"V"属于二价动词,但是这4例都表示相同的语法意义,这体现了构式对动词的压制作用,为动词增添参与者角色,如"妾""果",使动词能够连接三个参与者角色。而在例(5)(6)中,"O_1"属于抽象名词,"V"属于二价言语类动词,这可以看作是一种抽象的给予过程,如例(5)中的"以其言问诸人",可以看作是"把'其言'给予'诸人'";例(6)中的"以此谓诸囚也"可以看作是"把'此'给予'诸囚'"。这种主观抽象的给予过程可以看作是格式类推的结果,即由客观具体向主观抽象的类推。这种类推作用实质上是为了适应现实情境的需要,即在现实中存在着"把'某言'告诉'某人'"这一情境,这是形成抽象给予过程的内在机制。由于构式义对动词具有压制作用，可以为动词增添参与者角色，因此可以准入非三价动词，从而为格式类推的实现提供了可能性。同时，通过比较以上例子中的动词，可以发现，例（1）（2）中的"V"属于三价动作动词，例（3）（4）中的"V"属于二价动作动词，例（5）（6）中的"V"属于二价言语类动词。从动词的配价来看，可以看作是构式的压制作用，在构式中为动词增添参与者角色。从动词的特点来看，这可以看作是"给予方式的隐喻"①，即由"动作"类动词向"言语"类动词的隐喻，从而实现了由"具体给予"到"抽象给予"的变化。

1.2.1.2 "以+O_1+V+于+O_2"形式

这主要是指在"以"字处置构式中，通过介词"于"来介引与事"O_2"，表示"处置（给）"的意义，唐代13例，宋代18例。例如：

(1) 遂以女郎归于崔生。(《玄怪录》卷二)
(2) 公逵惊寤，且以其梦白于少仪。(《宣室志·成公逵》)
(3) 及晓，围者归，遂以其事密告于韩生。(《宣室志·韩生》)
(4) 明日，生以事语于人。(《宣室志·吕生》)

在以上4例中，"以"字处置构式的形式表现为"P+O_1+V+于+O_2"，相比"以+O_1+V+O_2"形式，只是通过介词"于"来介引"O_2"，处置意义没有发生变化，如例（1）表示"把'女郎'嫁给'崔生'"，例（4）表示"把'事'说给'人'"。

1.2.1.3 "以+O_1+V"形式

在处置构式"以+O_1+V+O_2"中，有时"O_2"可以承前省略，从而形成"以+O_1+V"形式，其中"V"主要是三价动词，唐代33例，宋代22例。例如：

(1) 二贤当为兴王佐命，位极人臣，杜年寿稍减于房耳，愿以子孙相托。(《隋唐嘉话》上)
(2) 弘智对曰："昔者，天子有争臣七人，虽无道，不失其天

---

① 张伯江：《现代汉语的双及物结构式》，《中国语文》1999年第3期。

下。微臣愿以此言奉献。"(《大唐新语》卷六)

（3）高宗初立为太子，李勣詹事，仍同中书门下三品，自勣始也。太宗谓之曰："我儿初登储贰，故以官事相委，勿辞屈也。"(《大唐新语》卷十一)

（4）若以不法事相委，却以钱相惠，此则断然不可！(《朱子语类》卷十三《学七》)

在以上4例中，"以"字处置构式的形式表现为"$P+O_1+V$"，表示"把'O_1'给予（'O_2'）"的意义，只是"O_2"承前省略，如例（1）表示"把'子孙'相托给'二贤'"的意义。在这一时期，当（"V"）为"托付"义动词时，存在没有省略"O_2"的形式。例如：

（5）无忌曰："先朝以陛下托付遂良，望陛下问其可否。"(《大唐新语》卷十二)

（6）往者天皇弃群臣，以爱子托陛下。(《大唐新语》卷一)

（7）族孙立疾病，以儿女托公。(《因话录》卷二《商部上》)

以上3例属于"$P+O_1+V+O_2$"形式，表示"对'O_1'施以处置动作'V'，致使'O_1'移给'O_2'"的意义，如例（5）表示"把'陛下'托付给'遂良'"，例（6）表示"把'爱子'托付'陛下'"，但是在形式上没有省略"O_2"，因此"以+O_1+V"形式可以看作是"以+O_1+V+O_2"形式省略"O_2"的结果。

1.2.1.4　"$V+O_2+P+O_1$"形式

在"以"字处置构式中，构式成分"$V+O_2$"可以前移，唐代2例，宋代4例。例如：

（1）朕当属卿以孤幼，思之，无逾公者。往不负李密，岂负于朕哉！(《大唐新语》卷十一)

（2）崔屏人，语妻以埋金之事，指其记处。(《因话录》卷三《商部下》)

（3）圣人却告之以进贤退不肖，乃是治国之大本，而人心自服者。(《朱子语类》卷二十四《论语六》)

(4) 岂止随众人，区区一枝桂。宜哉孙汉公，妻之以女弟。（宋·王禹偁《赠刘仲堪》）

在以上4例中，处置构式的形式表现为"$V+O_2+P+O_1$"，表示"对'O_1'施以处置动作'V'，致使'O_1'移给'O_2'"的意义，如例(2)表示"把'埋金之事'告诉给'妻子'"，例（4）表示"把'女弟'嫁给'孙汉公'"，这可以看作是"$P+O_1+V+O_2$"形式的移位。

总的看来，唐宋时期，当"以"字处置构式表示"处置（给）"时，其形式表现主要有四种：一是"$P+O_1+V+O_2$"形式；二是"$P+O_1+V+于+O_2$"形式；三是"$P+O_1+V$"形式；四是"$V+O_2+P+O_1$"形式。其中，从形式来看，后三种形式可以看作是"$P+O_1+V+O_2$"形式的变换。唐宋时期最为常见的是"$P+O_1+V+O_2$"形式，"$P+O_1+V+于+O_2$"形式可以看作是通过使用介词"于"来介引"O_2"，"$P+O_1+V$"形式可以看作是承前省略"O_2"的结果，"$V+O_2+P+O_1$"形式可以看作是构式成分的移位。

1.2.2 "处置（作）"式

这主要是指处置构式"$以+O_1+V+O_2$"表示"对'O_1'施以处置动作'V'，致使'O_1'作为'O_2'"的意义。其中"作为"只是一种概括的表述，由于构式成分语义的不同，其表示的具体意义也不同，这体现了构式成分对处置构式义的影响。根据处置构式中动词的不同，主要可以分为以下三种类型。

1.2.2.1 "$以+O_1+为+O_2$"形式

在"以"字处置构式中，当"V"是"为"时，表示"当作、看作"的意义，唐代234例，宋代274例。例如：

(1) 前御史王义方出莱州司户参军，去官归魏州，以讲授为业。（《朝野佥载》卷六）

(2) 裴琰之弱冠为同州司户，但以行乐为事，略不视案牍。（《大唐新语》卷八）

(3) 陛下当以凤凰为凡鸟，麒麟为凡兽。（《大唐新语》卷二）

(4) 师语神光云："诸佛菩萨求法，不以身为身，不以命为命。

汝虽断臂求法，亦可在。"（《祖堂集》卷二）

在以上 4 例中，处置构式中的"V"都是动词"为"。例（1）表示"把'讲授'当作'职业'"，例（3）表示"把'凤凰'看作'凡鸟'""把'麒麟'看作'凡兽'"。需要指出的是，在"以"字处置构式中，当"V"是动词"为"时，有时"O_1"可以承前省略。例如：

(5) 便传一领袈裟，以为法信，授与惠可。（《神会语录·菩提达摩南宗定是非论》）

(6) 铁瓮喻其坚，金城非所敌。堑江以为池，增山以为壁。（宋·梅尧臣《和颍上人南徐十咏其一铁瓮城》）

在以上两例中，处置构式的形式表现为"以+V+O_2"，这可以看作是"以+O_1+V+O_2"承前省略"O_1"的结果。其完整形式如：

(7) 青山束寒滩，溅浪惊素鸥。以之为朋亲，安慕乘华辀。（宋·梅尧臣《咏严子陵》）

在以上例中，"以"字处置构式属于"以+之+为+O_2"形式，"之"代指"青山束寒滩，溅浪惊素鸥"，因此例（5）（6）可以看作是省略"O_1"的结果。

1.2.2.2 "以+O_1+比+O_2"形式

在"以"字处置构式中，当"V"是"比"时，表示"比作、比较"的意义，只在《朱子语类》中出现 10 例。例如：

(1) 讲习孔孟书，孔孟往矣，口不能言，须以此心比孔孟之心，将孔孟心作自己心。（《朱子语类》卷十九《论语一》）

(2) 丑又问："昔者子夏子游子张皆得圣人之一体，意欲以孟子比圣人。故孟子推尊圣人，以为己不敢当，遂云姑舍是。"（《朱子语类》卷五十二《孟子二》）

(3) 若以文王比武王，则文王为至德；若以泰伯比文王，则泰伯为至德。（《朱子语类》卷三十五《论语十七》）

(4) 若以管仲比伊周，固不可同日语；若以当时大夫比之，则在所当取。(《朱子语类》卷四十八《论语三十》)

在以上 4 例中，处置构式中的"V"都是动词"比"。其中在例(1) (2) 中，"比"表示"比作"的意义，如例 (1) 表示"把'此心'比作'孔孟之心'"。在例 (3) (4) 中，"比"表示"比较"的意义，如例 (3) 表示"把'文王'比较'武王'"。

1.2.2.3 "以+O_1+作+O_2"形式

在"以"字处置构式中，当"V"是"作"时，表示"解作、释作"的意义，只在《朱子语类》中出现 13 例。例如：

(1) 范氏以"不忠"作"有我与人"，以"不信"作"诚意不至"。(《朱子语类》卷二十一《论语三》)
(2) 范氏以"不亦说乎"作"比于说，犹未正夫说"，如何？(《朱子语类》卷二十《论语二》)
(3) 杨氏以不忠作"违仁"，以不信作"违道"，三说皆推广，非正意。(《朱子语类》卷二十一《论语三》)
(4) 此五说，皆以"何事於仁"作"何止於仁"，故以仁为有小大上下。(《朱子语类》卷三十三《论语十五》)

在以上 4 例中，处置构式中的"V"都是动词"作"，表示"解作、释作"的意义，如例 (1) 表示"把'不忠'解作'有我与人'""把'不信'解作'诚意不至'"。

1.2.3 "处置(到)"式

这主要是指处置构式"以+O_1+V+O_2"表示"对'O_1'施以处置动作'V'，致使'O_1'移到'O_2'"的意义。在"处置(到)"中，"以"字处置构式存在不同的形式表现，即"以+O_1+V+于+O_2"形式，这可以看作是"以+O_1+V+O_2"形式的变换。

1.2.3.1 "以+O_1+V+O_2"形式

当"以"字处置构式为"以+O_1+V+O_2"形式，唐代 21 例，宋代 17 例。例如：

(1) 明日岩出，妇人即阖扉，键其门，以岩衣囊置庭中，毁裂殆尽。(《宣室志·陈岩》)

(2) 我言彼当信，彼道我无疑。针药及病源，以石投深池。(唐·王建《求友》)

(3) 师见僧般土次，乃以一块土放僧担上，曰："吾助汝。"(《五灯会元》卷十)

(4) 忽大悟，以糍盘投地。(《五灯会元》卷十九)

在以上 4 例中，"以"字处置构式的形式表现为"以+O_1+V+O_2"，"O_2"表示动作行为关涉的处所，处置构式表示"对'O_1'施以处置动作'V'，致使'O_1'移到'O_2'"的意义，如例（1）表示"把'岩衣囊'放到'庭中'"，例（2）表示"把'石'投到'深池'"。

1.2.3.2 "以+O_1+V+于+O_2"形式

当"以"字处置构式为"以+O_1+V+于+O_2"形式，唐代 5 例，宋代 6 例。例如：

(1) 越石即以少肉投于地，其手即取之而去。(《宣室志·陈越石》)

(2) 有顷，七娘以纸月施于垣上。(《宣室志·王先生》)

(3) 十九日，为充廿四日天台大师忌日设斋，以绢四匹、绫三匹送于寺家。(《入唐求法巡礼行记》卷一)

(4) 欲以身捐于水中，饲鳞甲之类，念已将行。(《景德传灯录》卷二十)

(5) 每度一人，以一筹置于石室。(《景德传灯录》卷一)

(6) 将及门，龙树知是智人，先遣侍者以满钵水置于座前。(《五灯会元》卷一)

在以上 6 例中，"以"字处置构式的形式表现为"以+O_1+V+于+O_2"，同样表示"对'O_1'施以处置动作'V'，致使'O_1'移到'O_2'"的意义，如例（1）也表示"把'肉'放到'地上'"，这可以看作是通过使用介词"于"来介引"O_2"。

总的看来，当"以"字处置构式表示"处置（到）"时，具有两种形式表现，一是"以+O_1+V+O_2"形式，二是"以+O_1+V+于+O_2"形式。从形式上来看，两者的差别只是在于介词"于"，可以将后者看作是使用了介词"于"来介引"O_2"。但是从来源上看，两者的形成过程不同，这涉及不同句式之间的联系，其中"以+O_1+V+O_2"形式可以看作是由双宾语句式"V+O_1+O_2"转化而成，而"以+O_1+V+于+O_2"形式可以看作是由与格句式"V+O_1+于+O_2"转化而成，我们将在分析"以"字处置构式的历时形成时详加讨论。

在上文中，我们分析了"以"字处置构式的语法意义。需要指出的是，在"以+O_1+V+O_2"形式中，"以"既可以是工具介词，也可以是处置介词。例如：

（7）因乘春钓伊水，得巨鱼，挈而归，致于盆水中……明旦，以鱼投伊水中，且命僧转经画像。（《宣室志·柳沂》）

（8）既而谓七娘曰："汝为吾刻纸，状今夕之月，置于室东垣上。"有顷，七娘以纸月施于垣上。（《宣室志·王先生》）

（9）胡人即命注浊水于缶，以珠投之，俄而其水瀄然清莹，纤毫可辨。生于是以珠与胡，获其价而去。（《宣室志·严生》）

（10）既婚，殊不惬心，杨以笏触之曰："君何大痴!"（《本事诗·情感第一》）

（11）荣以杖画地，作"柳"字，曰："君当为此州。"（《朝野佥载》卷二）

（12）乃以布衫笼敬头，立南墙下。（《朝野佥载》卷五）

以上6例都属于"以+O_1+V+O_2"形式，但是表示的语义并不相同，前3例可以理解为处置构式，如例（7）表示"把'鱼'投到'水中'"，而后3例只能理解为工具式，如例（12）表示"用'布衫'笼住'敬头'"。这是由于"O_1"在语境中的特点决定的。在前3例中，"O_1"是定指的，可以看作是语用焦点，因此在"以+O_1+V+O_2"中，"以"可以理解为处置介词，表示对"O_1"施以某种处置。在后3例中，"O_1"是不定指的，不属于语用焦点，只是作为动作"V"的工具，因此在"以+O_1+V+O_2"形式中，"以"只能理解为工具介词，表示对"O_1"的使用。这体现了语义指称对句式理解的影响。

1.3 "以"字处置构式的历时形成及在唐宋的表现

"以"字处置构式在先秦时期已经出现，并一直沿用到唐宋时期。关于"以"字处置式的来源，学界主要有三种意见，一是如陈初生所说："以"字处置式的词序"似是上承远古和上古前期的宾语前置而来"，在前置宾语"加一个介词'以'为语法标志",[①] 就产生了"以"字句处置式。二是认为"以"字处置式来源于双宾语句式，如徐志林推测："'以'字式是从双宾语句式衍生出来的，只不过为了强调直接宾语，才通过介词'以'将其提到动词的前面。"[②] 三是认为"以"字处置式是由"以"字工具式演变而来，代表学者如龙国富[③]、吴福祥[④]、蒋绍愚[⑤]等。我们认为，由于语言具有动态性，在历时发展中不断发生变化，因此语法系统也并非一成不变。这种动态性主要体现在两个方面：一是语法现象自身的历时变化，如动词的语法化、短语的词汇化等，都会对自身特点产生一定影响；二是语法系统中语法现象之间的相互影响，由于语法的系统性，一种语法现象的变化往往引起系统内其他语法现象的变化。蒋绍愚指出："语法是一个系统，各种语法形式之间会有相互影响。有些问题应当联系起来加以考察，才能研究得比较深入。"[⑥] 朱玉宾也指出："任何一种语法现象的产生并不是孤立的，总会受到其他语法格式的影响。"[⑦] 因此，根据语法现象的动态性，结合处置构式的发展特点，我们认为"以"字处置构式的形成经历了"连动式—工具式—处置式"三个阶段。从"连动式"到"工具式"的发展是由于动词"以"的语法化，从"工具式"到"处置构式"的发展是由于双宾语句式的影响。

---

① 陈初生：《早期处置式略论》，《中国语文》1983 年第 3 期。
② 徐志林：《汉语双宾句式的历史发展及相关问题研究》，中国文史出版社 2013 年版，第 170 页。
③ 龙国富：《从"以/将"的语义演变看汉语处置式的语法化链》，浙江大学汉语史研究中心主编《汉语史学报》（第九辑），上海教育出版社 2009 年版，第 36—47 页。
④ 吴福祥主编：《近代汉语语法》，中国社会科学出版社 2015 年版，第 383 页。
⑤ 蒋绍愚：《近代汉语研究概要》（修订本），北京大学出版社 2017 年版，第 270 页。
⑥ 蒋绍愚、曹广顺主编：《近代汉语语法史研究综述》，商务印书馆 2005 年版，第 9 页。
⑦ 朱玉宾：《常式与变式：近代汉语"把"字句研究》，中西书局 2018 年版，第 19 页。

1.3.1 动词"以"的语法化

在甲骨文中,"以"的字形是"𠂤",裘锡圭指出:"'以'有时当'携带''带领'讲。"① 例如:

(1) 丁未卜,贞:惟亚以众人步?十二月。(《甲骨文合集》,35)

郭锡良指出:"西周金文中'以'字单独作谓语的已经非常少,马承源《商周青铜器铭文选》选有西周青铜器 511 件,'以'字出现 64 次,单独作谓语的仅 1 次,在连动结构中,一般是用作'带领'义。"② 例如:

(2) 伯懋父以殷八师征东尸。(《小臣𫐉簋》)

郭锡良认为"'以殷八师'可以是带领殷的八支部队,也可以理解为使用殷的八支部队"③,动词"以"逐渐由"率领"义引申出"使用"义。吴福祥也指出:"降至两周时期,'以'用为动词时主要的词义是'使用'而非'率领'。"④ 例如:

(3) 汝以我车宕伐狁犹于高陵。(《商周青铜器铭文选·不其簋盖》)

在春秋时期,动词"以"可以理解为"使用"义。例如:

(4) 我辞礼也,彼则以之。(《左传·襄公二十三年》)
(5) 桓公九合诸侯,不以兵车,管仲之力也。(《论语·宪问》)
(6) 齐侯以诸侯之师侵蔡。(《左传·僖公四年》)

---

① 裘锡圭:《古文字论集》,中华书局 1992 年版,第 106 页。
② 郭锡良:《介词"以"的起源和发展》,《古汉语研究》1998 年版第 1 期。
③ 郭锡良:《介词"以"的起源和发展》,《古汉语研究》1998 年版第 1 期。
④ 吴福祥主编:《近代汉语语法》,中国社会科学出版社 2015 年版,第 383 页。

（7）孙子曰："不可。以师伐人，遇其师而还，将谓君何？若知不能，则如无出。今既遇矣，不如战也。"（《左传·成公二年》）

当表"使用"义的动词"以"与其他动词共同出现构成连动式时，表示"使用A+动作B"的语义，由于有两个动词，而后一动词的意义较为重要，洛德（C. Lord）指出："意义上不大重要的成分常常变得在句法上也不太重要。"[1] 因此动词"以"存在语法化的倾向，这时"以"可以有不同的理解。例如：

（8）醒，以戈逐子犯。（《左传·僖公二十三年》）
（9）君子以文会友，以友辅仁。（《论语·颜渊》）

例（8）（9）中的"以"既可以理解为动词，表示"使用$_{动词}$戈+逐$_{2价}$子犯""使用$_{动词}$文+会$_{2价}$友"的意义，也可以理解为工具介词，表示"用$_{介词}$戈+逐$_{2价}$子犯""用$_{介词}$文+会$_{2价}$友"的意义。这体现了"以"由动词演变为介词的语法化过程。因此当"以"理解为工具介词时，"以$_{动词}$+O_1+V+O_2"句式便重新分析为"以$_{介词}$+O_1+V+O_2"句式，"O_1"由动词"以"的受事宾语可以理解为动词"V"的工具宾语，即"O_1""O_2"都可以看作是"V"的宾语。在"以$_{介词}$+O_1+V+O_2"句式中，"以$_{介词}$+O_1"和"V+O_2"由连动式中的并列关系变为偏正关系，"O_1"表示动作"V+O_2"凭借的工具，"以$_{介词}$+O_1"具有强调意味，如例（8）强调"'逐子犯'的工具是兵器'戈'"，例（9）强调"'会友'的工具是'文'"，因此介词"以"可以看作是焦点标记，表示对"O_1"的强调。

在"以$_{介词}$+O_1+V+O_2"句式中，由于"O_1""O_2"可以看作是"V"的两个宾语，因此这一形式和双宾语结构具有相似性，分别为"以$_{介词}$+O_1+V+O_2"和"V+$O_{间}$+$O_{直}$"，即"V"可以连接两个名词性成分，由于介词"以"可以看作是焦点标记，表示对其后名词性成分的强调，因此在双宾语句式中，当需要对直接宾语进行强调时，可以使用介词"以"提宾。例如：

---

[1] 参见蒋绍愚《近代汉语研究概要》（修订本），北京大学出版社2017年版，第147页。

(10) 及河，子犯以璧授公子。(《左传·僖公二十四年》)
(11) 秦亦不以城予赵。(《史记·廉颇蔺相如列传》)

以上两例的"以$_{介词}$+O$_1$+V+O$_2$"形式在同时期分别有双宾语句式与之对应。例如：

(12) 子犯授公子载璧。(《国语·晋语》)
(13) 赵予璧而秦不予赵城。(《史记·廉颇蔺相如列传》)

例（12）（13）中的"璧""城"是三价动词"授""予"的受事宾语，由于双宾语句式的影响，"以$_{介词}$+O$_1$+V$_{2价}$+O$_2$"句式可以发展为"以$_{介词}$+O$_1$+V$_{3价}$+O$_2$"句式，焦点标记"以"由工具介词逐步变为处置介词，徐志林也指出："从产生时间上来说，双宾语句式早于'以'字式。"① 因此例（10）（11）可以看作是由双宾语句式转化形成，转化的动因是为了对直接宾语进行强调，因此使用具有焦点标记的"以"字进行提宾。

总的看来，在连动式"以$_{动词}$+O$_1$+V+O$_2$"中，由于"以"的语法化，形成工具式"以$_{介词}$+O$_1$+V+O$_2$"，介词"以"成为焦点标记，因此可以对双宾语句式中的直接宾语进行强调，这体现了"以"的语法化对双宾语句式的影响。同时，在双宾语句式中，由于介词"以"是焦点标记，可以对受事宾语进行提宾强调，"以"逐渐由工具介词向处置介词过渡，这体现了双宾语句式对介词"以"的影响。

1.3.2 双宾语句式的影响

双宾语句式对"以"字处置构式的影响主要体现在不同类型的处置构式形成时间不同。梅祖麟指出："先秦已有用'以'字的处置（给）式和处置（作）式，但处置（到）式最早是在《史记》中出现。"② 例如：

(1) 复以弟子一人投河中。(《史记·滑稽列传》)

---

① 徐志林：《汉语双宾句式的历史发展及相关问题研究》，中国文史出版社2013年版，第170页。

② 梅祖麟：《唐宋处置式的来源》，《中国语文》1990年第3期。

我们认为处置构式这三种类型的形成时间和双宾语句式有关，由于"以"是焦点标记，可以对双宾语句式进行提宾强调，因此"以"字处置构式受到双宾语句式的影响，具有双宾语句式的特点。因此，由于双宾语句式的历时不同，不同类型的处置构式形成时间不同。需要指出的是，处置（作）式的形成与介词"以"的性质有关，当"以"成为处置介词后，工具式"以$_{介词}$+O$_1$+V（为）+O$_2$"可以理解为处置式"以$_{介词}$+O$_1$+V（为）+O$_2$"，体现了双宾语句式对处置（作）式的间接影响。

1.3.2.1 处置（给）式的形成

张伯江指出："典型双及物式的特征为施事者有意地把受事转移给接受者。"[①] 所谓的"双及物式"指的即是双宾语句式。徐志林进一步指出："双宾结构不是单一语义核心，而是具有双重语义核心的句法结构，即'给予'义和'处置'义。"[②] 例如：

（1）言终，魏绛至，授仆人书，将伏剑。（《左传·襄公三年》）

（2）郑子皮授子产政。（《左传·襄公三十年》）

（3）三公问夫子政一也，夫子对之不同，何也？（《韩非子·难三》）

例（1）可以理解为"把'书'转移给'仆人'"；例（2）可以理解为"把'政'转移给'子产'"，"政"是抽象事物，无法在空间领域发生位移，这可以看作是转移物"O$_1$"的引申；例（3）可以理解为"把'政'转移给'夫子'"，"问"是言语动词，没有［+给予］的语义特征，这可以看作是"给予方式'V'的隐喻"[③]。当焦点标记"以"对"O$_1$"进行强调时，以上3例可以分别转化为"以书授仆人""以政授子产""以政问夫子"，表示"处置（给）"的意义，体现了处置（给）式和双宾语句式之间的联系。需要指出的是，在"V+O$_间$+O$_直$"句

---

① 张伯江：《现代汉语的双及物结构式》，《中国语文》1999年第3期。

② 徐志林：《汉语双宾句式的历史发展及相关问题研究》，中国文史出版社2013年版，第150页。

③ 张伯江：《现代汉语的双及物结构式》，《中国语文》1999年第3期。

式中,当"V"具有[+给予]的语义特征时,"以_{介词}+O_{直}+V+O_{间}"凸显"给予"义,如例(1)(2),当"V"不具有[+给予]的语义特征时,"以_{介词}+O_{直}+V+O_{间}"凸显"处置"义,如例(3)。

总的看来,焦点标记"以"对双宾语句式中的直接宾语进行强调时,双宾语句式"V_{3价}+O_{间}+O_{直}"变为"以_{介词}+O_{直}+V_{3价}+O_{间}",由于双宾语句式表示"通过'V'致使'O_{间}'收到'O_{直}'",因此"以_{介词}+O_{直}+V_{3价}+O_{间}"句式表示"将'O_{直}'给'O_{间}'",体现了"V"对"O_{直}"的处置义,从而"以_{介词}+O_{直}+V+O_{间}"句式具有"处置(给)"的意义。由于处置(给)式最早出现,属于现实情境中的基本事件类型,因此我们把"处置(给)"看作是"以"字处置构式的中心意义,其形式表现为"以+O_{1}+V+O_{2}"。唐宋时期,处置(给)式还有三种不同的形式表现,分别为"以+O_{1}+V"形式、"以+O_{1}+V+于+O_{2}"形式、"V+O_{2}+以+O_{1}"形式,这可以看作是"以+O_{1}+V+O_{2}"形式的变换。其中"以+O_{1}+V"形式可以看作是"O_{2}"承前省略,"以+O_{1}+V+于+O_{2}"形式可以看作是先秦时期介词"于"的格式遗留,"V+O_{2}+以+O_{1}"形式可以看作是构式成分的移位,以适应语境表达的需要。

1.3.2.2 处置(作)式的形成

在"以_{介词}+O_{1}+V+O_{2}"句式中,"以"可以表示"使用"的意义,"以"和不同类型的"V"共现时,"以_{介词}+O_{1}+V+O_{2}"句式的语义也就不同。当"V"在句式中具有[+给予]的语义特征时,"以_{介词}+O_{1}+V+O_{2}"句式义表示"有意地给予性转移",如上例分析的处置(给)式,当"V"在句式中具有[+作为]的语义特征时,"以_{介词}+O_{1}+V+O_{2}"句式义表示"主观上的关系认定"。例如:

(1) 秦伯任好卒,以子车氏之三子奄息、仲行、针虎为殉,皆秦之良也。(《左传·文公六年》)
(2) 必以仲几为戮。(《左传·定公元年》)
(3) 尧以不得舜为己忧。(《孟子·滕文公上》)
(4) 吾必以仲子为巨擘焉。(《孟子·滕文公上》)

在例(1)(2)中,"以"可以有两种理解,一是理解为表工具的介词,表示"用"的意义,即"用—作为";二是理解为表处置的介词,表示"把"的意义,即"把—作为"。在例(3)(4)中,"以"只能理解为表处置的介词,表示"把'不得舜'作为'己忧'""把'仲子'作为'巨擘'"。上文我们指出,在"以$_{介词}$+O_1+V+O_2"句式中,由于受到双宾语句式的影响,"以"由工具介词发展成为处置介词,因此"以$_{介词}$+O_1+V(为)+O_2"句式的语义可以由"用'O_1'作为'O_2'"理解为"把'O_1'作为'O_2'",从而形成"处置(作)"式,如例(3)(4)。处置(给)式和处置(作)式起源于同一个句式"以$_{动词}$+O_1+V+O_2",但是由于动词类型的不同,导致两者句式义的不同,体现了动词类型对句式义的影响。唐宋时期,处置(作)式主要有两种表现形式,即"以+O_1+V+O_2"形式和"以+为+O_2"形式。其中"以+为+O_2"形式可以看作是"以+O_1+为+O_2"形式承前省略"O_1"的结果。

1.3.2.3 处置(到)式的形成

先秦时期,就已经存在双宾语句式,如张美兰指出:"上古汉语中动词后带两个名词性成分的结构(V+O_N+O_N)按照名词的语序分为'V+O_1+O_2'和'V+O_2+O_1'两种。"① "O_1"指的是间接宾语,"O_2"指的是直接宾语。但是"V+$O_直$+$O_间$"句式数量很少,主要使用"V+$O_直$+于+$O_间$"句式,因此我们认为处置(给)式和处置(作)式的形成是受到"V+$O_间$+$O_直$"句式影响,处置(到)式的形成是受到"V+$O_直$+于+$O_间$"句式影响,这是由于句式义和语义焦点不同,"V+$O_间$+$O_直$"句式表示"通过'V'致使'$O_间$'收到'$O_直$'","V+$O_直$+于+$O_间$"句式义表示"通过'V'致使'$O_直$'移向'$O_间$'",刘宝霞指出"前者焦点是转移的客体,是受事,后者的焦点则为接受者,是与事"②。例如:

(1) 王使宰孔赐齐侯胙。(《左传·僖公九年》)
(2) 我欲中国而授孟子室。(《孟子·公孙丑下》)
(3) 楚人献鼋于郑灵公。(《左传·宣公四年》)
(4) 子之传政于子玉。(《左传·僖公二十七年》)

---

① 张美兰:《汉语双宾语结构句法及其语义的历时研究》,清华大学出版社2014年版,第139页。
② 刘宝霞:《上古汉语中与双宾语相关的几种句式》,《清华大学学报》(哲学社会科学版)2009年第S2期。

例（1）的语义为"通过'赐'致使'齐侯'收到'胙'"，例（2）的语义为"通过'授'致使'孟子'收到'室'"，语义焦点分别是"胙""室"。例（3）的语义为"通过'献'致使'鼋'移向'郑灵公'"，例（4）的语义为"通过'传'致使'政'移向'子玉'"，语义焦点分别是"郑灵公""子玉"，用介词"于"标记。因此，当表达"致使—收到"义时，使用"$V+O_{间}+O_{直}$"句式；当表达"致使—移动"义时，使用"$V+O_{直}+于+O_{间}$"句式。由于介词"以"是一个焦点标记，因此当强调句式中的直接宾语时，可以使用"以"字提宾。例如：

（5）尽以其宝赐左右而使行。（《国语·周语中》）
（6）及河，子犯以璧授公子。（《左传·僖公二十四年》）
（7）王以戎难告于齐。（《左传·僖公十六年》）
（8）冬，晋以江故告于周。（《左传·文公三年》）

例（5）（6）中的"$以_{介词}+O_{直}+V+O_{间}$"可以看作是"$V+O_{间}+O_{直}$"的变换，焦点标记"以"对"$O_{直}$"进行强调；例（7）（8）中的"$以_{介词}+O_{直}+V+于+O_{间}$"可以看作是"$V+O_{直}+于+O_{间}$"的变换，焦点标记"以"对"$O_{直}$"进行强调。

总的看来，先秦时期，"$以_{介词}+O_{直}+V+O_{间}$"已经形成"处置（给）"式和"处置（作）"式，而没有形成"处置（到）"式，这是由于表示"处置（到）"义的句式是"$V+O_{直}+于+O_{间}$"，"$V+O_{直}+于+O_{间}$"句式的语义焦点为间接宾语"$O_{间}$"，使用焦点标记"以"强调直接宾语"$O_{直}$"时，形成"$以_{介词}+O_{直}+V+于+O_{间}$"句式，因此"$以_{介词}+O_{直}+V+O_{间}$"的"处置（到）"式在先秦没有形成。到了西汉时期，介词"于"逐渐开始消失，柳士镇①、邵永海②、李崇兴③等学者都对这一语法现象进行过探

---

① 柳士镇：《询问义动词"问"字宾语形式的历史考察》，《南京大学学报》1989年第6期。
② 邵永海：《从〈左传〉和〈史记〉看上古汉语的双宾语结构及其发展》，严家炎、袁行霈主编《缀玉集——北京大学中文系研究生论文选编》，北京大学出版社1990年版，第550—575页。
③ 李崇兴：《处所词发展历史的初步考察》，胡竹安、杨耐思、蒋绍愚编《近代汉语研究》，商务印书馆1992年版，第243页。

讨，方平权也指出："《左传》和《史记》记述同一历史事实的例句，《左传》使用介词'于'，而《史记》不用。"① 例如：

(9) 韩宣子问于叔向曰……（《左传·昭公十三年》）
(10) 韩宣子问叔向曰……（《史记·楚世家》）
(11) 齐侯游于姑棼，遂田于贝丘。（《左传·庄公八年》）
(12) 襄公游姑棼，遂猎沛丘。（《史记·齐太公世家》）

以上例（10）（12）可以分别看作是例（9）（11）的省略形式。董秀芳指出："当一个本来不能充当常规宾语的名词性成分被强调时，往往会被置于适于表达焦点成分的动词后宾语的位置，久而久之，某些必须用'于/於'引进的名词性成分就可以不用'于/於'引进了，这些成分就由语用性的宾语变成了句法上的宾语。"② 因此，先秦时期的"V+于+O"形式，在西汉时期可以省略介词"于"，形成"V+O"形式，方平权也认为"不少《左传》中限用'于/於'字结构的动词，在《史记》中都进入双宾语结构③"，因此"V+O$_直$+于+O$_间$"句式可以表达为"V+O$_直$+O$_间$"句式，"V+O$_直$+O$_间$"句式开始大量出现。例如：

(13) 复投一弟子河中。（《史记·滑稽列传》）
(14) 及七年后还政成王。（《史记·鲁周公世家》）
(15) 灌将军得罪丞相。（《史记·魏其武安侯列传》）
(16) 南海民王织上书献璧皇帝。（《史记·淮南衡山列传》）

同时，先秦时期的"以$_介词$+（O$_直$）+V+于+O$_间$"句式，在西汉时期可以变为"以$_介词$+（O$_直$）+V+O$_间$"句式。例如：

(17) 故出其君，以说于晋。（《左传·僖公二十八年》）

---

① 方平权：《关于介词"于"由先秦到汉发展变化的两种结论》，《古汉语研究》2000年第2期。
② 董秀芳：《古汉语中动名之间"于/於"的功能再认识》，《古汉语研究》2006年第2期。
③ 方平权：《关于介词"于"由先秦到汉发展变化的两种结论》，《古汉语研究》2000年第2期。

(18) 故出其君，以说晋。(《史记·晋世家》)

因此，在西汉时期，由于介词"于"的消失，先秦时期表"处置（到）"的句式由"V+$O_直$+于+$O_间$"变为"V+$O_直$+$O_间$"，在形式上失去了焦点标记"于"，当强调直接宾语时，形成表"处置（到）"的"$以_{介词}$+$O_直$+V+$O_间$"句式。唐宋时期，处置（到）式主要有两种形式表现，即"以+O_1+V+O_2"形式和"以+O_1+V+于+O_2"形式。其中，"以+O_1+V+于+O_2"形式可以看作是先秦时期介词"于"的格式遗留。

总的看来，"以"字处置构式的形成受到两方面的影响，一是由于动词"以"的语法化，连动式"$以_{动词}$+O_1+V+O_2"语法化为工具式"$以_{介词}$+O_1+V+O_2"，介词"以"可以理解为焦点标记；二是由于双宾语句式的影响，当使用介词"以"对直接宾语进行强调时，从而形成处置构式"以+O_1+V+O_2"。在"以"字处置构式中，主要有三种语法意义，分别表示"处置（给）""处置（作）""处置（到）"。这三种意义虽然来源不同，但"处置（给）"分别和"处置（作）""处置（到）"存在联系。从形成时间来看，最早出现的是"处置（给）"，其次是"处置（作）"，最后是"处置（到）"。由于"处置（给）"最早出现，且属于基本事件类型，表示"对'O_1'施以处置动作'V'，致使'O_1'移给'O_2'"的意义，因此我们将"处置（给）"看作是"以"字处置构式的中心意义。在"处置（给）"式中，"以"成为一个表示处置的介词，从而使得工具式"以+O_1+为+O_2"发展为处置构式"以+O_1+为+O_2"，这体现了"处置（给）"式对"处置（作）"式的影响，这种影响可以看作是构式压制的结果，即构式为二价动词"为"添加参与者角色，因此"处置（作）"可以看作"以"字处置构式的扩展意义。西汉时期，开始出现"处置（到）"式，这是由于在这一时期介词"于"的省略较为常见，从而促使处置构式"以+O_1+V+O_2（处所）"的形成。刘海平也指出："'VO_1（受事）O_2（处所）'句式在先秦时期少见，大量出现是从《史记》开始的。因为西汉时代介接处所成分的'于'字大量脱落造成的。"[①] 因此在西汉时期，由于介词"于"的省略，与格句式

[①] 刘海平：《从语义角色角度看〈史记〉双宾句式》，《东南大学学报》（哲学社会科学版）2009年第6期。

"V+O_1+于+O_2"发展为双宾构式"V+O_1+O_2",由于介词"以"可以理解为焦点标记,因此对"O_1"进行强调时,形成"处置(到)"式。由于"处置(给)"式在先秦已经出现,且形式表现与"处置(到)"式相同,因此"处置(到)"式可以看作是受到"处置(给)"式的影响,因此"处置(到)"可以看作是"以"字处置构式的扩展意义。通过全面详细考察"以"的语义分布,结合"以"字处置构式的历时形成与发展演变,其语义地图模型简图见图1-1。

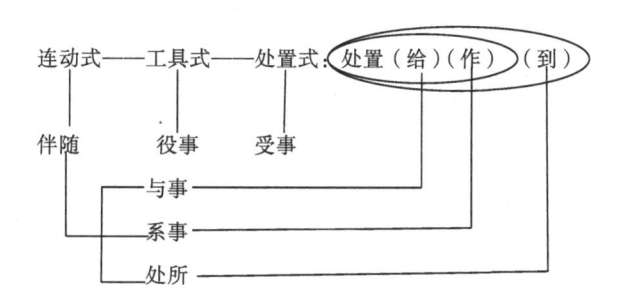

图1-1 "以"字处置构式和相关功能语义地图

1.4 "以"字处置构式的衰落及其动因

"以"字处置构式在先秦时期已经形成,它的形成过程经历了"连动式—工具式—处置式"三个阶段,由于"以"字工具式并没有消失,因此"以"字式具有多义性,体现为"以"字式既可以是工具式,也可以是处置构式,表义不够明确,限制了处置构式的进一步发展,因此"以"字处置构式不能适应语言发展的需要,要求新形式的出现。唐宋时期,由于"将/把"字处置构式的广泛出现,从而逐渐替换了"以"字处置构式。吴福祥通过分析魏晋六朝和隋代处置式中介词"以""将"的使用情况,认为"在广义处置式中,'以''将'之间的词汇兴替隋代已经开始,大约在晚唐五代完成"[①]。因此我们认为,"以"字处置构式衰落可以看作是内因和外因共同作用的结果,内因是由于"以"字式的多义性,影响了"以"字处置构式的进一步发展,外因是由于"将/把"字处置构式的形成,逐渐替换了"以"字处置构式。

---

① 吴福祥主编:《近代汉语语法》,中国社会科学出版社2015年版,第386—387页。

1.4.1 "以"字式的多义性

"以"字式的多义性体现在"以"既可以是表工具的介词,也可以是表处置的介词,介词"以"保留着动词"以"的语义残留。例如:

(1) 醒,以戈逐子犯。(《左传·僖公二十三年》)

(2) 张郎中……既婚,殊不惬心,杨以笏触之曰:"君何大痴!"(《本事诗·情感第一》)

(3) 孔子以其兄之子妻之。(《论语·先进》)

(4) 庄公通焉,骤如崔氏,以崔子之冠赐人。(《左传·襄公二十五年》)

(5) 封德彝在隋,见重于杨素,素乃以从妹妻之。(《大唐新语》卷六)

(6) 上以紫金带赐岐王,盖昔高宗破高丽所得。(《明皇杂录补遗》)

(7) 天子不能以天下与人。(《孟子·万章上》)

(8) 主上以浞父年老,瓜初熟,赐一颗,浞以瓜遗妻,不及其父,朝野讥之。(《朝野佥载》卷四)

例(1)(2)中的"以"可以理解为工具介词,语义为"用戈逐子犯""用笏触张郎中";例(3)(4)(5)(6)中的"以"既可以理解为工具介词,语义为"用其兄之子妻之"①"用崔子之冠赐人""用从妹妻之""用紫金带赐岐王",也可以理解为处置介词,语义为"把其兄之子妻之""把崔子之冠赐人""把从妹妻之""把紫金带赐岐王";例(7)(8)中的"以"可以理解为处置介词,语义为"把天下与人""把瓜遗妻"。因此,从例(1)(2)(7)(8)看,在不同的句子里,介词"以"可以有两种理解,或是理解为工具介词,如例(1)(2);或是理解为处置介词,如例(7)(8)。从例(3)(4)和例(5)(6)看,在同一个句子里,介词"以"可以有两种理解,既可以理解为工具介词,

---

① "其兄之子"可以理解为"用"的工具(对象),例如《史记·匈奴列传》:"单于既得翕侯,以为自次王,用其姊妻之,与谋汉。"

也可以理解为处置介词。这是由于处置式"以$_{介词}$+O_1+V+O_2"经历了"连动式—工具式—处置式"的连续发展过程，因此"以"字式具有多义性，表义不够明确，可以存在不同的理解，从而为"将/把"字处置构式的形成提供了可能。

1.4.2 处置介词"将/把"对"以"的替换

先秦时期，只有"以"字处置构式，而唐宋时期，"将/把"字处置构式出现数量最多，"以"字处置构式出现数量较少，因此我们认为这是由于"将/把"对"以"的介词替换。例如：

1.4.2.1 处置（给）式的替换

（1）天子不能以天下与人。（《孟子·万章上》）
（2）孔廷尉以裘与从弟沈，沈辞不受。（《世说新语·言语》）
（3）我今可将此女与彼沙门。（《增壹阿含经》卷四十一）
（4）主上以湜父年老，瓜初熟，赐一颗，湜以瓜遗妾，不及其父，朝野讥之。（《朝野佥载》卷四）
（5）有人平却心头棘，便把天机说与君。（吕岩《敲爻歌》）

在以上 5 例中，"P+O_1+V+O_2"形式都表示"处置（给）"的意义，例（1）（2）（4）中的处置介词都是"以"，例（3）（5）中的处置介词分别是"将""把"。其中例（1）属于先秦时期的文献，例（2）（3）属于魏晋时期的文献，例（4）（5）属于唐代文献。因此，例（1）（2）（4）属于不同时期的"以"字处置构式，例（2）（3）可以看作是处置介词"将"对处置介词"以"的替换，例（4）（5）可以看作是处置介词"把"对处置介词"以"的替换。需要指出的是，在处置构式中，当"O_1""V""O_2"基本相同时，在不同时期可以使用不同的处置介词。例如：

（6）南容三复白圭，孔子以其兄之子妻之。（《论语·先进》）
（7）或先是见公冶长，遂将女妻他。（《朱子语类》卷二十八《论语十》）
（8）后来见南容亦是个好人，又把兄之女妻之。（《朱子语类》

卷二十八《论语十》)

(9) 万章曰:"尧以天下与舜,有诸?"(《孟子·万章上》)

(10) 且如他当时被那儿子恁地,他处得好,不将天下与儿子,却传与贤,便是他处得那儿子好。(《朱子语类》卷十六《大学三》)

(11) 若尧当时把天下与丹朱,舜把天下与商均,则天下如何解安!(《朱子语类》卷十六《大学三》)

例(6)(9)属于先秦时期的文献,例(7)(8)(10)(11)属于宋朝文献,其中前3例都表示"将'子女'嫁给'某人'"的意义,后3例都表示"将'天下'给予'某人'"的意义。由于在唐代已经开始出现处置介词的类推,因此这可以看作是由于处置介词替换的结果,从而使得在表达相同语义时,在不同时期使用了不同的处置介词。

1.4.2.2 处置(作)式的替换

(1) 尧以不得舜为己忧。(《孟子·滕文公上》)

(2) 李元礼风格秀整,高自标持,欲以天下名教是非为己任。(《世说新语·德行》)

(3) 爱将莺作友,怜傍锦为屏。(魏晋·王德《春词》)

(4) 陛下当以凤凰为凡鸟,麒麟为凡兽。(《大唐新语》卷二)

(5) 且把风寒作闲事,懒能和泪拜庭闱。(杜荀鹤《下第东归将及故园有作》)

在以上5例中,"$P+O_1+V+O_2$"形式都表示"处置(作)"的意义,例(1)(2)(4)中的处置介词都是"以",例(3)(5)中的处置介词分别是"将""把"。其中例(1)属于先秦时期的文献,例(2)(3)属于魏晋时期的文献,例(4)(5)属于唐代文献。因此,例(1)(2)(4)属于不同时期的"以"字处置构式,例(2)(3)可以看作是处置介词"将"对处置介词"以"的替换,例(4)(5)可以看作是处置介词"把"对处置介词"以"的替换。

1.4.2.3 处置（到）式的替换

（1）复以弟子一人投河中。（《史记·滑稽列传》）
（2）家人常以琴置灵床上。（《世说新语·伤逝》）
（3）忽见将二百钱置妻床前。（《幽明录》）
（4）明日岩出，妇人即阖扉，键其门，以岩衣囊置庭中，毁裂殆尽。（《宣室志·陈岩》）
（5）寒气宜人最可怜，故将寒水散庭前。（唐·张说《舞马词》）

在以上 5 例中，"$P+O_1+V+O_2$" 形式都表示"处置（到）"的意义，例（1）（2）（4）中的处置介词都是"以"，例（3）（5）中的处置介词是"将"。其中例（1）属于先秦时期的文献，例（2）（3）属于魏晋时期的文献，例（4）（5）属于唐代文献。因此，例（1）（2）（4）属于不同时期的"以"字处置构式，例（2）（3）可以看作是处置介词"将"对处置介词"以"的替换，例（4）（5）可以看作是处置介词"把"对处置介词"以"的替换。

在以上诸例中，每一类处置构式"$P+O_1+V+O_2$"表示的意义相同，但是在不同的历史时期使用了不同的处置介词，先秦时期只能使用处置介词"以"，而唐宋主要使用处置介词"将/把"，这可以看作是处置介词的竞争与替换，体现了语言的经济性原则，也体现了汉语句式的历时发展演变。吴福祥也指出："魏晋六朝处置式出现的介词主要是'以'，'将'字少见，在隋代，'以'字逐渐少见，'将'字开始多起来。"① 这体现了"将/把"对"以"的介词替换，因此上例都可以看作是处置构式"将/把+O_1+V+O_2"对处置构式"以+O_1+V+O_2"的替换。

总的来看，"以"字处置构式经历了"连动式—工具式—处置式"这一过程，在"以"字工具式中，介词"以"具有动词的语义残留，表示"使用"的意义，即"以"的语法化不够彻底。由于双宾语句式的影响，从而形成"以"字处置构式，但是"以"字工具式并没有消失，而是依然存在语法系统中，因此"以"字式具有多义性，既可以是连动式，也

---

① 吴福祥主编：《近代汉语语法》，中国社会科学出版社 2015 年版，第 386 页。

可以是工具式，还可以是处置式，因而其表义不够清晰明确，也限制了"以"字处置构式的进一步发展，从而为"将/把"字处置构式的形成提供了可能。唐宋时期，当处置构式"将/把+O_1+V+O_2"形成之后，逐渐替换了处置构式"以+O_1+V+O_2"，这体现了语言的明晰性要求对句式演变的影响。

1.5 小结

唐宋时期，"以"字处置构式的形式表现为"以+O_1+V+O_2"，其构式义为"对'O_1'施以处置动作'V'，致使'O_1'关联'O_2'"，根据"V"的类型，其"关联"可以分为三种类型，分别为"处置（给）"、"处置（作）"和"处置（到）"。由于"以"字处置构式可以存在省略、移位等情况，因此"以+O_1+V+O_2"形式具有不同的变换形式。在"处置（给）"式中，主要有四种形式，分别为"P+O_1+V+O_2"形式、"P+O_1+V+于+O_2"形式、"P+O_1+V"形式和"V+O_2+P+O_1"形式。在"处置（作）"式中，主要有两种形式，一是"以+O_1+V+O_2"形式，二是"以+为+O_2"形式。在"处置（到）"式中，主要有两种形式，一是"以+O_1+V+O_2"形式，二是"以+O_1+V+于+O_2"形式。"以"字处置构式形成于先秦时期，其形成过程经历了"连动式—工具式—处置式"三个阶段，这是由于动词"以"的语法化和双宾语句式的影响。在连动式"以+O_1+V+O_2"中，由于动词"以"的语法化，形成工具式"以+O_1+V+O_2"，表示"使用'O_1'进行某种动作"，这可以看作是通过介词"以"对工具"O_1"进行强调，从而介词"以"可以理解为焦点标记。由于工具式和双宾语句式具有形式上的相似性，分别为"以$_{介词}$+O_1+V+O_2"和"V+$O_{间}$+$O_{直}$"，即"V"可以连接两个名词性成分，因此在双宾语句式中，当需要对直接宾语进行强调时，可以使用介词"以"提宾，从而形成"以"字处置构式。先秦时期，"以"字处置构式主要有两种语法意义，一是"处置（给）"，二是"处置（作）"，这是由于动词类型的不同，体现了动词对构式义的影响。西汉时期，开始出现"处置（到）"，这是由于介词"于"的省略，与格句式"V+O_1+于+$O_{处所}$"发展为双宾语句式"V+O_1+$O_{处所}$"，由于介词"以"可以理解为焦点标记，因此当对直接宾语进行强调时，就形成"以+O_1+V+$O_{处所}$"形式，即"处置（到）"式，这体现了不同句式之间的联系。在这三种语法意义中，由于"处置（给）"出现最早，且属于基本事件类型，因此我们将其看作是"以"字处置构式的中心意义。由于"处置（作）"式和"处置（到）式"的形式表现与"处置（给）"式相同，且受到"处置（给）"式的影响，因此我们将这两者看作是"以"字处置构式的扩展意义。由于"以"字处置构式的形成经历了"连动式—工具式—处置式"三个阶段，介词"以"既可以理解为工具介词，也可以理解为处置介词，因此"以"字式具有多义性，限制了处置构式的发展，从而为处置构式"将/把+O_1+V+O_2"的形成提供了可能。到了唐宋时期，当处置构式"将/把+O_1+V+O_2"形成以后，逐渐替换了处置构式"以+O_1+V+O_2"。

第 2 章 唐宋"持/取"字处置构式分析

处置式作为汉语中的常用句式，在语法系统中具有重要地位。自王力1943年明确提出处置式的概念后①，该句式就一直是汉语语法研究的热点问题，学界对其进行了深入研究，取得了丰硕的成果。蒋绍愚指出，历史上处置式句型除了"将/把"字句外，还有"以"字句、"持"字句、"取"字句、"捉"字句②。但是当前研究成果大多集中于讨论上古的"以"字处置式和唐宋的"将/把"字处置式，而对中古时期"持/取"字处置式的研究相对较少，如蒋绍愚指出："在中古的汉译佛典中，可以用'取'表示处置，这是一个重要的发现，可以加深我们对处置式的认识。"③ 这主要是因为"持/取"字处置构式多出现在魏晋时期的汉译佛经中，此后出现数量不多，后来逐渐被"将/把"字处置构式取代，因此没有受到学界的广泛关注。从语法系统来看，不同类型处置式的形成与发展是一个连续不断的过程，因而对"持/取"字处置式的系统研究，有利于厘清处置式的发展脉络，深入理解不同类型处置式之间的关系。"持/取"字处置构式分别指的是"持"字处置构式和"取"字处置构式。我们将这两种构式放在一起讨论，是由于两者具有相似性，这主要体现在三个方面：一是从出现时间来看，两者都大致形成于魏晋时期；二是从出现的语言环境来看，两者多见于佛经文献；三是从发展结果来看，两者存在时间都较短，主要出现在中古时期，后来逐渐衰落，被"将/把"字处置构式所取代。因此，我们将这两种处置构式统称为"持/取"字处置构式。

唐宋时期，"持/取"字处置构式出现数量较少，这主要是由于在这一时期受到其他几种处置构式的影响，如"以"字处置构式、"将/把"字处置构式等，从而限制了"持/取"字处置构式的发展，使得在中古

---

① 王力：《中国现代语法》，中华书局2014年版，第92页。
② 蒋绍愚、曹广顺主编：《近代汉语语法史研究综述》，商务印书馆2005年版，第356页。
③ 蒋绍愚：《近代汉语研究概要》（修订本），北京大学出版社2017年版，第261页。

时期兴起的"持/取"字处置构式在这一时期日渐衰落。以往在对唐宋时期处置构式的研究中，主要对"将/把"字处置构式讨论得较多，而很少涉及"持/取"字处置构式，因而对"持/取"字处置构式讨论得不够彻底，如曹广顺与遇笑容指出，"取"字句的广义处置式只见于魏晋六朝时期的佛经文献。[①] 而我们通过研究发现，唐宋时期也存在着"取"字句的广义处置式。因此，通过加深对"持/取"字处置构式的研究，有助于全面理解唐宋时期处置构式的全貌。

2.1 "持/取"字处置构式的语义特点

唐宋时期，由于受到"以"字处置构式、"将/把"字处置构式的影响，"持/取"字处置构式数量较少，根据其形式表现，同时结合构式的论元角色，可以分为两种类型，一是"持/取+O_1+V+O_2"形式，学界一般称作广义处置式；二是"持/取+O（+X）+V"形式，学界一般称作狭义处置式。需要指出的是，在"持/取+O_1+V+O_2"形式中，由于构式成分的省略和移位，可以出现不同的形式变换，如省略"O_2"时可以形成"持/取+O_1+V"形式，其中"V"一般属于三价动词，涉及三个参与者角色，而在处置构式"持/取+O+V"中，"V"属于二价动词，涉及两个参与者角色，这两种构式表示的具体意义不同。根据"持/取"字处置构式的特点，我们主要讨论两个方面：一是讨论宾语"O_1""O_2"的语义特点，由于"持/取+O（+X）+V"形式出现数量很少，只有 16 例，且"O"与"O_1"语义特点相同，因此我们对这两者一并讨论，即"O_1"包括"O"；二是讨论"O_2"的语义类型。

2.1.1 "O_1"的语义特点

唐宋时期，在处置构式"持/取+O_1+V+O_2"中，"O_1"既可以是名词、代词、谓词，也可以是名词性短语。

2.1.1.1 "O_1"为名词和名词性短语

在处置构式"持/取+O_1+V+O_2"中，当"O_1"为名词和名词性短语时，既可以是具体的名词和名词性短语，也可以是抽象的名词和名词性

[①] 参见吴福祥主编《近代汉语语法》，中国社会科学出版社 2015 年版，第 377 页。

短语。

2.1.1.1.1 "O_1"为具体名词

当"O_1"为具体名词时,指称现实存在的客观事物,唐代21例,宋代18例。例如:

(1) 辨起公卿坐,时为慷慨歌。又持珠玉赠,将奈老贫何。(宋·梅尧臣《读黄节推卷》)
(2) 有僧与童子上经了,令持经着函内。(《景德传灯录》卷二七)
(3) 取岭为山障,将泉作水帘。溪晴多晚鹭,池废足秋蟾。(唐·皮日休《奉和鲁望秋日遣怀次韵》)
(4) 莫问四肢畅,暂取眉头开。(唐·卢仝《走笔追王内丘》)

以上4例都属于处置构式,其中前两例属于"持"字处置构式,后两例属于"取"字处置构式,其中"O_1"都属于具体名词,如例(1)(2)中的"珠玉""经",例(3)(4)中的"岭""眉头"。

2.1.1.1.2 "O_1"为具体名词性短语

当"O_1"为具体的名词性短语时,即短语中的中心成分属于具体名词,唐代13例,宋代12例。例如:

(1) 空持望乡泪,沾洒寄来衣。(唐·许浑《深春》)
(2) 莫持西江水,空许东溪臣。(唐·李白《赠友人三首》)
(3) 近取松筠为伴侣,远将桃李作参商。(唐·唐彦谦《菊》)
(4) 还将石溜调琴曲,更取峰霞入酒杯。(唐·李峤《奉和初春幸太平公主南庄应制》)

以上4例都属于处置构式,其中前两例属于"持"字处置构式,后两例属于"取"字处置构式,其中"O_1"都属于具体的名词性短语。如例(1)(2)中的"望乡泪""西江水",例(3)(4)中的"松筠""峰霞"。根据结构类型,可以将唐宋时期的"O_1"分为两种类型:一是偏正结构,如例(1)中的"望乡泪";二是联合结构,如例(3)中的"松筠"。

2.1.1.1.3 "O_1" 为抽象名词

当"O_1"为抽象名词时,唐代 5 例,宋代 2 例。例如:

(1) 正合谨守宗庙,传之子孙,不可持国与人,有私于后,惟陛下详审。(《大唐新语》卷二)
(2) 思惟是已,则持国事付诸大臣,王乃入山修道,成五通仙,名曰王仙。(《祖堂集》卷一)
(3) 退公诗酒乐华年,欲取幽芳近绮筵。(宋·王安石《石竹花》)

以上 3 例都属于处置构式,其中例(1)(2)属于"持"字处置构式,例(3)属于"取"字处置构式,其中"O_1"都属于抽象名词,如例(1)(2)中的"国""国事"。

2.1.1.1.4 "O_1" 为抽象名词性短语

当"O_1"为抽象的名词性短语时,即短语中的中心成分属于抽象名词,唐代 21 例,宋代 12 例。例如:

(1) 有人持此语举似师,师云:"似则似,是则不是。"(《祖堂集》卷十)
(2) 愿持此意永相贻,只虑君情中反覆。(唐·崔萱《叙别》)
(3) 身被高上衣,须取高事道。(《祖堂集》卷八)

以上 3 例都属于处置构式,其中例(1)(2)属于"持"字处置构式,例(3)属于"取"字处置构式,其中"O_1"都属于抽象名词性短语,如例(1)(2)中的"此语""此意"。从结构类型来看,唐宋时期,"O_1"主要是偏正结构,如例(1)(3)中的"此语""高事"。

2.1.1.2 "O_1" 为代词

在处置构式"持/取+O_1+V+O_2"中,当"O_1"为代词时,唐代 20 例,宋代 8 例。例如:

(1) 庶曰:"持此还施贵族,艺眉有验,然后艺须。"(《西阳杂

俎》续集卷四《贬误》）

（2）纤纤折杨柳,持此寄情人。一枝何足贵,怜是故园春。（唐·张九龄《横吹曲辞·折杨柳》）

（3）结习正如刀舐蜜,扫除须着絮因风。请君持此问庞公。（宋·张孝祥《浣溪沙》）

（4）北辰无星,缘是人要取此为极。（《朱子语类》卷二十三《论语五》）

以上4例都属于处置构式,其中前3例属于"持"字处置构式,例(4)属于"取"字处置构式,且只出现1例。其中"O_1"都属于代词,如例（2）（4）中的"此",分别代指的是"杨柳""北辰"。需要指出的是,唐宋时期,"O_1"为代词时共出现27例,其中代词"此"出现了26例,其余1例为代词"我",即"取我与食,驴年得味摩"（《祖堂集》卷十七）。

2.1.1.3 "O_1"为谓词

在处置构式"持/取+O_1+V+O_2"中,当"O_1"为谓词时,唐代7例,宋代2例。例如：

（1）弃置今日悲,即是昨日欢。将新变故易,持故为新难。（唐·孟郊《古薄命妾》）

（2）只将多胜少,复取先为利。不若酒之贤,悠然共醒醉。（宋·梅尧臣《闻宣叔挺之围棋》）

以上两例都属于处置构式,其中前者属于"持"字处置构式,后者属于"取"字处置构式,"O_1"都属于谓词,如"故""先"。

总的看来,唐宋时期,在"持/取"字处置构式中,当"O_1"为具体的名词和名词性短语时,出现数量较多;当"O_1"为抽象名词和谓词时,出现数量较少,这是由于"持/取"的语义特点决定的。吴福祥指出："一个介词具有怎样的语法意义和功能跟它所来自的那个动词义有很大的关系,后者的语义特征往往决定了其最初的用法或主要的功能,此后所衍生的功能往往也跟所源自的动词义有着不同程度的关联性。"[①] 由于动词

---

① 吴福祥主编：《近代汉语语法》,中国社会科学出版社2015年版,第193页。

"持/取"分别表示"持握/拿取某物",因此具体的名词和名词性短语所指称的事物具有可持握性,更容易和动词"持/取"搭配出现,而抽象名词和谓词所指称的事物不具有可持握性,不容易和动词"持/取"搭配出现。因此,当动词"持/取"语法化为处置介词后,在处置构式中具体的名词和名词性短语出现数量多,而抽象名词和谓词出现数量少。其中,在"持/取"字处置构式中,表示的是对"O_1"施以某种处置。由于"O_1"为具体事物时,可处置性较高;当"O_1"为抽象事物和动作行为时,可处置性较低。因此当"O_1"为具体事物时,更符合处置构式的要求,因而出现数量较多,这也是不同类型的"O_1"在出现数量上存在差别的原因。

2.1.2 "O_2"的语义特点

唐宋时期,在处置构式"持/取+O_1+V+O_2"中,"O_2"既可以是名词、代词和谓词,也可以是名词性短语。

2.1.2.1 "O_2"为名词或名词性短语

在处置构式"持/取+O_1+V+O_2"中,当"O_2"为名词和名词性短语时,既可以是具体的名词和名词性短语,也可以是抽象的名词和名词性短语。

2.1.2.1.1 "O_2"为具体名词

当"O_2"为具体名词时,唐代34例,宋代13例。例如:

(1) 正合谨守宗庙,传之子孙,不可持国与人,有私于后,惟陛下详审。(《大唐新语》卷二)
(2) 有僧持此语问师:"洞山还道得也无?"(《祖堂集》卷八)
(3) 近取松筠为伴侣,远将桃李作参商。(唐·唐彦谦《菊》)
(4) 安禄山伪署百官,以田乾真为京兆尹,取此宅为府,后为郭暧驸马宅。(《酉阳杂俎》续集卷六《寺塔记下》)

以上4例都属于处置构式,其中前两例属于"持"字处置构式,后两例属于"取"字处置构式,其中"O_2"属于具体名词,如例(1)中的"人",例(3)中的"伴侣"。

2.1.2.1.2 "O_2" 为具体名词性短语

当 "O_2" 为具体的名词性短语时, 即短语中的中心成分属于具体名词, 唐代 14 例, 宋代 11 例。例如:

(1) 居士则设盟于笺, 期于必效, 且曰: "滞工役已久矣, 今留神丹不足多虑, 某先持此锱付所主僧, 冀获双济。"(《唐阙史·卷下》)

(2) 思惟是已, 则持国事付诸大臣, 王乃入山修道, 成五通仙, 名曰王仙。(《祖堂集》卷一)

(3) 未谷抛还忆, 交亲晚更稀。空持望乡泪, 沾洒寄来衣。(唐·许浑《深春》)

(4) 紫泉宫殿锁烟霞, 欲取芜城作帝家。(唐·李商隐《隋宫》)

(5) 取岭为山障, 将泉作水帘。溪晴多晚鹭, 池废足秋蟾。(唐·皮日休《奉和鲁望秋日遣怀次韵》)

(6) 初从云梦开朱邸, 更取金陵作小山。(唐·李白《永王东巡歌十一首》)

以上 6 例都属于处置构式, 其中前 3 例属于"持"字处置构式, 后 3 例属于"取"字处置构式, 其中"O_2"属于具体的名词性短语, 如例 (2)(3) 中的"诸大臣""寄来衣", 例 (5)(6) 中的"山障""小山"。

2.1.2.1.3 "O_2" 为抽象名词

当 "O_2" 为抽象名词时, 唐代 12 例, 宋代 4 例。例如:

(1) 持此赠佳期, 清芬罗袖裏。(唐·杨巨源《野园献果呈员外》)

(2) 持此心为境, 应堪月夜看。(唐·皎然《送关小师还金陵》)

(3) 只将多胜少, 复取先为利。不若酒之贤, 悠然共醒醉。(宋·梅尧臣《闻宣叔挺之围棋》)

(4) 北辰无星, 缘是人要取此为极。(《朱子语类》卷二十三

《论语五》）

以上4例都属于处置构式，其中前两例属于"持"字处置构式，后两例属于"取"字处置构式，其中"O_2"属于抽象名词，如例（1）中的"佳期"，例（3）中的"利"。

2.1.2.1.4 "O_2"为抽象名词性短语

当"O_2"为抽象的名词性短语时，即短语中的中心成分属于抽象名词，唐代7例，宋代3例。例如：

(1) 上苑梅花早，御沟杨柳新。只应持此曲，别作边城春。（唐·骆宾王《西行别东台详正学士》）

(2) 能持千里意，来照楚乡愁。（唐·张子容《璧池望秋月》）

(3) 感之欲何奈，取醉遣朝夕。（宋·张耒《春雨》）

(4) 惟愿圣君无限寿，长取新年续旧年。（唐·张说《苏摩遮五首》）

以上4例都属于处置构式，其中前两例属于"持"字处置构式，后两例属于"取"字处置构式，"O_2"属于抽象名词性短语，如例（1）中的"边城春"，例（2）中的"楚乡愁"。

2.1.2.2 "O_2"为代词

在处置构式"持/取+O_1+V+O_2"中，当"O_2"为代词时，唐代4例，宋代11例。例如：

(1) 李氏仍密遣所使之谨厚者，持金付之。卢遂罢选，持金鬻于扬州。（《因话录》卷三《商部下》）

(2) 我持此法并僧伽梨衣嘱付于汝，汝当护持，无令断绝。（《祖堂集》卷二）

(3) 余杭人陆彦……时沧州人李谈新来，其人合死，王曰："取谈宅舍与之。"（《朝野佥载》卷二）

(4) 复取《楞严》读之，至其论意根曰："见闻逆流，流不及地，名觉知性。"（宋·苏辙《示资福谕老并引》）

以上4例都属于处置构式，其中前两例属于"持"字处置构式，后两例属于"取"字处置构式，其中"O_2"属于代词，如例（1）（3）中的"之"，分别代指的是"谨厚者""陆彦"。

2.1.2.3 "O_2"为谓词

在处置构式"持/取+O_1+V+O_2"中，当"O_2"为谓词时，唐代9例，宋代8例。例如：

（1）弃置今日悲，即是昨日欢。将新变故易，持故为新难。（唐·孟郊《古薄命妾》）

（2）何必待人劝，持此自为欢。（唐·白居易《郊陶潜体诗十六首》）

（3）太子取宝布施贫穷，自数月来，三分已一，不敢遮障，合具奏闻。（《敦煌变文校注》卷五《双恩记》）

（4）欲除忧恼病，当取禅经读。须悟事皆空，无令念将属。（唐·白居易《和梦游春诗一百韵》）

以上4例都属于处置构式，其中前两例属于"持"字处置构式，后两例属于"取"字处置构式，其中"O_2"属于谓词，如例（1）（2）中的"易""欢"，例（3）（4）中的"贫穷""读"。

总的看来，唐宋时期，在"持/取"字处置构式中，当"O_2"为名词时，出现数量较多；当"O_2"为谓词时，出现数量较少。这是由于在处置构式中，"O_1"和"O_2"存在语义联系，因此这可以看作是受到"O_1"的影响，从而使得不同类型的"O_2"出现数量不同。

2.1.3 "O_2"的语义类型

"O_2"的语义类型主要是指"V"和"O_2"之间的语义关系，唐宋时期，由于"持/取"字处置构式出现数量较少，因此"O_2"出现数量较少，其语义类型可以分为三种：一是"O_2"属于与事宾语；二是"O_2"属于结果宾语；三是"O_2"属于处所宾语。

2.1.3.1 "O_2"属于与事宾语

在处置构式"持/取+O_1+V+O_2"中，当"O_2"属于与事宾语时，唐代 52 例，宋代 19 例。例如：

(1) 正合谨守宗庙，传之子孙，不可持国与人，有私于后，惟陛下详审。(《大唐新语》卷二)

(2) 有人持此语举似师，师云："似则似，是则不是。"(《祖堂集》卷十)

(3) 余杭人陆彦……时沧州人李谈新来，其人合死，王曰："取谈宅舍与之。"(《朝野佥载》卷二)

(4) 王显与文武皇帝有严子陵之旧……帝与之三品，取紫袍、金带赐之，其夜卒。(《朝野佥载》卷六)

在以上 4 例中，前两例属于"持+O_1+V+O_2"形式，后两例属于"取+O_1+V+O_2"形式，其中"V"和"O_2"属于"动作—与事"关系，即"O_2"都属于与事宾语，如例 (1) 表示"把'国家'给予'人'"，例 (3) 表示"把'李谈宅舍'给予'之（陆彦）'"。

2.1.3.2 "O_2"属于结果宾语

在处置构式"持/取+O_1+V+O_2"中，当"O_2"属于结果宾语时，唐代 21 例，宋代 13 例。例如：

(1) 持此心为境，应堪月夜看。（唐·皎然《送关小师还金陵》）

(2) 上苑梅花早，御沟杨柳新。只应持此曲，别作边城春。（唐·骆宾王《西行别东台详正学士》）

(3) 弃置今日悲，即是昨日欢。将新变故易，持故为新难。（唐·孟郊《古薄命妾》）

(4) 近取松筠为伴侣，远将桃李作参商。（唐·唐彦谦《菊》）

(5) 取岭为山障，将泉作水帘。溪晴多晚鹭，池废足秋蟾。（唐·皮日休《奉和鲁望秋日遣怀次韵》）

(6) 漫取忠臣比芳草，不知谗口起椒兰。（宋·晏殊《句》）

在以上 6 例中，前 3 例属于"持+O_1+V+O_2"形式，后 3 例属于"取+O_1+V+O_2"形式，其中"V"和"O_2"属于"动作—结果"关系，如例（3）中的"为新"表示"变为新"；例（4）中的"为伴侣"表示"作为伴侣"，"新""伴侣"可以看作是"为"的结果宾语，即"O_2"都属于结果宾语。在"持/取"字处置构式中，当"O_2"为结果宾语时，"V"主要是"为""作""比"三种。

2.1.3.3　"O_2"属于处所宾语

在处置构式"持/取+O_1+V+O_2"中，当"O_2"属于处所宾语时，唐代4例，宋代6例。例如：

(1) 有僧与童子上经了，令持经着函内。(《景德传灯录》卷二七)

(2) 竟持纸币挂庙陬，微风飘扬如喜欤。(宋·梅尧臣《庙子湾辞》)

(3) 立召贼曹呼伍伯，尽取鼠辈尸诸市。(唐·韩愈《寄卢仝》)

(4) 一依生存之言，遂取百金投颍水。(《敦煌变文校注》卷一《伍子胥变文》)

在以上4例中，前两例属于"持+O_1+V+O_2"形式，后两例属于"取+O_1+V+O_2"形式，其中"V"和"O_2"属于"动作—处所"关系，即"O_2"都属于处所宾语，如例（1）表示"把'经书'放置'函内'"，例（4）表示"把'百金'投到'颍水'"。需要指出的是，在现代汉语中，由于"持/取"只能理解为动词，因此上述例句只能看作是连动式，不能看作是处置构式。但是在唐宋时期，存在着较为典型的"持/取"字处置构式，即"持/取"属于处置介词，因此上述例句也可以看作是处置构式，或者可以看作是从连动式向处置构式发展的过渡阶段。如在例（1）中，田春来认为"'童子'已经拿到'经'了，所以'持'不再表示具体的动作，仅仅是一个处置标记"[①]，即在对古代汉语的语法现象进行分析时，应当从当时的语法环境进行考虑，而不应该运用现代汉语的思维进行评断，这是语法现象历时变化的客观要求。郭锡良也指出："在研究历史语法时，一定要把所研究的语法现象摆在它特有的历史时期

[①] 田春来：《〈祖堂集〉介词研究》，博士学位论文，上海师范大学，2007年，第130页。

的系统中去进行考察。"① 因而立足语言的时代性，结合"持/取"字处置构式的历时形成与发展演变，我们认为上述例句可以分析为处置构式。

总的看来，在处置构式"持/取+O_1+V+O_2"中，"O_2"可以分为三种类型，分别是与事宾语、结果宾语和处所宾语。需要指出的是，当"O_2"属于与事宾语和处所宾语时，"持/取+O_1+V+O_2"形式有时存在歧义性，一是可以理解为连动式，二是可以理解为处置构式，如"令持经着函内""取谈宅舍与之"既可以看作是连动式，分别表示"持握经书放置函内""选取李谈宅舍给予'之（陆彦）'"，也可以看作是处置构式，分别表示"把经书放置函内""把李谈宅舍给予'之（陆彦）'"。之所以存在不同的理解，主要是两方面的原因：一是在唐宋时期，由于受到"将/把"字处置构式的影响，"持/取"字处置构式逐渐衰落，动词"持/取"没有彻底语法化为介词，因此"持/取"的动作性很强，从而在"持/取+O_1+V+O_2"形式中，既可以理解为动词，也可以理解为处置介词。郭浩瑜与杨荣祥也指出："虽然历史上'取'一度语法化为广义处置介词，但'取'最终没有彻底语法化为处置介词，认为'取'应该是一个未完成语法化的动词。"② 二是在处置构式"持/取+O_1+V+O_2"中，当"O_2"属于处所宾语时，表示"对'O_1'施以处置动作'V'，致使'O_1'移到'O_2'"；当"O_2"属于与事宾语时，表示"对'O_1'施以处置动作'V'，致使'O_1'移给'O_2'"。即只有在控制"O_1"的基础上才能实现对"O_1"的处置。例如上例中的"令持经着函内"，对"经书"施以处置动作"着"的前提是"持握"经书，即虽然"持"可以理解为动词或者介词，但是都表示"致使'O_1'移向'O_2'"。因此在"持/取+O_1+V+O_2"形式中，"持/取"的词性难以判断。吴福祥指出："判定'将/取'是否受事介词的标准是看'V'的实施是否以'NP_1'的位移为先决条件；如果'将/取+NP_1+V（+NP_2）'格式中的'V'以'NP_1'发生位移为其实施的先决条件，那么'将/取'则是'持执'义动词；反之，'将/取'就可分析为受事介词。"③ 吴福祥的这种判别方法的确有助于分别"持/取+O_1+V+O_2"的性质，但是也存在两个问题：一是"O_1"是否

---

① 郭锡良：《汉语史论集》（增补本），商务印书馆2005年版，第117页。
② 郭浩瑜、杨荣祥：《关于汉语处置介词语法化的几个问题》，《古汉语研究》2017年第2期。
③ 吴福祥主编：《近代汉语语法》，中国社会科学出版社2015年版，第389页。

发生位移,没有明确的判定标准,例如吴福祥所举例句"梦见长寿王儿长生太子,欲取我杀","取"既可以看作是受事介词,表示"把我杀"的意义,也可以看作是动词,表示"捉取我+杀我"的意义,这是由于"太子"和"我"之间可以存在距离,因此"取"可以理解为"捉取、捉获"的意义,即关于"O_1"的位移性可以有不同的理解;二是虽然"O_1"发生位移,但是"持/取"也可以看作介词,例如前例中的"帝与之三品,取紫袍、金带赐之,其夜卒"(《朝野佥载》卷六),虽然"紫袍、金带"发生位移,但是也可以理解为"把'紫袍、金带'赐给'之(王显)'"。结合现代汉语中的处置构式,例如"把书放桌子上",虽然"书"发生了位移,但是"把"依然应理解为介词。因此针对以上问题,我们认为不必将连动式和处置构式截然分开,正如吴福祥指出:"这类处置式的产生是经历了'连动式>工具式>广义处置式'的演变。"① 这说明动词语法化为介词是一个连续的过程,即动词"持/取"的语法化是一个连续统,因此在动词和介词之间没有一个明确的界限。在"持/取+O_1+V+O_2"形式中,当"持/取"既可以理解为动词,也可以理解为处置介词时,我们就可以将这一形式理解为处置构式,这是由于句式本身可以理解为表达了一种处置意义。龙国富指出:"两汉之际'持'字虽然出现受事(给)的类型和功能,但它仍然带有很强的动作性,就很难判断出它究竟是动词还是处置介词。"② 而魏培泉则把"所有带受事的'持'字都看作是处置介词"③。朱冠明在分析中古时期的"持"字处置式时,也将其分为典型"持"字句与非典型"持"字句,认为"由于不能断言'持'语法化为介词,只能称之为'非典型'用例,或视其为过渡阶段"④。因此我们将上例中的"持/取+O_1+V+O_2"形式看作是处置构式,这主要考虑到唐宋时期"持/取"字处置构式的特点,即动词"持/取"的语义特点和语法化的不彻底性。

---

① 吴福祥主编:《近代汉语语法》,中国社会科学出版社2015年版,第383页。
② 龙国富:《试论"以""持"不能进入狭义处置式的原因》,《古汉语研究》2007年第1期。
③ 参见自龙国富《试论"以""持"不能进入狭义处置式的原因》,《古汉语研究》2007年第1期。
④ 朱冠明:《中古译经中的"持"字处置式》,浙江大学汉语史研究中心主编《汉语史学报》(第二辑),上海教育出版社2002年版,第83—88页。

2.2 "持/取"字处置构式的语法意义

唐宋时期，根据"持/取"字处置构式的形式表现，同时结合构式的论元角色，可以将其分为两种类型：一是"持/取+O_1+V+O_2"形式，其构式义为"对'O_1'施以处置动作'V'，致使'O_1'关联'O_2'"，其中"V"主要为三价动词，涉及三个参与者角色；二是"持/取+O（+X）+V"形式，其构式义为"对'O'施以处置动作'V'"，其中"V"主要为二价动词，涉及两个参与者角色。由于在处置构式"持/取+O（+X）+V"中，其处置意义只是表示对"O"施以某种动作，因此我们主要讨论构式"持/取+O_1+V+O_2"的语法意义。唐宋时期，处置构式"持/取+O_1+V+O_2"的语法意义主要有三种：一是表示"处置（给）"，二是表示"处置（作）"，三是表示"处置（到）"。

2.2.1 "处置（给）"式

这主要是指处置构式"持/取+O_1+V+O_2"表示"对'O_1'施以处置动作'V'，致使'O_1'移给'O_2'"的意义。由于构式成分可以存在省略和移位的情况，因此处置构式可以存在不同的形式表现，这主要可以分为三种形式：一是"持+O_1+V"形式；二是"持+O_1+V+于+O_2"形式；三是"持+O_1+来+V+O_2"形式，这三种形式可以看作是"持+O_1+V+O_2"形式的变换。需要指出的是，在我们所统计的语料中，当"取"字处置构式表示"处置（给）"时，没有发现除"取+O_1+V+O_2"以外的其他形式，这体现了"持/取"字处置构式的不同。我们认为这是由于动词"持""取"的语义特点不同，因而造就了两者在语法化过程中存在着不同的语义滞留，使得"持/取"字处置构式在形式表现上存在不同。

2.2.1.1 "持/取+O_1+V+O_2"形式

唐宋时期，"持/取+O_1+V+O_2"形式共42例，其中唐代28例，宋代14例。例如：

(1) 正合谨守宗庙，传之子孙，不可持国与人，有私于后，惟陛下详审。(《大唐新语》卷二)

(2) 庶曰："持此还施贵族，艺眉有验，然后艺须。"(《酉阳杂

俎》续集卷四《贬误》）

（3）余杭人陆彦……时沧州人李谈新来，其人合死，王曰："取谈宅舍与之。"（《朝野佥载》卷二）

（4）思惟是已，则持国事付诸大臣，王乃入山修道，成五通仙，名曰王仙。（《祖堂集》卷一）

（5）还应雪汉耻，持此报明君。（唐·骆宾王《宿温城望军营》）

（6）王显与文武皇帝有严子陵之旧……帝与之三品，取紫袍、金带赐之，其夜卒。（《朝野佥载》卷六）

在以上6例中，"持/取+O_1+V+O_2"形式都表示"处置（给）"的意义，其中前4例中的"V"都属于三价动词，后两例中的"V"属于二价动词，这可以看作是构式的压制作用，为二价动词添加参与者角色。如例（3）表示"把'谈宅舍'给予'之（陆彦）'"，例（6）表示"把'紫袍、金带'赐给'之（王显）'"，其中"谈宅舍""之（陆彦）""紫袍、金带""之（王显）"都属于具体事物，可以分析为具体的给予过程，例（1）表示"把'国家'给予'别人'"；例（4）表示"把'国事'给予'大臣'"，其中"国""国事"都属于抽象事物，可以分析为抽象的给予过程。这可以看作是给予过程的隐喻，即由"具体给予"向"抽象给予"的隐喻，都表示"对某物施以处置，致使某物移给某人"的意义。

2.2.1.2 "持+O_1+V"形式

唐宋时期，"持+O_1+V"形式共8例，其中唐代6例，宋代两例。例如：

（1）遂归蜀，后闻师道播诸方，令小师持此语问，师曰："雕砂无镂玉之谈，结草乖道人之意。"（《五灯会元》卷五）

（2）辨起公卿坐，时为慷慨歌。又持珠玉赠，将奈老贫何。（宋·梅尧臣《读黄节推卷》）

（3）愿持此意永相贻，只虑君情中反覆。（唐·崔萱《叙别》）

在以上3例中，"持+O_1+V"形式都表示"处置（给）"的意义，其中"V"都属于三价动词,"O_2"可以看作是承前省略,例(1)表示"把'此语'给予'师'",属于抽象的给予过程;例(2)表示"把'珠玉'给予某人",属于具体的给予过程。其中"此语"属于言语类抽象名词,"珠玉"属于具体名词,这可以看作是为了满足表义的需要,由具体名词向抽象名词的引申。张伯江在分析双及物结构式的引申机制时指出:"给予物可以是空间领域的实体,也可以是非空间领域的实体,还可以是话语领域的实体。"① 因此"此语"可以看作是"给予物"的引申,其给予过程可以看作是由"物质空间到话语空间的隐喻"②。

2.2.1.3 "持+O_1+V+于+O_2"形式

"持+O_1+V+于+O_2"形式只在唐代出现两例,在宋代未发现用例。例如:

(1)我持此法并僧伽梨衣嘱付于汝,汝当护持,无令断绝。(《祖堂集》卷二)

(2)我持此法用付于汝,汝善护持,勿令断绝。(《祖堂集》卷二)

在以上两例中,"持+O_1+V+于+O_2"形式表示"处置(给)"的意义,如例(1)表示"把'此法并僧伽梨衣'给予'汝'",从形式上来看,这可以看作是通过使用介词"于"来介引与事"O_2"。

2.2.1.4 "持+O_1+来+V+O_2"形式

"持+O_1+来+V+O_2"形式只在唐代出现两例,在宋代未发现用例。例如:

(1)全表持此因缘来举似师,师欢喜便上堂。(《祖堂集》卷十九)

(2)全表持此话来举似石霜,石霜当日便上堂。(《祖堂集》卷十九)

---

① 张伯江:《现代汉语的双及物结构式》,《中国语文》1999年第3期。
② 张伯江:《现代汉语的双及物结构式》,《中国语文》1999年第3期。

在以上两例中，"持+O_1+来+V+O_2"形式表示"处置（给）"的意义，如例（1）表示"把'此因缘'来举似'师'"。虽然魏培泉认为，当在"持 N_1"和动词之间可插入"来"时，那么"持"字极可能仍是动词①，但是我们认为，也可以将"持+O_1+来+V+O_2"形式理解为处置构式，主要是由于在这一时期，存在较多的表"处置（给）"的"持+O_1+来+V+O_2"形式，其中"O_1""V"和"O_2"都与"持+O_1+来+V+O_2"形式中的"O_1""V"和"O_2"相同。朱玉宾在分析"把"字句时也指出："在'把'字句中'来'加在'VP'前，加强了'把'字句的处置效果，是'把'字句的加强式。"② 因此我们认为"持+O_1+来+V+O_2"形式可以理解为处置构式，这可以看作是在"持 O_1"与"VO_2"之间增加连词"来"表示两者的顺承关系。

2.2.2 "处置（作）"式

唐宋时期，当"持/取"字处置构式表示"处置（作）"时，根据"V"的语义特点，可以分为三类，分别是"为""作""比"。

2.2.2.1 "持/取+O_1+为+O_2"形式

在处置构式"持/取+O_1+V+O_2"中，当"V"是"为"时，唐宋时期共17例，其中唐代10例，宋代7例。例如：

（1）弃置今日悲，即是昨日欢。将新变故易，持故为新难。（唐·孟郊《古薄命妾》）

（2）安禄山伪署百官，以田乾真为京兆尹，取此宅为府，后为郭暧驸马宅。（《酉阳杂俎》续集卷六《寺塔记下》）

（3）近取松筠为伴侣，远将桃李作参商。（唐·唐彦谦《菊》）

（4）取岭为山障，将泉作水帘。溪晴多晚鹭，池废足秋蟾。（唐·皮日休《奉和鲁望秋日遣怀次韵》）

以上4例都属于"持/取+O_1+为+O_2"形式，表示"把'O_1'当作

---

① 魏培泉：《论古代汉语中几种处置式在发展中的分与合》，郑秋豫主编《中国境内语言暨语言学》（第四辑），"中研院"历史语言研究所出版品编辑委员会1997年版，第567页。

② 朱玉宾：《常式与变式——近代汉语"把"字句研究》，中西书局2018年版，第109页。

"O_2"的意义,如例(3)表示"把'松筠'当作'伴侣'",例(4)表示"把'山岭'当作'山障'"。需要指出的是,在"持+O_1+为+O_2"形式中,"O_1"可以前移。例如:

(5) 遂告众曰:"正法难解,不可徒记吾言持为己任,汝等各自随意述一偈,若语意冥符,则衣法皆付。"(《景德传灯录》卷三)

上例属于"O_1+持+V+O_2"形式,表示"把'徒记吾言'当作'己任'",这可以看作是"持+O_1+为+O_2"形式的变换。

2.2.2.2 "持/取+O_1+作+O_2"形式

在处置构式"持/取+O_1+V+O_2"中,当"V"是"作"时,唐宋时期共10例,其中唐代8例,宋代两例。例如:

(1) 还持金作印,未要玉为台。(唐·韦渠牟《杂歌谣辞·步虚词》)

(2) 上苑梅花早,御沟杨柳新。只应持此曲,别作边城春。(唐·骆宾王《西行别东台详正学士》)

(3) 紫泉宫殿锁烟霞,欲取芜城作帝家。(唐·李商隐《隋宫》)

(4) 初从云梦开朱邸,更取金陵作小山。(唐·李白《永王东巡歌十一首》)

以上4例都属于"持/取+O_1+作+O_2"形式,表示"把'O_1'当作'O_2'"的意义,如例(3)表示"把'芜城'当作'帝家'",例(4)表示"把'金陵'当作'小山'"。需要指出的是,在"持+O_1+作+O_2"形式中,"O_1"也可以前移。例如:

(5) 流苏持作帐,芙蓉持作梁。(唐·温庭筠《相和歌辞·江南曲》)

上例属于"O_1+持+V+O_2"形式,表示"把'流苏'当作'帐'""把'芙蓉'当作'梁'",这可以看作是"持/取+O_1+作+O_2"形式的变换。

2.2.2.3 "取+O_1+比+O_2" 形式

在处置构式 "持/取+O_1+V+O_2" 中，当"V"是"比"时，只有处置构式 "取+O_1+比+O_2"，在宋代出现两例。例如：

(1) 漫取忠臣比芳草，不知谗口起椒兰。（宋·晏殊《句》）
(2) 欲取褒雄比，终非骨鲠臣。（宋·苏辙《范蜀公挽词三首》）

在以上两例中，例（1）属于 "取+O_1+比+O_2" 形式，例（2）属于 "取+O_1+比" 形式，都表示"把'O_1'比作'O_2'"的意义，其中，例（2）可以看作是省略"O_2"的形式。

2.2.3 "处置（到）"式

当"持/取"字处置构式表示"处置（到）"时，只有"持/取+O_1+V+O_2"形式，唐宋时期共 8 例，其中唐代 3 例，宋代 5 例。例如：

(1) 有僧与童子上经了，令持经着函内。（《景德传灯录》卷二七）
(2) 竟持纸币挂庙陬，微风飘扬如喜收。（宋·梅尧臣《庙子湾辞》）
(3) 还将石溜调琴曲，更取峰霞入酒杯。（唐·李峤《奉和初春幸太平公主南庄应制》）
(4) 退公诗酒乐华年，欲取幽芳近绮筵。（宋·王安石《石竹花》）

以上 4 例都表示"处置（到）"的意义，如例（1）表示"把'经书'放置'函内'"，例（3）表示"把'峰霞'放入'酒杯'"。需要指出的是，在宋代出现了 "取+O_1+V+于+O_2" 形式，例如"因议约夹攻契丹，取燕、蓟、云、朔等旧汉地复归于朝廷"（《三朝北盟汇编》），但是在我们所统计的语料中只发现了这 1 例。

2.3 "持/取"字处置构式的历时形成及在唐宋的表现

"持/取"字处置构式最早在魏晋时期已经出现，其中"持"字处置构式的出现时间要稍早于"取"字处置构式。关于"持"字处置构式，魏培泉指出："'持'字句的广义处置式已见于汉魏。"① 朱冠明也指出，"持"表工具和受事的最早用例见于东汉译经。② 关于"取"字处置构式，曹广顺与遇笑容指出，"取"字句的广义处置式只见于魏晋六朝时期的佛经文献，"取"字句的狭义处置式已见于唐代以前的翻译佛经。③ 具体来看，"持"字处置构式最早出现于东汉末年，"取"字处置构式最早出现于东晋时期。由于"持/取"字处置构式最早出现在汉译佛经中，而非出现在中土文献中，这可以说明汉译佛经是"持/取"字处置构式得以形成的语言环境，由此我们认为"持/取"字处置构式的出现是由于受到汉译佛经的影响。殷薇指出："中国的佛经翻译活动大致可分为四个阶段：第一阶段是东汉桓帝末年到西晋的起步期，第二阶段是从东晋到隋的发展期，第三阶段是唐代的鼎盛期，第四阶段是北宋的落幕期。"④ 由于"持/取"字处置构式分别出现在第一阶段和第二阶段，正如魏培泉指出："新旧处置式轮替之时往往也正是政治势力转移的时候。……新处置式的产生可能和优势方言大有关系，作为政治中心的方言往往是优势方言，而优势方言的语言现象往往也较能反映到文献上。"⑤ 因此我们认为，"持/取"字处置构式作为句法功能相同的两种句式得以相继出现在语言中，这可能是由于佛经的翻译在不同时期具有不同特点，因而随着佛经翻译的发展，加之不同的译经者具有不同的语言背景，从而在不同的时期可以出现不同的处置构式，如曹广顺与龙国富指出："'持'字句的使用应该与

---

① 参见吴福祥主编《近代汉语语法》，中国社会科学出版社 2015 年版，第 376 页。
② 参见曹广顺、龙国富《再谈中古汉语处置式》，《中国语文》2005 年第 4 期。
③ 参见吴福祥主编《近代汉语语法》，中国社会科学出版社 2015 年版，第 377—380 页。
④ 殷薇：《佛经翻译之阶段性及其特点》，《长江大学学报》（社会科学版）2013 年第 3 期。
⑤ 魏培泉：《论古代汉语中几种处置式在发展中的分与合》，郑秋豫主编《中国境内语言暨语言学》（第四辑），"中研院"历史语言研究所出版品编辑委员会 1997 年版，第 566 页。

译者本人的语言习惯和语言修养有关。"① 这都说明"持/取"字处置构式的出现与汉译佛经存在较为密切的联系。

当前学界对"持/取"字处置构式的历时研究，主要集中在以下三个方面：一是"持/取"字处置构式的成因，认为"持/取"字处置构式的形成是由于动词"持/取"的语法化，如魏培泉②、马贝加③等；二是"持/取"字处置构式的形成过程，主要有两种意见，一种意见认为"持"字处置构式的形成经历了"连动式—工具式—处置式"三个阶段，如朱冠明④、吴福祥⑤等；另一种意见认为"持"字处置构式的形成经历了"连动式—处置式"两个阶段，如曹广顺与龙国富⑥、田春来⑦等；三是影响"持/取"字处置构式发展的因素，认为由于"持"字自身的因素和句法环境的制约，从而影响了"持/取"字处置构式的发展，如龙国富⑧、郭浩瑜与杨荣祥⑨等。

综上可见，"持/取"字处置构式的研究学界虽然较多涉及，但对其语法化动因的深入探讨及其历时发展的系统梳理仍有待强化：一是"持/取"字处置构式语法化的动因，特别是汉语中已经存在"以"字处置式，为何还会形成"持/取"字处置构式；二是"持/取"字处置构式和"持/取"字工具式的关系，特别是"持/取"字处置构式的形成是否经历了工具式这一中间阶段；三是"持/取"字处置构式未能得到发展的原因，即魏晋时期获得了较为广泛使用以后，却没有得以继续发展并成为汉语中的常用句式。基于对"持/取"字处置构式的全面历时考察，我们认

---

① 曹广顺、龙国富：《再谈中古汉语处置式》，《中国语文》2005年第4期。
② 魏培泉：《论古代汉语中几种处置式在发展中的分与合》，郑秋豫主编《中国境内语言暨语言学》（第四辑），"中研院"历史语言研究所出版品编辑委员会1997年版，第566页。
③ 马贝加：《汉语动词语法化》，中华书局2014年版，第333页。
④ 朱冠明：《中古译经中的"持"字处置式》，浙江大学汉语史研究中心主编《汉语史学报》（第二辑），上海教育出版社2002年版，第83—88页。
⑤ 吴福祥主编：《近代汉语语法》，中国社会科学出版社2015年版，第383页。
⑥ 曹广顺、龙国富：《再谈中古汉语处置式》，《中国语文》2005年第4期。
⑦ 田春来：《汉语处置介词的来源和替换》，《浙江师范大学学报》（社会科学版）2011年第1期。
⑧ 龙国富：《试论"以""持"不能进入狭义处置式的原因》，《古汉语研究》2007年第1期。
⑨ 郭浩瑜、杨荣祥：《关于汉语处置介词语法化的几个问题》，《古汉语研究》2017年第2期。

为，连动式"持/取+O_1+V+O_2"虽然上古已见，但使用频率较低；魏晋时期随着佛教的传播与兴盛，汉译佛经中动词"持/取"的使用频率大大增高，"持/取+O_1+V+O_2"句式的广泛使用，在特定句法语义约束和"以+O_1+V+O_2"处置构式类推的综合作用下，以及"行为核心原则"的限制，促进了该句式中前项动词"持/取"的语法化，导致了处置构式"持/取+O_1+V+O_2"的形成；值得注意的是，动词"持/取"表"持握、执握""拿取、获取"的意义，在连动式"持/取+O_1+V+O_2"中"持/取+O_1"既可以表工具，也可以表处置，因而"持/取"字处置构式的形成并没有经过"持/取"字工具式阶段，体现了动词语义特征对其语法化的制约。但是，由于"持/取"字处置构式多用于汉译佛经，中土文献使用频率一直很低；加之动词"持/取"可以表示抽象的"持握/拿取"义，语法化程度不高，既缺乏得以继续发展的句法环境，又受到动词语义滞留的制约。因而随着"将"字处置构式的兴起，"持/取"字处置构式逐渐衰落，未能成为汉语中的常用句式。由于这两种处置构式出现时间相近，且都多见于汉译佛经中，最后都逐渐衰落。因此我们统称为"持/取"字处置构式，即"持/取"字处置构式大致在魏晋时期形成。鉴于"持/取"字处置构式形成过程中存在的差异，因此我们分别讨论，以期对两者的历时形成有更为清晰的梳理。

2.3.1 "持"字处置构式的历时形成及在唐宋的表现

"持"字最早见于金文，字形作"✲"（寺季姑公簋《集成》3817），从手止声，是一个动词，表示"持握、执握"的意义，直到战国时期其字形没有变化，但是在篆文中，由于"止"讹变为"之"，"手"讹变为"寸"，即"✲"（《说文·寸部》），因此又增加形符"手"，是为"持"字。《说文·手部》："持，握也。从手，寺声。"先秦时期，动词"持"表示"持握、执握"的意义。例如：

（1）子之持戟之士，一日而三失伍，则去之否乎？（《孟子·公孙丑下》）

（2）然臣之弟子禽滑厘等三百人，已持臣守围之器，在宋城上而待楚寇矣。（《墨子·公输》）

以上两例"持戟""持守圉之器"中"持"都是动词,表示"手持兵器"的意义。值得注意的是,这一时期连动式"持+O_1+V+O_2"也已经产生,但使用频率很低,直到魏晋汉译佛经中使用频率才迅速提高,为"持"的语法化奠定了基础;而上古多见的"以"字处置构式的类推作用也是其语法化的重要因素。

2.3.1.1 先秦两汉时期的连动式"持+O_1+V+O_2"

先秦时期,动词"持"本身的使用频率不高,但已经可以用于连动式"持+O_1+V+O_2"中①,表示的语义为"执握某物进行某种动作"。例如:

(1) 于是襄子义之,乃使使者持衣与豫让。(《战国策·赵策一》)

(2) 书上,秦王说之,因谢王稽说,使人持车召之。(《战国策·秦策三》)

(3) 以魏之强,而持三万乘之国辅之,魏必安矣。(《战国策·魏策二》)

在以上3例中动词"持"的宾语为三种不同类型,例(1)中"衣"为明确的可持握之物,例(2)中"车"则属于不可持握的具体事物,例(3)中"三万乘之国"属于不可持握的抽象事物,可见,先秦时期动词"持"的语义已经开始泛化。但是,先秦时期虽然已经出现了连动式"持+O_1+V+O_2",但数量较少,我们以《左传》《论语》《孟子》《战国策》四种文献为语料,统计了动词"持"及其连动式的使用频率,如表2-1所示。

---

① 为行文简便,本书所说的"持"字连动式皆指的是"持+O_1+V+O_2"构式,即动词"持"处于谓语连动式的"V_1"位置的构式。需要指出的是,由于处置式"持+O+V"与"取+O+V"的历时形成及其动因基本相同,因此本节对"持+O+V"不予分析,可参看下节"取+O+V"的成因。

表 2-1　　　　　　先秦文献动词"持"及相关构式的使用

文献 \ 数量	"持"的数量	"持"的使用频率（例/万字）	"持+O_1+V+O_2"的数量
左传（约 27.7 万字）	5	0.18	0
论语（约 2.2 万字）	1	0.47	0
孟子（约 4.5 万字）	4	0.88	0
战国策（约 17.5 万字）	39	2.22	7

从统计数据可见，先秦时期动词"持"数量很少，用于连动式更少，使用频率很低。如石毓智所言："高使用频率是诱发一个词语语法化的必要条件之一。"① 该时期动词"持"并不具备语法化的条件。需要指出的是，魏培泉认为"'持'字连动式的形式、功能和'持'字处置式相类，而且动词'持'的虚化与否并不易辨识，因此将像先秦时期例（1）类构式都称作处置式"②，同时魏先生还举例如下：

（4）持千金之资币物，厚遗秦王宠臣中庶子蒙嘉。（《战国策·燕策三》）

我们认为，例（1）中的"持衣"表示的是"持握衣服"，"持"还是一个典型的动词，而例（4）中的"千金之资币物"虽然不能被"持握"，但是"持"依然应该分析为动词，只是表示抽象的"持握"义，如"赵人李园，持其女弟，欲进之楚王，闻其不宜子，恐又无宠"（《战国策·楚策四》）。"其人家有好女者，恐大巫祝为河伯取之，以故多持女远逃亡"（《史记·滑稽列传》）。其中"女弟""女"也属于不可持握的事物，但是"持女远逃亡"中的"持"只能分析为动词，这也说明当"持"的宾语是不可持握的事物时，"持"还是可以分析为动词。并且在《战国策》中还存在如下用例：

（5）媪之送燕后也，持其踵而为之泣，念悲其远也，亦哀之矣。

---

① 石毓智、李讷：《汉语语法化的历程——形态句法发展的动因和机制》，北京大学出版社 2001 年版，第 15 页。

② 魏培泉：《论古代汉语中几种处置式在发展中的分与合》，郑秋豫主编《中国境内语言暨语言学》（第四辑），"中研院"历史语言研究所出版品编辑委员会 1997 年版，第 566 页。

(《战国策·赵策四》)

(6) 因左手把秦王之袖,而右手持匕首揕之。(《战国策·燕策三》)

例(5)(6)中的"持"只能分析为动词,且此时期并未发现真正典型的"持"字处置构式,因而例(1)(4)中的"持"字式不宜称作处置构式,实际上还是应该称为连动式。但是这也说明在"持"字连动式中,动词"持"可以存在不同的分析,即"持"字连动式为动词"持"的语法化提供了适宜的句法环境。

两汉时期,动词"持"的数量逐渐增多,且开始较多地出现在连动式中,我们以《史记》《汉书》《论衡》和东汉译经27种[①]为语料,统计了动词"持"的出现情况,如表2-2所示。

表2-2　　　　两汉文献动词"持"及相关构式的使用

文献＼数量	"持"的数量	"持"的使用频率（X 例/万字）	"持+O_1+V+O_2"的数量
史记（约59.2万字）	184	3.10	28
汉书（约90.2万字）	348	3.85	78
论衡（约25.9万字）	44	1.69	8
东汉译经（约33.2万字）	935	28.16	169

---

① 现存汉代译经总计96种,但多数写成时代有争议,我们根据许理和(《最早的佛经译文中的东汉口语成分》,《语言学论丛》第14辑,商务印书馆1987年版)、胡敕瑞(《论衡与东汉佛典词语比较研究》,巴蜀书社2002年版)、俞理明(《佛经文献语言研究》,巴蜀书社1993年版)等学者研究,选取时代确定可靠的27种,以《大正新修大藏经》为底本进行考察,其中安世高译经15种(约150—170年):《长阿含十报法经》1卷;《人本欲生经》1卷;《一切流摄守因经》1卷;《四谛经》1卷;《本相猗致经》1卷;《是法非法经》1卷;《漏分布经》1卷;《普法义经》1卷;《八正道经》1卷;《七处三观经》1卷;《大安般守意经》1卷;《禅行法想经》1卷;《道地经》1卷;《法受尘经》1卷;《阿含口解十二因缘经》1卷。支娄迦谶译经8种(约170—190年):《道行般若经》10卷;《兜沙经》1卷;《阿閦佛国经》两卷;《遗日摩尼宝经》1卷;《般舟三昧经》3卷;《文殊师利问菩萨署经》1卷;《阿阇世王经》两卷;《内藏百宝经》1卷。安玄共严佛调合译1种(约181年):《法镜经》1卷。康孟详、昙果合译两种(约200年):《修行本起经》两卷;《中本起经》两卷。支曜译经1种(约2世纪末):《成具光明定意经》1卷。

从统计数据可见：一是两汉时期动词"持"的出现数量远远高于先秦时期；二是汉译佛经中动词"持"的出现数量远远高于本土文献。随着动词"持"使用频率的提高，表示抽象的"持握"义用例日趋增多，其语义进一步泛化，加之连动式"持+O_1+V+O_2"使用数量增多，从而为"持"的语法化提供了句法条件和语义基础。例如：

(7) 秦人大喜，争持牛羊酒食献飨军士。（《史记·高祖本纪》）

(8) 须贾知之大怒，以为睢持魏国阴事告齐，故得此馈。（《史记·范睢蔡泽列传》）

(9) 大将军使长史持糒醪遗广。（《汉书·李广传》）

(10) 式复持钱二十万与河南太守，以给徙民。（《汉书·卜式传》）

(11) 本三昧悉知诸法无所脱，我乃受是物，王阿阇世便持衣着其上。（《佛说阿阇世王经》）

(12) 若男子、若女人持摩尼珠着其身上，鬼神即走去。（《道行般若经》卷二）

以上 6 例都属于"持"字连动式，从句法上来看，在连动式"持+O_1+V+O_2"中存在两个动词"持""V"，由于动词"持"属于前项动词，只是表示持握某种事物，不是核心动词，相对来说意义不如动词"V"重要，如洛德指出："意义上不大重要的成分常常变得在句法上也不太重要。"① 因而动词"持"在句法结构"持+O_1+V+O_2"中具备了发生语法化的可能性。正如魏培泉在分析"将/把"字处置构式时指出："像'将/把'这类的动词用作为连动式的第一个动词，相对于其后的动词，便退居不显著的次要地位，也较易于虚化，而成为介词或其他的功能词。"② 从语义上来看，在连动式"持+O_1+V+O_2"中，表示"持+O_1""V+O_2"两个动作的进行，如例（7）中的"争持牛羊酒食献飨军士"表

---

① 参见蒋绍愚《近代汉语研究概要》（修订本），北京大学出版社 2017 年版，第 247 页。

② 魏培泉：《论古代汉语中几种处置式在发展中的分与合》，郑秋豫主编《中国境内语言暨语言学》（第四辑），"中研院"历史语言研究所出版品编辑委员会 1997 年版，第 557 页。

示"'持握牛羊酒食'+'给予军士'"的意义。但是当关注的焦点是"O_1"时,也可以理解为对"O_1"施以处置,表示"把'牛羊酒食'给予'军士'"的意义,从而为"持"字连动式的重新分析提供语义支持,促使动词"持"语法化为处置介词。周国光与张林林也指出:"语法形式同语法意义之间是'一对多'和'多对一'的对应关系,而不是简单的一一对应关系。"[①] 因此对同一语法形式可以有不同的理解,即句式义客观存在的多种理解为句式的重新分析提供了语义基础,如郭浩瑜、杨荣祥认为例(8)属于"持"字处置式[②],但是在《史记》中还存在以下用例:

(13)灌夫亦持丞相阴事,为奸利,受淮南王金与语言。(《史记·魏其武安侯列传》)

上例中的"持"在句法上只能分析为"持+O_1",而不能分析为"持+O_1+V+O_2",在语义上也没有处置意味,因而不能理解为介词,只能分析为动词。两个用例都出自同一文献,"持"的对象都是"(魏国/丞相)阴事",结合例(13)来看,例(8)中的"持"还是应该分析为动词。说明西汉时期还没有形成"持"字处置构式,但是在东汉末年,随着佛经的传入,不仅动词"持"出现数量增多,"持"字连动式的数量也随之增多,这就为"持"字连动式的重新分析奠定了数量基础,即出现了一定数量的可以具有不同理解的"持"字连动式,从而推动动词"持"的语法化,开始出现"持"字处置构式的萌芽。例如:

(14)世世若发意念:"我常持法施与某,不持法施与某。"(《阿閦佛国经》卷上)

从句法和语义来看,"持法施与某"中的"持"属于动词,但是"不持法施与某"中出现了否定副词"不","不"否定的是动词"施与",

---

[①] 周国光、张林林编著:《现代汉语语法理论与方法》,广东高等教育出版社2011年版,第75页。

[②] 郭浩瑜、杨荣祥:《关于汉语处置介词语法化的几个问题》,《古汉语研究》2017年第2期。

而不是表示施与方式的动词"持",其句式的语义并不在于突出动词"持"的动作性,这可以看作是语法化为处置介词的过渡阶段。即由于"持"字连动式使用频率的增加,动词"持"具有语法化为处置介词的倾向。

魏晋时期,汉译佛经中动词"持"的使用也较为普遍,如曹广顺与龙国富指出:"魏晋南北朝时期'持'字在连动式中广泛使用。"① 我们以《世说新语》《搜神记》和汉译佛经3种为语料,统计了动词"持"的使用情况②,如表2-3所示。

表2-3　　　　　魏晋文献动词"持"及相关构式的使用

文献 \ 数量	"持"的数量	"持"的使用频率（X例/万字）	"持+O_1+V+O_2"的数量
世说新语（约7.9万字）	13	1.65	3
搜神记（约7.1万字）	52	7.32	8
增壹阿含经（约43.9万字）	553	12.60	75
贤愚经（约15.8万字）	211	13.35	24
百喻经（约2.2万字）	32	14.55	6

从表2-3可以看出,魏晋时期动词"持"在汉译佛经中仍然具有较高的使用频率。沈家煊指出:"实词的使用频率越高,就越容易虚化。"③ 由于"持"字连动式自东汉末年以来使用频率持续提高,且动词"持"属于前项动词,如陈昌来认为:"连动短语的前项动词降格为介词,是介词语法化的主要句法诱因。"④ 同时加之语义上也可包含了对"O_1"施以处置的意味,从而为动词"持"语法化为处置介词提供了基础。这是"持"字处置构式形成的内因。

---

① 曹广顺、龙国富:《再谈中古汉语处置式》,《中国语文》2005年第4期。

② 魏晋时期已经形成"持"字处置式,由于"持"字处置式是由"持"字连动式语法化而来,即介词"持"是由动词"持"语法化而来,因而我们所统计的动词"持"的数量实际上包含介词"持"。

③ 同时沈家煊认为,实词的使用频率越高,就越容易虚化,但这并不是等于说凡是使用频率高的词都会虚化,这说明使用频率不是语法化的唯一原因。参见沈家煊《"语法化"研究综观》,《外语教学与研究》1994年第4期。

④ 陈昌来:《汉语"介词框架"研究》,商务印书馆2014年版,第115页。

2.3.1.2 "以"字处置构式的类推作用

"以"字处置构式在先秦时期已经出现,汉魏时期"以"字处置构式依然较为常见,即"以+O_1+V+O_2"式,例如:

(1) 开士居家者以酒施人,而为不获罪。(《法镜经》卷上)

(2) 二者以苦为乐,三者非身为身。(《佛说七处三观经》卷下)

(3) 以珠悬于空中,在其国上,随国大小,明照内外,如昼无异,是故名为神珠宝也。(《修行本起经》卷上)

以上3例都属于"以"字处置构式,分别表示处置(给)、处置(作)和处置(到)。连动式"持+O_1+V+O_2"在形式上与之相同,都是连接两个名词性成分。例如:

(4) 复割两髀里肉持与之,复自破骨持髓与之。(《道行般若经》卷九)

(5) 中有持衣散上者,中有持衣作织者。(《道行般若经》卷九)

(6) 王阿阇世便持衣着其上……王阿阇世便以衣着其上。(《佛说阿阇世王经》)

以上3例都属于"持"字连动式,受到"以"字处置构式的格式类推,"持"字连动式被重新分析为处置构式,其中的动词"持"语法化为处置介词,分别形成表处置(给)、处置(作)和处置(到)的处置构式。处置介词"以"为动词"持"语法化为处置介词提供了参照,这是"持"字处置构式形成的外因。需要指出的是,"持"字连动式之所以会受到"以"字处置构式的格式类推,也和"以"字式表义不够明确有关。汉魏时期,"以"字式不仅可以是处置构式,还可以是连动式和工具式。例如:

(7) 广既从大将军青击匈奴,既出塞,青捕虏知单于所居,乃自以精兵走之,而令广并于右将军军,出东道。(《史记·李将军列

第2章 唐宋"持/取"字处置构式分析

传》)

(8) 时掖庭令张贺尝事戾太子,思顾旧恩,哀曾孙,奉养甚谨,以私钱供给教书。(《汉书·宣帝纪》)

(9) 晋伐齐,齐以公子彊质晋,晋兵去。(《史记·齐太公世家》)

(10) 庄公通之,数如崔氏,以崔杼之冠赐人。(《史记·齐太公世家》)

以上 4 例都属于 "以+O_1+V+O_2" 形式,其中例 (7) 属于连动式,例 (8) 属于工具式,例 (9) (10) 既可以分析为工具式,也可以分析为处置构式,这说明 "以" 字式表义不够明确,为了表义明确的需要,也促使汉语中出现其他类型的处置式,从而在 "以" 字处置构式的类推作用下,推动 "持" 字连动式重新分析为处置构式。

魏晋时期,在内因和外因的共同作用下,典型的 "持" 字处置构式产生了。例如:

(11) 值城门中,见一化人,语贫人言:"汝今若能持此燋木用与我者,我当施汝百味饮食。"时彼贫人,闻化人语,心怀欢喜,即便以木授与化人。(《撰集百缘经》卷三)

(12) 我今持居家田业尽与此儿。(《增壹阿含经》卷二十五)

(13) 往至迦毗罗卫至释种家,持我名字告彼释种云。(《增壹阿含经》卷二十六)

(14) 即自言,持五百女人为汝给使。(《道行般若经》卷十)

(15) 汝不癫狂,何故持彼死尸白骨,以为金也。(《佛本行集经》卷六十)

(16) 然故有饼在。世尊告曰:"可持此饼弃于净地,若着极清净水中。"(《增壹阿含经》卷二十)

(17) 坐是迦罗遗我此苦,云何持我陷火坑中。(《摩诃僧祇律》卷七)

以上 7 例都可以看作是 "持" 字处置构式,其中例 (11) (12) (13) 表示处置(给),例 (14) (15) 表示处置(作),例 (16)

(17) 表示处置(到)。如例(11)中的"持此燋木用与我"与"以木授予化人"前后相对,"以"属于处置介词,"以木授予化人"表示的意义为"把木头给予化人",因而"持"也应该分析为处置介词,即"持此燋木用与我"表示的意义为"把燋木用与我",这也体现了"以"字处置构式对"持"字处置构式的格式类推作用。例(12)(13)(14)中的"O_1"都属于不可持握的事物,例(15)(16)(17)中的"O_1"属于可持握的事物,从文意来看其重点都不在于对"O_1"的持握,而是在于说明对"O_1"的某种处置,因此将上例中的"持"理解为处置介词更符合语言发展的规律。

需要指出的是,朱冠明在分析中古时期的"持"字处置构式时,对判定"持"是否语法化为处置介词设定了三个条件,分别是:"(1)'持'后所接宾语非可用手把持之物;(2)上下文与'以'相对,具有同表处置的介词'以'一样的用法;(3)主体对对象('持'后宾语)进行某一动作时无需用手把持该对象。"[①] 并且进一步明确指出:"在'持'字句具有处置意味的基础上,符合三个条件之一的就认为'持'已经语法化为表处置的介词"[②]。如果按照这种标准,介词"持"在西汉时期就已经出现。例如:

(18) 赵人李园,持其女弟,欲进之楚王,闻其不宜子,恐又无宠。(《战国策·楚策四》)

(19) 须贾知之,大怒,以为雎持魏国阴事告齐,故得此馈。(《史记·范雎蔡泽列传》)

(20) 赵高欲为乱,恐群臣不听,乃先设验,持鹿献于二世。(《史记·秦始皇本纪》)

在以上3例中,"持+O_1+V+O_2"形式具有处置意味,且"持"后所接宾语为非可用手把持之物,满足了条件(1),按照朱冠明设定的条件,上例中的"持"应属于介词。但是这与朱冠明的观点存在分歧,亦不符

[①] 朱冠明:《中古译经中的"持"字处置式》,浙江大学汉语史研究中心主编《汉语史学报》(第二辑),上海教育出版社2002年版,第83—88页。

[②] 朱冠明:《中古译经中的"持"字处置式》,浙江大学汉语史研究中心主编《汉语史学报》(第二辑),上海教育出版社2002年版,第83—88页。

合学界当前的认识。如朱冠明指出："'持'表工具和受事的最早用例见于东汉译经。"① 之所以出现这种结果，这是由于"持"的语义特征的影响。西汉时期，当"O_1"属于可用手把持之物时，"持+O_1+V+O_2"形式属于连动式；当"O_1"属于不可用手把持之物时，"持+O_1+V+O_2"形式也可以看作是连动式。这是出于两方面的考虑：一是关于"O_1"的变化，我们可以理解为动词语义的泛化，从而可以后接不可用手把持之物，这可以看作是"握持物"由"可把持"向"不可把持"的引申，体现了连动式向处置构式演变的过渡阶段。石毓智指出："语法化是一个程度问题，从普通的词汇到典型的语法标记之间存在着各种过渡状态。"② 即处置构式的形成是一个连续统。二是在这一时期并没有发现典型的处置构式，即只可以分析为处置构式，而不可分析为连动式的"持+O_1+V+O_2"形式，因此我们把这一时期的"持+O_1+V+O_2"形式理解为连动式。

2.3.2 "取"字处置构式的历时形成及在唐宋的表现

根据"取"字处置构式的表现形式，可以将其分为两种类型：一是"取+O_1+V+O_2"形式③；二是"取+O+V"形式④。它们的成因不同，处置构式"取+O_1+V+O_2"来源于连动式"取+O_1+V+O_2"的重新分析，其内因是连动式"取+O_1+V+O_2"出现数量增多，为其语义重新分析提供了数量基础；外因是受到"以"字处置构式的格式类推。处置构式"取+O+V"的形成是两个因素的共同推动：一是连动式"取+O+V"的重新分析；二是处置构式"取+O+V+之"的省略，这两种因素实质上是相互影响的，即其不同类型并不都是由连动式重新分析而来。而曹广顺与遇笑容指出还有"取+V+之"形式，认为它"是从动词'取'经重新分析而来

---

① 朱冠明：《中古译经中的"持"字处置式》，浙江大学汉语史研究中心主编《汉语史学报》（第二辑），上海教育出版社2002年版，第83—88页。

② 石毓智：《语法化理论——基于汉语发展的历史》，上海外语教育出版社2011年版，第13页。

③ "取+O_1+V+O_2"形式也包括"取+O_1+V+之"形式，"之"和"O_1"既可同指，也可不同指。

④ "取+O［+Adv］+V［+C］"形式只是在"取+O+V"形式的基础上根据表达的需要增添语义成分。

的"①，赵长才指出还有"取+V"形式②。但是连动式"取+V（+之）"中"取"后没有出现宾语，不具有将其重新分析为处置介词的基础，在语义上也始终可以分析为表示动作行为，且在汉语史中出现过的其他处置构式也没有发现"Prep_{处置}+V（+之）"形式，因而我们认为"取+V（+之）"形式不属于处置构式。

2.3.2.1 处置构式"取+O_1+V+O_2"的成因

"取"字最早见于甲骨文，字形为"𦥑"，《说文·又部》："取，捕取也。从耳，从又。"先秦时期，动词"取"表示"获取、夺取、选取"的意义。例如：

(1) 四月，郑祭足帅师取温之麦。秋，又取成周之禾。（《左传·隐公三年》）

(2) 齐、秦恐楚之取九鼎也，必救韩、魏而攻楚。（《战国策·西周策》）

(3) 不然，何急其以言取罪也？（《国语·楚语上》）

(4) 二者不可得兼，舍生而取义者也。（《孟子·告子上》）

例（1）（2）属于"取+$O_{具体名词}$"，例（3）（4）属于"取+$O_{抽象名词}$"，"取"的宾语既可以是具体事物，也可以是抽象事物，说明先秦时期动词"取"的语义已经泛化，可以表示抽象的"获取"义。这一时期，动词"取"也可出现在连动式中③④。例如：

---

① 曹广顺、遇笑容：《中古译经中的处置式》，《中国语文》2000年第6期。

② 赵长才：《也谈中古译经中"取"字处置式的来源——兼论"打头破""啄雌鸽杀"格式的形成》，遇笑容、曹广顺、祖生利主编《汉语史中的语言接触问题研究》，语文出版社2009年版，第341—342页。

③ 为行文简便，后文凡称"取"字连动式皆指的是"取+O_1+V+O_2"形式。

④ 曹广顺、龙国富认为两汉以降，连动式"$V_1O_1V_2O_2$"中的"O_2"常常是由代词"之"充当，但"O_1"与"O_2"还不同指，汉魏六朝时期，出现了"O_1"与"O_2"同指的连动式，并列举"取"字连动式为例。但是通过结合例（5）（7）来看，"O_1"与"O_2"同指的连动式"取+O_1+V+O_2"在先秦时期已经出现。参见曹广顺、龙国富《再谈中古汉语处置式》，《中国语文》2005年第4期。

(5) 九月，齐人取子纠杀之。(《左传·庄公九年》)

(6) 秦王谓轲曰："起，取武阳所持图！"轲既取图奉之，发图，图穷而匕首见。(《战国策·燕策三》)

(7) 孟尝君乃取所怨五百牒削去之。(《战国策·齐策四》)

以上3例属于"取"字连动式，如例(5)表示"捉取'子纠'杀害'之(子纠)'"，"O_1"和"O_2"同指；例(6)表示"拿取'地图'献给'之(秦王)'"，"O_1"和"O_2"不同指。虽然先秦时期已经出现连动式"取+O_1+V+O_2"，表示的语义为"获取某物施以某种动作行为"，但是"取"字连动式数量极少，我们以《左传》《国语》《论语》《孟子》《战国策》五种文献为语料，统计了动词"取"的出现情况，结果如表2-4所示。

表2-4　　先秦五种文献动词"取"及其连动式数量统计

文献 \ 数量	"取"的数量	"取+O_1+V+O_2"的数量	"取+O_1+V+O_2"的使用频率（X例/万字）[①]
左传（约27.7万字）	306	3	0.11
国语（约9.3万字）	48	0	0
论语（约2.2万字）	12	0	0
孟子（约4.5万字）	58	2	0.44
战国策（约17.5万字）	245	3	0.17

通过表2-4数据可以发现，先秦时期连动式"取+O_1+V+O_2"使用频率很低。霍伯尔（Paul J. Hopper）等指出："随着时间的推移而造成的某一结构使用频率的增加是语法化的主要的直观证据。"[②] 石毓智也指出："高使用频率是诱发一个词语语法化的必要条件之一。"[③] 这说明此时期动词"取"并不具备发生语法化的条件。但是这一时期出现了较多的"取+O_1+以/而+V+O_2"形式。例如：

[①] "取"字连动式的使用频率是指在一万字的语篇中，"取"字连动式的出现数量为"X例"。

[②] 参见[美]鲍尔·J. 霍伯尔、伊丽莎白·克劳丝·特拉格特《语法化学说》（第二版），梁银峰译，复旦大学出版社2008年版，第163页。

[③] 石毓智、李讷：《汉语语法化的历程——形态句法发展的动因和机制》，北京大学出版社2001年版，第15页。

（8）竖牛取东鄙三十邑以与南遗。(《左传·昭公五年》)

（9）古者明王伐不敬，取其鲸鲵而封之，以为大戮，于是乎有京观以惩淫慝。(《左传·宣公十二年》)

（10）癸卯，取大子栾与母弟辰、公子地以为质。(《左传·昭公二十年》)

（11）于是遂不救燕，而攻魏邕丘，取之以与宋。(《战国策·燕策三》)

（12）若不战而结成，王安厚取名而去之。(《国语·吴语》)

在以上5例中，动词"取"与后一动词"V"之间使用虚词"以/而"进行连接，相对来说两个动作行为之间的关系较为松散。据我们统计，在以上5部文献中，"取+O_1+以/而+V+O_2"形式共出现30例，而连动式"取+O_1+V+O_2"只出现了8例，说明这一时期动词"取"多出现于"取+O_1+以/而+V+O_2"形式，而较少出现于"取+O_1+V+O_2"形式。

两汉时期，动词"取"的数量逐渐增多，开始较多地出现在连动式中，我们以《史记》《汉书》《论衡》和东汉译经27种[①]为语料，统计了动词"取"的出现情况，结果如表2-5所示。

表2-5　　两汉四种文献动词"取"及其连动式数量统计

文献＼类型	"取"的数量	"取+O_1+V+O_2"的数量	"取+O_1+V+O_2"的使用频率（X例/万字）
史记（约59.2万字）	601	23	0.39
汉书（约90.2万字）	537	32	0.35
论衡（约25.9万字）	194	3	0.12
东汉译经（约33.2万字）	182	18	0.54

通过分析表2-4和表2-5数据可知，在我们统计的语料中，先秦时期连动式"取+O_1+V+O_2"共出现8例，使用频率为0.13；两汉时期连动式"取+O_1+V+O_2"共出现76例，使用频率为0.36，相比于先秦时期，两汉时期的"取"字连动式出现数量增多，使用频率增加。例如：

---

① 即"持"字处置构式研究中选用的27种东汉译经。

(13) 赵王闻之，卒取其头予秦。(《史记·范雎蔡泽列传》)

(14) 始皇闻之，遣御史逐问，莫服，尽取石旁居人诛之，因燔销其石。(《史记·秦始皇本纪》)

(15) 汉王之败彭城西，楚取太上皇、吕后为质，食其以舍人侍吕后。(《汉书·王陵传》)

(16) 尊于是出坐廷上，取不孝子悬磔着树，使骑吏五人张弓射杀之，吏民惊骇。(《汉书·赵尹韩张两王传》)

(17) 阿耆达取供养余具遍散道中，欲令佛蹈上而过。(《中本起经》卷下)

(18) 王阿阇世有子年八岁，名曰栴檀师利，应时取身上珍宝解散佛上。(《佛说阿阇世王经》卷下)

以上6例都属于"取"字连动式，这一时期"取"字连动式数量的增多，可以看作是"取+O_1+以/而+V+O_2"形式省略"以/而"的结果，如当表示"拿取'O_1'给予'O_2'"时，例(8)使用"取'O_1'以与'O_2'"形式，例(13)使用"取'O_1'予'O_2'"形式。当表示"捉取'O_1'作为'O_2'"时，例(10)使用"取'O_1'以为'O_2'"形式，例(15)使用"取'O_1'为'O_2'"形式，即先秦时期一般使用"取+O_1+以/而+V+O_2"形式。到了两汉时期，由于句中虚词"以/而"的省略，因而"取+O_1+V+O_2"形式较为常见，这也可以看作是两种句式之间相互竞争的结果，如霍伯尔等认为："一个结构之所以能够非常迅速地发展，大概是以损失与之存在竞争的结构为代价。"① 我们统计了先秦两汉时期八种文献中"取+O_1（+以/而）+V+O_2"形式的出现情况，结果如表2-6所示。

表2-6 先秦两汉八种文献"取+O_1（+以/而）+V+O_2"句式数量统计

文献\数量	"取+O_1+V+O_2"的数量	"取+O_1+以/而+V+O_2"的数量
左传（约27.7万字）	3	14
战国策（约17.5万字）	3	7
国语（约9.3万字）	0	1

---

① [美] 鲍尔·J·霍伯尔、伊丽莎白·克劳丝·特拉格特：《语法化学说》(第二版)，梁银峰译，复旦大学出版社2008年版，第164页。

续表

数量 \ 文献	"取+O_1+V+O_2"的数量	"取+O_1+以/而+V+O_2"的数量
论语（约2.2万字）	0	1
孟子（约4.5万字）	2	7
史记（约59.2万字）	23	10
汉书（约90.2万字）	32	5
东汉译经（约33.2万字）	18	1

通过表2-6数据可知，先秦时期"取+O_1+以/而+V+O_2"形式的使用频率高于"取+O_1+V+O_2"形式，两汉时期"取+O_1+V+O_2"形式的使用频率高于"取+O_1+以/而+V+O_2"形式。相比于"取+O_1+以/而+V+O_2"形式，"取+O_1+V+O_2"形式中"取"和"V"关系更为紧密，李永指出："在一个连动的句法结构中，由于受'一个动词核心'规则的限制，只有一个动词居核心地位，其他动词都是次要动词。"① 因而这就为连动式"取+O_1+V+O_2"中动词的语法化提供了条件。从句法上来看，在"取"字连动式中，"取+O_1"只是表示拿取某种事物，并不是句式所要表达意义的重心，动词"取"不属于核心动词，相对来说意义不如"V"重要，洛德指出："意义上不大重要的成分常常变得在句法上也不太重要。"② 吴福祥也指出："一个动词当其在句中不是作为主要动词，而是充当连动结构的前项动词时，它在句子中的重要性便降低了，所代表的动作行为成为背景信息，动词义就容易发生弱化，词义就会变得抽象。"③ 因此，在连动式"取+O_1+V+O_2"中，动词"取"具有了语法化的句法环境。从语义上来看，连动式"取+O_1+V+O_2"表示"取+O_1""V+O_2"两个动作的进行，如例（14）"尽取石旁居人诛之"表示"'捕取石旁居人'+'诛杀石旁居人'"，例（16）"取不孝子悬磔着树"表示"'捉取不孝子'+'悬磔着树'"。正如周国光与张林林指出："语法形式同语法意义之间是

---

① 李永:《"一个动词核心"的句法限制与动词的语法化》，《河南师范大学学报》（哲学社会科学版）2003年第3期。
② 参见蒋绍愚《近代汉语研究概要》（修订本），北京大学出版社2017年版，第247页。
③ 吴福祥主编:《近代汉语语法》，中国社会科学出版社2015年版，第194页。

'一对多'和'多对一'的对应关系,而不是简单的一一对应关系。"① 当关注焦点是"O_1"时,也可以理解为"'将'石旁居人诛杀""'将'不孝子悬磔着树",即"取"字连动式实际也可隐含对"O_1"的处置,从而为其重新分析为处置构式提供了语义支持。虽然两汉时期还没有形成"取"字处置构式,但是由于这一时期"取"字连动式出现数量较多,为其重新分析奠定了一定的数量基础,动词"取"具有语法化为处置介词的倾向。

魏晋时期,动词"取"的出现也较为普遍。我们以《世说新语》《搜神记》《增壹阿含经》《贤愚经》《百喻经》五种文献为语料,统计了动词"取"的出现情况,结果如表2-7所示。

表2-7　　魏晋五种文献动词"取"及其连动式数量统计

文献＼数量	"取"的数量	"取+O_1+V+O_2"的数量	"取+O_1+V+O_2"的使用频率(X例/万字)
世说新语(约7.9万字)	50	9	1.14
搜神记(约7.1万字)	111	20	2.82
增壹阿含经(约43.9万字)	510	65	1.48
贤愚经(约15.8万字)	205	15	0.95
百喻经(约2.2万字)	51	6	2.73

通过分析表2-7数据可以发现,魏晋时期五种文献中连动式"取+O_1+V+O_2"共出现115例,使用频率为1.50。相比于两汉时期,这一时期的"取"字连动式出现数量更多,使用频率更高。曹广顺与龙国富也指出:"两汉以后,连动式大量发展,'取'字的使用频率较高,大量的使用为'取'语法化为处置介词准备了量的积累。"② 由于魏晋时期"取"字连动式的高频率使用,加之在语义上也可理解为表示对"O_1"施以处置,从而为动词"取"语法化成为处置介词提供了基础,这是"取"字处置构式形成的内因。其外因是"以"字处置构式的类推作用,由于魏晋时期还存在"以"字处置构式,其形式表现为"以+O_1+V+O_2"。

---

① 周国光、张林林编著:《现代汉语语法理论与方法》,广东高等教育出版社2011年版,第75页。

② 曹广顺、龙国富:《再谈中古汉语处置式》,《中国语文》2005年第4期。

例如：

(19) 开士居家者以酒施人，而为不获罪。（《法镜经》卷上）

(20) 二者以苦为乐，三者非身为身。（《佛说七处三观经》卷下）

(21) 以珠悬于空中，在其国上，随国大小，明照内外，如昼无异，是故名为神珠宝也。（《修行本起经》卷上）

以上 3 例都属于"以"字处置构式，分别表示处置（给）、处置（作）和处置（到），在形式上和连动式"取+O_1+V+O_2"相同，都关联两个宾语。在"取"字连动式可以隐含表处置的基础上，当受到"以"字处置构式的格式类推时，从而推动其重新分析为"取"字处置构式，如受到例（19）（20）（21）中"以_{处置介词}酒施人""以_{处置介词}苦为乐""以_{处置介词}珠悬于空中"此类格式的类推，例（13）（15）（16）中"卒取_{动词}其头予秦""楚取_{动词}太上皇、吕后为质""取_{动词}不孝子悬磔着树"就可以重新分析为"卒取_{处置介词}其头予秦""楚取_{处置介词}太上皇、吕后为质""取_{处置介词}不孝子悬磔着树"，从而出现表处置（给）、处置（作）和处置（到）的"取"字处置构式①，即处置介词"以"为动词"取"语法化为处置介词提供了参照，这可以看作是"取"处置式形成的外因。而这种格式类推之所以出现，也是由于"以"字式表义不够明晰。汉魏时期，"以"字式不但可以是处置式，还可以是连动式和工具式。例如：

(22) 是时章邯已以军降项羽于赵矣。（《史记·高祖本纪》）

(23) 陛下必欲致之，则贵其使者，令有亲属，以客礼待之，勿卑，使各佩其信印，乃可使通言于神人。（《史记·孝武本纪》）

(24) 晋伐齐，齐以公子彊质晋，晋兵去。（《史记·齐太公世家》）

---

① 关于是否存在处置（给），学界存在不同意见，如曹广顺与遇笑容持否定意见，赵长才持肯定意见。这是由于语法化是一个连续统，动词和介词之间没有清晰的界限，因而各家判定标准宽严不一。参见曹广顺、遇笑容《中古译经中的处置式》，《中国语文》2000 年第 6 期；赵长才《也谈中古译经中"取"字处置式的来源——兼论"打头破""啄雌鸽杀"格式的形成》，语文出版社 2009 年版，第 342 页。

(25) 匈奴降者言匈奴破月氏王，以其头为饮器，月氏遁而怨匈奴，无与共击之。（《汉书·张骞李广利传》）

以上 4 例都属于"以+O_1+V+O_2"形式，其中例（22）属于连动式，例（23）属于工具式，例（24）（25）既可分析为工具式，也可以分析为处置构式，这说明"以"字式表义不够明晰，为了表义明晰的需要，从而也推动了汉语中出现其他类型的处置构式。因此，在内因和外因的共同作用下，东晋时期开始出现"取"字处置构式。例如：

(26) 备王太子一旦命终者，则唐生于世间，何不取父王害之，绍圣王位，我当取如来害之，当得作佛。……尔时阿阇世王即便差守门人，取父王闭在牢狱，自立为王，治化人民。……吾要当取沙门瞿昙害之，尔时世尊在耆阇崛山一小山侧，尔时提婆达兜到耆阇崛山，手擎大石长三十肘，广十五肘而掷世尊。"（《增壹阿含经》卷四十七）

(27) 我今正尔露头听卿说法，若不解吾疑结者，当取汝身分为三分。（《出曜经》二十八卷）

(28) 是时，流离王即时拔剑，取守门人杀之。（《增壹阿含经》卷二十六）

以上 3 例都属于"取"字处置构式，虽然"取"似乎具有一定的动作性，但是结合语境来看，将其分析为处置介词更为恰当，如例（26）中提婆达兜取沙门瞿昙（世尊）害之，但实际是提婆达兜到耆阇崛山手擎大石而掷世尊，说明"取"这一动作并未实际发生，因而此例中的"取"应分析为处置介词；例（27）（28）中的"今正尔露头听卿说法，当取汝身……""即时拔剑，取守门人……"，说明"取"与"所取之物"没有时空间隔，其语义并不在于强调"取"这一动作行为，而在于强调对"所取之物"施以的动作行为，因而在此格式中也应分析为处置介词；同时这一时期还存在着像"取门闭"（《增壹阿含经》卷四十四）、"见夫人取婢鞭打"（《增壹阿含经》卷五十）这样典型的处置构式，因此上 3 例都应分析为处置构式，这是由于动词的语法化是一个连续统，其与介词之间没有清晰的界限，基于对"取"字式句法语义的考察，将其分析为处置构式更符合其历时发展规律。

2.3.2.2 处置构式"取+O+V"的成因

关于"取+O+V"形式的成因,曹广顺与遇笑容认为:"由于译经者的母语是'SOV'型语言,'OV'结构是其语言的常态,因而在翻译'取+O+V+之'时可以省略'之',可能是译经者的语法错误导致了该格式的出现,经重新分析后形成处置式'取+O+V'。"① 朱冠明则认为:"中古汉语自身的发展包括代词'之'的衰落导致删除'O_2'的'V_1OV_2'结构出现,在佛经翻译中由于原典语的影响,使得'V_1OV_2'大量出现,促进了狭义处置式的产生和广泛使用。"② 但是译经者是将佛经原典翻译成汉语,佛经原典中动词后本来就不出现宾语,因而不应该是在"V_1+O+V_2+之"形式中省略"之",而是在"V_1+O+V_2"形式中增添"之"来适应汉语的表达方式,即由于译经者母语影响而导致"之"的省略是不够准确的,汉译佛经中"V_1+O+V_2"形式本身就符合译经者的母语习惯,而非省略的结果。而这种形式之所以可以在汉语中出现,是由于汉语中本来就允许存在"V_1+O+V_2"形式,即汉语中的"V_1+O+V_2"形式并非是由于中古汉语代词"之"的衰落才出现。例如:

(1) 今日病矣,予助苗长矣。(《孟子·公孙丑上》)
(2) 煎之溃(沸),即以布足(捉)之。(《五十二病方·伤痉》)
(3) 犬噬人伤者。(《五十二病方·犬噬人》)
(4) 寥(戮)之已,乃斩之,之谓殴(也)。(《睡简·法律答问》)③

以上4例说明"V_1+O+V_2"形式已见于上古汉语。梁银峰指出:

---

① 曹广顺、遇笑容:《中古译经中的处置式》,《中国语文》2000年第6期。
② 朱冠明:《"之"的衰落及其对句法的影响》,《语言科学》2015年第3期。
③ 例(4)并非十分恰当,之所以选取此例,是为了进一步说明汉语的句法结构未必是受到梵文影响。如有学者认为"动+宾+完成动词"结构是受到梵文影响,但是梅祖麟否定了这一看法。梁银峰也认为此条可证"动+宾+完成动词"结构之由来并非受梵文语法之影响。参见梅祖麟《先秦两汉的一种完成貌句式——兼论现代汉语完成貌句式的来源》,《中国语文》1999年第4期;梁银峰《汉语动补结构的产生与演变》,学林出版社2006年版,第69页。

"'V_1+O+V_2'多见于出土文献,是因为这些出土文献都是日常生活的记录,和其他文献相比,口语性更强。"① 这说明"V_1+O+V_2"形式在口语中更为多见。由于佛教宣教的对象主要是普通百姓,因而汉译佛经的口语性较强,相比于中土文献,更能反映出实际口语的情况,从而更容易出现"V_1+O+V_2"形式②。例如:

(5) 初儿骑虎而还,打捶过痛,虎啮儿脚伤。(《洞冥记·东方朔》)

(6) 四者不得自以口吹火燃,五者不得持热汤浇火灭。(《大比丘三千威仪》)

(7) 譬如幻师化作人,还自取幻师啖。(《佛说遗日摩尼宝经》)

(8) 譬如渴者欲得饮,常有极大慈,弃捐世俗事,常乐持经施,用是故清净得三昧不久。(《般舟三昧经》卷上)

(9) 若比丘盗心取他酒饮,满者波罗夷。(《摩诃僧祇律》卷四)

由于东晋时期已经出现处置构式"取+O_1+V+O_2",即"取"已经是处置介词,不可避免地会对"取+O+V"形式产生影响,因而处置构式"取+O+V"的形成可以分析为两个因素的共同推动:一是由于"取+O+V"形式的存在,处置构式"取+O_1+V+之"具有了省略"之"的形式依据;二是由于处置介词"取"的存在,连动式"取+O+V"具有了重新分析的意义基础,这两个因素实质上是相互影响。例如:

(10) 若不尔者,尽当取汝杀之。(《增壹阿含经》卷二十六)

(11) 王报长生,唯愿垂济,吾终不取汝杀。(《增壹阿含经》卷十六)

(12) 充乃取女左右婢考问,即以状对。(《世说新语·惑溺》)

---

① 梁银峰:《汉语动补结构的产生与演变》,学林出版社2006年版,第71页。

② 通过考察也可以发现,学者所谓"之"的省略也多出现于口语性较强的文献,实际上也可不必看作是省略,而看作是相对真实地反映了口语的实际情况。

（13）时月光长者发遣诸人，还来入家，见夫人取婢鞭打。（《增壹阿含经》卷五十）

以上4例"取"都属于处置介词，例（11）中"取汝杀"可以分析为例（10）中"取汝杀之"的省略；例（13）中"取婢鞭打"可以分析为例（12）中连动式"取婢考问"的重新分析。其中前两例中"取"的动作性已经不够明显，实际上"取汝杀（之）"并不需要"取"这一动作，如"彼人便往至妇所，到已，问妇曰……彼人即拔利剑，取妇刺杀"（《增壹阿含经》卷六）。例（13）中的"见……取婢鞭打"也说明没有"取"的动作行为，在此格式中只能分析为处置介词，属于典型的处置构式，如"目连即前捉手将至门外，还取门闭"（《增壹阿含经》卷四十四），也不需要对"门"进行"取"的动作行为。但是"取"字处置构式只出现于佛经文献中，而在中土文献没有发现其典型用例，我们认为这有两个原因：一是受译经者母语影响，汉译佛经中"取+O+V"形式较为常见，也推动了连动式"取+O+V+之"的重新分析；二是和文献的口语性强弱相关，"取"动作性较强，其动词用法很常见，并没有完全语法化为处置介词，且汉语中还存在"以"字处置构式，因而口语性较弱的中土文献多沿袭其动词用法，而口语性较强的汉译佛经则出现了"取"字处置构式。

需要指出的是，魏晋时期还存在"取+V+之"形式。例如：

（14）今此二人为从何来，见吾至此，亦不起迎，设住吾境界者当取闭之；设他界来者当取杀之。（《增壹阿含经》卷三十四）

（15）设当见者，先截手足，却取杀之。（《出曜经》卷十六）

曹广顺与遇笑容认为以上两例都属于"取"字处置式，是"由连动式'取+V+之'经重新分析而来的，它和'取+O+V'形式只是省略的宾语不同"[①]。但是在连动式"取+V+之"中，从形式来看，"取"后没有宾语，缺乏将其重新分析为处置介词的句法环境，即介词后并没有出现介引的对象，从语义来看，此格式中的"取"也并没有可以分析为处置介词

---

① 曹广顺、遇笑容：《中古译经中的处置式》，《中国语文》2000年第6期。

的语义基础。例如：

(16) 其有人民侵他物者，是时刹利取惩罚之。然复彼人不改其愆，故复犯之。(《增壹阿含经》卷三十四)

(17) 犹如老鹤，伺立池边，望鱼上岸，乃取食之。(《出曜经》卷十八)

以上两例都属于连动式"取+V+之"，虽然曹广顺与遇笑容指出："判断处置式的产生要看格式中动词原来的词义是否已经消失。"① 但是在此格式中"取"的词义并没有清晰的判断标准，如例(15)中的"取杀之"也可以分析为连动式，与例(17)中的"取食之"都表示"捉取+V之"，例(44)中的"取惩罚之"也可以分析为曹广顺所认为的处置式，与例(14)中的"当取闭之"都表示"取介词V之"，即"取V之"形式都可以看作是同一类型。由于在"取V之"形式中，动词"取"缺乏重新分析的句法环境和语义基础，因此我们将其分析为连动式，并且在连动式"取+V+之"中，"取"也可以没有原来的动词义②。例如：

(18) 其有窃盗粳米者，刹利主即取杀之。(《增壹阿含经》卷三十四)

(19) 王即敕外行刑国人，闻不与取，王辄杀之。(《增壹阿含经》卷四十八)

(20) 宋景公问其道，不告，即杀之。(《搜神记》卷一)

(21) 郭遥望见，谓充爱乳母，即杀之。 (《世说新语·惑溺》)

(22) 伏兵一时周匝四合，即围其王，当取杀之。(《贤愚经》卷十一)

(23) 此婢子奴，敢违我教，薄贱我儿，吾当杀之。(《贤愚经》卷六)

---

① 曹广顺、遇笑容：《中古译经中的处置式》，《中国语文》2000年第6期。
② 赵长才认为"取"字处置式还有一种是"取V"形式，但实际上也可分析连动式。参见赵长才《也谈中古译经中"取"字处置式的来源——兼论"打头破""啄雌鸽杀"格式的形成》，语文出版社2009年版，第341页。

(24) 桂阳太守李叔坚,为从事,家有犬,人行。家人言:"当杀之。"(《搜神记》卷十八)

(25) 因云:"如此,唯当杀之耳!"(《世说新语·尤悔》)

以上8例都表示"杀害某人或某物"的意义,汉译佛经中使用"(取)杀之",中土文献中使用"杀之",说明此类格式中动作行为"杀"并非一定是以动作"取"为前提,即连动式"取+V+之"中"取"的动作行为可以没有实际发生,因而无论"取+V+之"形式中动词"取"原来的词义是否消失,在此格式中都可以分析为动词,而不必分析为处置介词,属于连动式"取+V+之"。需要指出的是,曹广顺与遇笑容在分析中古译经时指出:"'取+V+之'是符合省略规则的形式,因而在其几种形式中出现数量最多。"① 通过分析以上8例,"取+V+之"形式实际上不必看作是"取+O+V+之"形式的省略,而是可以看作动词"取"在汉译佛经中具有更广的适用范围。

2.3.3 "持/取"字处置构式及其工具式的关系

在汉语史中,介词"持/取"主要可以分为两类:一是介引动作行为的工具,即"持/取"字工具式;二是介引动作行为的受事,即"持/取"字处置构式。而关于"持/取"字处置构式的演变过程,有学者认为它与"以"字处置构式相同,如吴福祥认为这类处置构式的产生是经历了"连动式>工具式>广义处置式"的演变②。也有学者认为二者同时出现,如曹广顺与龙国富认为"'持/取'同时出现介引工具和受事的用例"③。基于对"持/取"字处置构式形成历程及其动因的考察,我们赞同曹广顺与龙国富两位先生的观点,"持/取"字处置式和工具式是同时产生、并行发展的。

首先,动词"持/取"的语义特征决定了它可以直接语法化为处置介词,不需要和"以"字处置式一样经过一个处置式的中间阶段。霍伯尔指出:"当一个形式经历从词汇项到语法项的语法化时,它原来的一些词汇意义踪迹往往会黏附着它……这些最初的显著意义往往随着时间的推移

---

① 曹广顺、遇笑容:《中古译经中的处置式》,《中国语文》2000年第6期。
② 吴福祥主编:《近代汉语语法》,中国社会科学出版社2015年版,第383页。
③ 曹广顺、龙国富:《再谈中古汉语处置式》,《中国语文》2005年第4期。

而滞留下来,并制约语法化形式后来的用法,这种现象被称作'滞留'。"① 沈家煊也指出:"实词虚化为语法成分以后,多少还保持原来实词的一些特点,虚词的来源往往就是以这些残存的特点为线索考求出来的,残存的特点也对虚词的具体用法施加一定的限制。"② "以"字处置构式的形成经历了"连动式—工具式—处置式"三个阶段,这是由于动词"以"语义特征的影响。如吴福祥指出:"两周时期'以'用为动词时主要的词义是'使用'。"③ 例如:

(1) 汝以我车宕伐狁狁于高陵。(不其簋盖,《集成》04329)

由于动词"以"具有[+使用]的语义特征,在连动式"以+O_1+V+O_2"中其宾语"O_1"是动作行为"V+O_2"的工具,即"动作—工具"关系,因此动词"以"首先语法化为工具介词,在此基础上进一步发展为处置介词,它的语法化经历了"动词$_{使用}$—介词$_{工具}$—介词$_{处置}$"这一过程④。例如:

(2) 醒,以戈逐子犯。(《左传·僖公二十三年》)
(3) 君子以文会友,以友辅仁。(《论语·颜渊》)

以上两例中的"以"既可以分析为动词,也可分析为工具介词,这体现了动词"以"的语法化过程。而动词"持/取"分别表示"持握、执握""捉取、拿取"的意义,不具有[+使用]的语义特征,在连动式"持/取+O_1+V+O_2"中和"O_1"属于"动作—受事"关系,句式表示的意义为"持握/拿取某物进行某种动作",且部分"持/取"字连动式也可隐含对所持取之物的处置。即"持/取"的宾语"O_1"并不一定是动作行为"V+O_2"的工具,其具体关系取决于"O_1"和"V+O_2"的语义。

---

① [美]鲍尔·J·霍伯尔、伊丽莎白·克劳丝·特拉格特:《语法化学说》,梁银峰译,复旦大学出版社2008年版,第119—122页。
② 沈家煊:《"语法化"研究综观》,《外语教学与研究》1994年第4期。
③ 吴福祥主编:《近代汉语语法》,中国社会科学出版社2015年版,第383页。
④ 徐正考、杨朋飞:《"以"字处置式研究》,《南京师大学报》(社会科学版)2018年第5期。

例如：

(4) 时有一女，持瓶盛花，佛放光明，彻照花瓶。(《修行本起经》卷上)

(5) 释梵摩持天衣裹之。(《修行本起经》卷上)

(6) 当自取身血洒之耳。(《道行般若经》卷十)

(7) 或取材木押之，或以草着其腹。(《增壹阿含经》卷三十六)

(8) 持摩尼宝着其中，其珠便以光明照。(《阿閦佛国经》卷上)

(9) 王阿阇世便持衣着其上。(《佛说阿阇世王经》卷下)

(10) 便推着水中取财物置其中。(《道行般若经》卷五)

(11) 时五百女人各各自取着身衣布着座上。(《道行般若经》卷十)

以上 8 例都属于"持"字连动式，其中前 4 例中"持/取"的宾语"O_1"是动作行为"$V+O_2$"的工具，后 4 例中"持/取"的宾语"O_1"是动作行为"$V+O_2$"的受事。因此，在连动式"持+O_1+V+O_2"中动词"持"可以直接语法化处置介词，而不必经历"工具式"这一阶段，如"今我母行采果未还，而父持我与鬼作食，定死无疑"（《太子须大拏经》），"便取大儿，担着项上"（《贤愚经》卷三），"持/取"既可以分析为动词，也可分析为处置介词。这体现了动词语义特征对句式演变的影响。

其次，由于"持/取"字处置构式的产生受到"以"字处置构式格式类推的影响，而"以"字构式同时包括了工具式和处置式，因此在类推作用影响下时连动式"持/取+O_1+V+O_2"在语法化过程中也产生了工具式和处置式，介词"持/取"能够同时介引受事和工具。霍伯尔指出："语法化具有歧变原则，一个实词朝一个方向变为一种句法成分后，仍然可以朝另一方向变为另一种语法成分，结果是不同的语法成分可以从同一个实词歧变而来。"[①] 也就是说，由于受到"以"字工具式和"以"字处

---

① 参见沈家煊《"语法化"研究综观》，《外语教学与研究》1994 年第 4 期。

置式的格式类推，在连动式"持/取+O_1+V+O_2"中的动词"持/取"同时语法化为工具介词和处置介词。例如：

（12）世尊以法尽以嘱累我，我今复以此法授与优多罗。（《增壹阿含经》卷一）

（13）我今持此法付授迦叶及阿难比丘，所以然者。（《增壹阿含经》卷三十五）

（14）流离王即时拔剑，取守门人杀之。（《增壹阿含经》卷二十六）

（15）若有人来，以四大海水浇彼人身，欲令无为，终不可果。（《增壹阿含经》卷四十八）

（16）所然持甘露种浇五盛阴，为五阴薪从慧明却坏恶火，从三界礼我施礼。（《道地经·五阴分别现止章第四》）

（17）设有众生愍念斯人，取一大海水浇灌其身。（《增壹阿含经》卷四十八）①

（18）当拔济饶益此人，取四大海水高四十肘浇灌其身。（《增壹阿含经》卷四十八）

前3例属于"以/持/取"处置式，后4例属于"以/持/取"工具式。例（15）（16）（17）（18）的形式表现都为"P+O_1+V+O_2"，表示"使用某种液体浇灌某物"的意义。其中动词"V"都是"浇"，分别和介词"以""持""取"共现，而"持/取"似乎可以看作具有动作性，但是这也可以说明"持/取"工具式的出现会受到"以"字工具式的格式类推，促使动词"持/取"语法化为工具介词，即在介词"以"的影响下动词"持/取"被重新分析为工具介词。当然，在部分结构中"持"似乎也可以理解为动词，因为动词的语法化是一个连续统，由于汉语缺乏形态标记而难以区分二者的性质，但从其语法化历程来看，在这一时代随着其语法化的发展其介词性质是明确的。通过全面详细考察"持/取"的语义分布，结合"持/取"字处置构式的历时形成与发展演变，其语义地图模型

---

① 曹广顺与龙国富也认为例（17）（18）属于"取"字工具式。参见曹广顺、龙国富《再谈中古汉语处置式》，《中国语文》2005年第4期。

简图如图 2-1 所示。

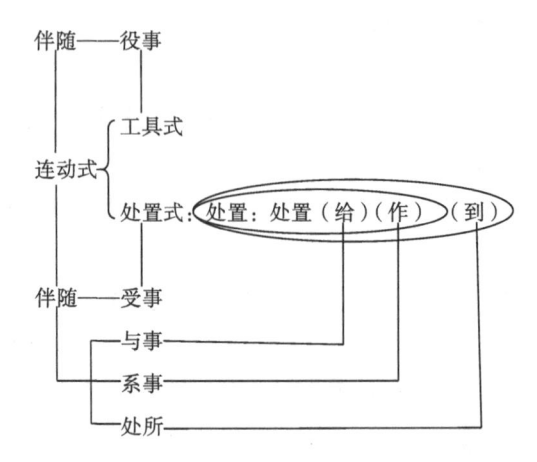

图 2-1 "持/取"字处置构式和相关功能语义地图

2.4 "持/取"字处置构式的衰落及其动因

先秦时期，"以"字处置构式就已经形成；魏晋时期，由于动词"持/取"的语法化，又产生了"持/取"字处置构式；同时"将"字处置式在两晋时期也已经萌芽。霍伯尔指出："语法化具有择一性，即能表达同一语法功能的多种并存形式经过筛选和淘汰，最后缩减到一、二种。"① 在语法化的择一竞争中，新兴的"持/取"字处置构式没有取代原有的"以"字处置构式，而是逐渐衰落，未能获得进一步发展。我们认为，"持/取"字处置构式的衰落是内因和外因共同作用的结果，内因是其动词的语义特征决定了其语法化程度一直不高，动词性很强，同时其适用范围也无法从汉译佛经拓展到全民语言；外因是"将"字处置构式的兴起进一步压缩了其使用频率。

2.4.1 动词"持/取"语法化的不彻底性

动词"持/取"的语义特征限制了其进一步语法化，其语法化的不彻底性主要体现在三个方面。

一是"持/取"始终具有较强的动词性。在魏晋时期，虽然已经形成

---

① 参见沈家煊《"语法化"研究综观》，《外语教学与研究》1994 年第 4 期。

了"持/取"字处置构式,但是动词"持/取"并没有彻底语法化为介词,其动词用法仍然非常常见,即"持/取"既是介词,也是动词。例如:

(1) 迦叶弟子持瓶取水。(《中本起经》卷上)
(2) 清旦如来持钵出室。(《中本起经》卷上)
(3) 譬若有黠人,拖张海边故坏船补治之,以推着水中,持财物置其中,便乘欲有所至,知是船不中道坏必到所至处。(《道行般若经》卷六)
(4) 知饥馑有余不足之数,然后取车舆衣食供养其欲。(《淮南子·主术训》)
(5) 取手巾与谢郎拭面。(《世说新语·文学第四》)
(6) 老母取少许面作饼,饼遂长大。(《增壹阿含经》卷二十)
(7) 尊者金毗罗取水与世尊洗足。(《增壹阿含经》卷十六)
(8) 譬若大海中有故坏船,不补治之,便推着水中,取财物置其中,欲有所至,知是船终不能至。(《道行般若经》卷五)

在以上 8 例中,"持/取"都是动词,"持/取+O_1+V+O_2"形式表示两个独立动作的进行,如例(1)表示"持握'瓶子'汲取'水'",例(8)表示"拿取'财物'放置'船中'"。

二是"持/取"字式具有多义性。由于动词的语法化是一个连续统,动词和介词之间没有清晰的界限,部分"持/取+O_1+V+O_2"形式既可以分析为连动式,也可以分析为处置构式。例如:

(9) 今我母行采果未还,而父持我与鬼作食,定死无疑。(《太子须大拏经》)
(10) 月光王却后七日,当持其头施婆罗门。(《贤愚经》卷六)
(11) 持无常作有常。(《佛说遗日摩尼宝经》)
(12) 持薪归家,取此香木,分为十段。(《贤愚经》卷六)
(13) 尊者瞿沙,即取众泪,置右掌中。(《大庄严论经》卷八)
(14) 我闻儿声,即持还苏,便取大儿,担着顶上。(《贤愚经》

卷三）

朱冠明认为前3例属于"持"字处置式①。曹广顺与遇笑容认为后3例属于"取"字处置式②。但是其中的"持/取+O_1"既可以分析为"动词'持/取'+'O_1'"，也可以分析为"处置介词'持/取'+'O_1'"，如例（9）可以表示"捉持'我'给予'鬼'"，例（10）可以表示"持握'头'给予'婆罗门'"，例（13）可以表示"获取'众泪'放置'右掌'"，例（14）即可以表示"抱取'大儿'担在'顶上'"，即动作"V+O_2"的实现是以动作"取+O_1"为前提。这是由于动词"持/取"不但可以表示具体的"持握/拿取"义，而且可以表示抽象"持握/拿取"义，其宾语"O_1"可以是不可持握的事物，这就使得在"持/取"字处置构式中，当"持/取"的宾语为不可持握的事物时，还是可以将"持/取"看作是表抽象"持握/拿取"义的动词，如"我持此功德并施汝等，设值如来说法者同时得度"（《增壹阿含经》卷二十二）、"我今持居家田业尽与此儿，唯愿世尊当与立名"（《增壹阿含经》卷二十五）、"为利养故，取彼佛语化道众生，而无实事"（《百喻经》卷一）、"如彼外道偷取佛法着己法中，妄称已有非是佛法"（《百喻经》卷二）。郭浩瑜与杨荣祥则指出："'取'应该是一个未完成语法化的动词，最终没有彻底语法化为处置介词。"③这都说明动词"取"的语法化不够彻底，影响了其作为处置介词的发展。

关于"持"语法化的不彻底性，学界多有讨论，以下两个用例最为典型。例如：

(15) 譬如持灰作城，持无常作有常，譬如持钩行钓鱼。(《佛说遗日摩尼宝经》)

(16) 饭食已讫，持种种花，散佛顶上。(《撰集百缘经》卷一)⑤

---

① 朱冠明：《中古译经中的"持"字处置式》，浙江大学汉语史研究中心主编《汉语史学报》(第二辑)，上海教育出版社2002年版，第87页。

② 曹广顺、遇笑容：《中古译经中的处置式》，《中国语文》2000年第6期。

③ 郭浩瑜、杨荣祥：《关于汉语处置介词语法化的几个问题》，《古汉语研究》2017年第2期。

朱冠明指出，例（15）中的"持"分别是"工具"$_{介}$、"处置"$_{介}$、"把持"$_{动}$，例（16）中的"持"似乎可以同时作这三种理解，认为这体现了"'持'的发展轨迹"①。这说明在同一句式中，"持"可以有不同的理解，既可以理解为动词，也可以理解为介词，这是由于"持"字处置构式是由"持"字连动式语法化而来。在"持"字连动式中，"持+O_1"表示"持握O_1"，在"持"字处置构式中，"持+O_1"表示"将'O_1'施以某种处置"，而只有在控制"O_1"的基础上才能实现对"O_1"的处置，即"持$_{处置介词}$+O_1"也可以理解为"持$_{动词}$+O_1"，如例（16）中的"持种种花"，对"持种种花"施以处置动作"散"的前提是"持握种种花"，即虽然"持"可以理解为动词或者介词，但是都表示将"种花散佛顶上"。因此在"持+O_1+V+O_2"形式中，"持"的词性难以判断。这说明动词语法化为介词是一个连续的过程，即动词"持"的语法化是一个连续统，因此在动词和介词之间没有明确的界限，也体现了动词"持"语法化的不彻底性。

2.4.2 使用范围的制约

先秦时期，"持/取"字式出现数量极少；到了东汉末年，随着佛经的传入，"持/取"字式出现数量逐渐增多。由于佛经文献多使用动词"持/取"，为动词"持/取"的语法化提供了条件。但是在中土文献中，动词"持/取"一直较为少见，"持/取"字处置构式使用频率较低，使用范围较窄。如"持"字处置构式在《增壹阿含经》《贤愚经》分别出现45例和15例，但是在本土文献《世说新语》《颜氏家训》《搜神记》中没有发现用例。曹广顺与龙国富也指出"'持'字处置构式在《贤愚经》《杂宝藏经》两种译经中出现21例，在《世说新语》《颜氏家训》《洛阳伽蓝记》《搜神记》四种本土材料中出现仅两例。'取'字处置构式在《摩诃僧祇律》《增壹阿含经》《四分律》《贤愚经》《佛本行经集》中出现7例，但是在《世说新语》《后汉书》《齐民要术》《洛阳伽蓝记》《颜氏家训》中没有发现用例"②。这说明"持/取"字处置构式和汉译佛经之间具有更为密切的联系，即汉译佛经为"持/取"字处置构式的形成与

---

① 朱冠明：《中古译经中的"持"字处置式》，浙江大学汉语史研究中心主编《汉语史学报》（第二辑），上海教育出版社2002年版，第87页。

② 曹广顺、龙国富：《再谈中古汉语处置式》，《中国语文》2005年第4期。

发展提供了适宜的语言环境。由于"持/取"字处置构式主要出现于汉译佛经中，而在本土文献中数量较少，使用频率较低，一方面限制了动词"持/取"语法化的彻底性，另一方面使得"持/取"字处置构式没能替代"以"字处置构式，反而被新兴的适用范围更广的"将/把"字处置构式取代。

2.4.3 "将"字处置构式的兴起

"将"字处置构式的兴起是"持/取"字处置构式衰落的外因。两晋时期，"将"字处置构式开始萌芽。例如：

(1) 悉将降人分配诸将，众遂数十万。（《后汉书·光武帝纪上》）

(2) 是时，狱卒将此罪人示阎罗王。（《增壹阿含经》卷二十四）

(3) 爱将莺作友，怜傍锦为屏。（晋·王德《春词》）

(4) 将人当桃李，何处不成蹊？（南北朝·刘删《侯司空宅咏妓诗》）

(5) 瓒将灵母弟置城上，诱呼灵。（《三国志·徐晃》裴松之注）

(6) 忽见将二百钱置妻床前。（《幽明录》）

以上 6 例都可以看作是"将"字处置构式，分别表示处置（给）、处置（作）和处置（到）。总体来看，两晋南北朝时期，"将"字式的出现数量略高于"持/取"字式①，据我们统计，在本土文献《世说新语》《搜神记》中，"持"字式共出现 11 例，"取"字式共出现 29 例，"将"字式共出现 18 例，在汉译佛经《贤愚经》《百喻经》中，"持"字式共出现 30 例，"持"字式共出现 21 例，"将"字式 33 例。正如我们前文所述，"持/取"字处置构式多出现于汉译佛经中，而在本土文献中出现较

---

① "持/将"字式指的是"持/将+O_1+V+O_2"形式，由于此时期"将"字处置式刚刚萌芽，且是由"将"字连动式语法化而来，动词与介词之间没有清晰的界限，因此我们统计的是"持/将+O_1+V+O_2"形式，旨在反映这两种形式的使用情况。

少,但是"将"字处置构式则基本不受此限制,在本土文献中也较为常用。且相比于"持"字适用范围有限,多出现于"受持""持戒"等佛教固定用语。新兴的"将"字适用范围更广、组合能力更强。到了隋朝,"将"字处置构式逐渐成熟,使用数量增多,如龙国富指出:"南北朝时期,'持'和'将'持平,隋代'将'超过'持',《佛本行集经》中'持'字处置式 14 例,'将'字处置式 57 例,'将'约是'持'的 4 倍。"① 这也说明"将"字处置构式得到了更为广泛的使用,由于两者都表示处置意义,属于竞争关系,在语言经济原则的要求下,从而使得"持/取"字处置构式逐渐衰落。

2.4.4 句法环境的制约

先秦时期出现了"以"字处置构式,魏晋时期出现了"持/取"字处置构式,但是这两种处置构式都没有得以继续发展,而是逐渐被后来出现的"将/把"字处置构式取代,我们认为这也和动补结构有关,即由于魏晋时期还没有出现动补结构,"持/取"字处置构式缺少继续发展的句法环境。蒋绍愚指出:"无论如何,述补结构的普遍使用是在唐代以后。"② 随着动补结构使用较为普遍,可以和新兴的"将/把"字处置构式结合,从而使得"将/把"字处置构式得以发展,石毓智也指出:"动补结构的建立是推动处置式发展的主要动力。"③ 例如:

(1) 图把一春皆占断,固留三月始教开。(唐·秦韬玉《牡丹》)
(2) 将圣贤之语解开了,庶易读。(《朱子语类》卷十一)

以上两例都表示对"将/把"宾语的处置,此时"将/把"只能分析为处置介词,而不能分析为动词。而"持/取"字处置构式出现于魏晋时期,这一时期动补结构尚未形成,且"持/取"字处置构式是由连动式语法化而来,由于动词的语法化是一个连续统,在动词和介词之间没有清

---

① 龙国富:《试论"以""持"不能进入狭义处置式的原因》,《古汉语研究》2007 年第 1 期。
② 蒋绍愚:《近代汉语研究概要》(修订本),北京大学出版社 2017 年版,第 211 页。
③ 石毓智:《语法化的动因与机制》,北京大学出版社 2006 年版,第 106 页。

晰的界限，加之动词"持/取"也可表示抽象的"持握/拿取"义，因而在部分"持/取"字处置构式中，"持/取"还可以看作具有一定的动作性，如上例（9）（10）（12）（13），在这种情况下，"持/取"字处置构式表示的处置意义不够典型，很难成为汉语中的常用句式，这就促使汉语中出现其他类型的处置构式，从而开始形成"将/把"字处置构式。例如：

（3）善知识将佛法菩提与人，亦不为人安心。（《神会和尚语录》）

（4）把舜子头发悬在中庭树地。（《敦煌变文集·舜子变》）

（5）每把金襕安膝上，更将银缕挂肩头。（《敦煌变文集·妙法莲华经讲经文》）

（6）莫将天女施沙门，休把娇姿与菩萨。（《敦煌变文·维摩诘经讲经文》

以上4例都属于处置构式"将/把+O_1+V+O_2"，其中"将/把"也可以分析为动词，如例（5）表示"拿着'金襕''银缕'分别放到'膝上''肩头'"。虽然例（3）（6）中"将/把"的宾语是不可把握的抽象事物，但是这可以看作是动词"将/把"表示抽象的"携带/把握"义，这可以和"持/取"字处置构式进行比较。例如：

（7）我今持此法付授迦叶及阿难比丘。（《增壹阿含经》卷三十五）

（8）我持此功德并施汝等。（《增壹阿含经》卷二十二）

（9）为利养故，取彼佛语化道众生，而无实事。（《百喻经》卷一）

（10）如彼外道偷取佛法着己法中，妄称己有非是佛法。（《百喻经》卷二）

以上4例属于"持/取"字处置构式，其中"持/取"的宾语也是不可持握的抽象事物，"持/取"也可以看作是表示抽象的"持握"义的动词。即从句法语义来看，以上4例中的"持/取"字处置构式和例

(3)(6)中的"将/把"字处置构式都相同,但是"持/取"字处置构式逐渐衰落,而"将/把"字处置构式得以继续发展,这可以看作是动补结构的影响。"将"字处置构式萌芽于两晋,至隋唐数量逐渐增多,而"把"字处置构式则形成于唐代,由于唐代动补结构逐渐形成,此后出现也较为普遍,从而与"将/把"字处置构式结合,使得"将/把"字处置构式的处置意义明确,进而逐渐稳定下来,成为汉语中典型的处置构式,一直沿用到现代汉语中,此后也再未出现其他类型的处置构式,这体现了语法的系统性。

2.4.5 汉语词汇双音化的影响

东晋时期出现处置构式"Prep(持/取)+O+V",但是这种形式并没有在语法系统稳定下来成为汉语的常用句式,这是由于汉语词汇双音化的影响,正如王忻指出:"复音化是汉语词汇发展的总趋势,秦汉间复音词虽不断增长,但直到魏晋南北朝才取得突破性的进展。"① 孙艳进一步指出:"佛经翻译的影响是汉语双音化在魏晋时期步伐加快的重要动因,由此导致了多种构词法的增长和完善。"② 因此汉语双音化的影响主要体现在两点:一是由于汉语词汇的双音化,汉语中最小的、能够自由独立运用的韵律单位变为两个音节,因而单音节动词一般不能独立出现在处置构式"持/取+O+$V_{单音}$"中,使得"持/取+O+$V_{单音}$"形式逐渐衰落;二是由于汉语双音化的发展趋势使得"持/取+O+$V_{单音}$"形式不符合语法规范,取而代之的是"持/取+O+$V_{双音}$"形式,但是在"持/取+O+$V_{双音}$"形式中,也只是表示对"O"施以动作行为"$V_{双音}$",语义不够完整明确,这就为其他形式的出现提供了语义基础。而汉语词汇双音化的趋势同时推动了动补结构"V+C"的形成,如石毓智指出:"动补结构产生的原动力是汉以后兴起的双音化趋势,受双音化趋势的制约,高频率共现的单音节动词和结果成分在紧邻的句法环境里发生融合。"③ 由于唐宋时期动补结构"V+C"开始普遍出现,加之"将/把"字处置构式的兴盛,因而"持/取+O+

---

① 王忻:《从〈颜氏家训〉管窥魏晋时期汉语词汇复音化的发展》,《古汉语研究》1998年第3期。

② 孙艳:《佛经翻译与汉语四字格的发展》,《中央民族大学学报》2005年第1期。

③ 石毓智:《汉语发展史上的双音化趋势和动补结构的诞生——语音变化对语法发展的影响》,《语言研究》2002年第1期。

$V_{双音}$"形式逐渐被表义更为明确的"将/把+O+V+C"形式取代,"持/取"字处置构式也就不再具有得以继续发展的条件。"Prep(持/取)+O+V"形式作为汉语处置构式的新形式,却未能在语法系统中沿用下来,也未能推动"持/取"字处置构式的进一步发展,反而逐渐消亡,这体现了汉语词汇双音化对处置式发展的影响。

2.5 小结

唐宋时期,"持/取"字处置构式有两种形式表现,一是"持/取+O_1+V+O_2"形式,其构式义为"对'O_1'施以处置动作'V',致使'O_1'关联'O_2'";二是"持/取+O(+X)+V"形式,其构式义为"对'O'施以处置动作'V'"。由于语法具有系统性,一种语法现象的形成与变化往往会受到其他语法现象的影响,因此"持/取"字处置构式以及其不同类型的历时形成与发展演变并不相同。处置构式"持/取+O_1+V+O_2"形成于魏晋时期,它的形成是连动式"持/取+O_1+V+O_2"重新分析的结果,即来源于动词"持/取"的语法化。其语法化的内因是动词"持/取"分别具有[+持握][+拿取]的语义特征,且可以表示抽象的"持握""拿取"义,在连动式"持/取+O_1+V+O_2"中实际也可包含对"O_1"的处置,从而为"持/取"连动式的重新分析提供了语义支持,加之魏晋时期"持/取"连动式出现数量增多,使用频率的提高既为前项动词提供了适宜语法化的句法环境,也为连动式进行重新分析奠定了使用频率基础。外因是"以"字处置构式的类推作用,由于连动式"持/取+O_1+V+O_2"和处置构式"以+O_1+V+O_2"形式相同,都是连接两个名词性成分,当受到"以"字处置构式的格式类推时,推动连动式"持/取+O_1+V+O_2"向处置构式"持/取+O_1+V+O_2"的重新分析。与"以"字处置构式的形成过程不同,"持/取"字处置构式的形成经历了"连动式—处置式"的过程,而没有经历过"工具式"过渡阶段,这体现了动词的语义特征因素和语法系统对其语法化的影响。而处置构式"持/取+O+V"的形成是两个因素的共同推动:一是连动式"持/取+O+V"的重新分析;二是处置构式"持/取+O+V+之"的省略,这两种因素实质上是相互影响的,说明"持/取"字处置构式的不同类型并不都是由连动式重新分析而来。魏晋以后"持/取"字处置构式日趋衰落,未能成为汉语中的常用句式，其内因是动词"持"作为典型动作动词的限制，其语法化就不够彻底，而且"持/取"字处置构式多用于汉译佛经，本土文献较为少见，大大制约了"持/取"的进一步语法化，这体现了使用频率因素对动词语法化程度的影响；外因是则是由于"持/取"字处置构式的兴起，与之形成择一竞争，从而压制了"持/取"字处置构式的进一步发展，而且该时期动补结构尚未形成也使得处置构式缺乏进一步发展完善的句法环境。总之，"持/取"字处置构式的产生、发展及其在同其他处置式择一竞争中的衰落及消亡，既体现了介词语法化中动词语义特征因素和使用频率因素的影响，也体现了语法系统对具体语法现象发展的影响。

第3章 唐宋"将/把"字处置构式分析

在现代汉语中,"将/把"字处置构式作为一种常见句式,也是一种非常重要的语法现象,受到学界的普遍关注,取得了丰硕的研究成果。蒋绍愚与曹广顺指出:"从现代汉语平面研究得出的结论,有一些未必能适用于历史上的'把/将'字句。"① 这说明加深处置构式历时层面的研究很有必要。因此,加深对"将/把"字处置构式的历时研究,有助于更好地理解处置构式的形成发展,把握处置构式的全貌。从"将/把"字处置构式的出现时间来看,"将"字处置构式最早出现于魏晋六朝时期,但是在唐宋时期大量出现,而"把"字处置构式最早出现于唐代。实际上关于"将"字处置构式的形成时代,学界尚存在争议:一是认为出现于魏晋六朝时期,如刁晏斌②、吴福祥③等学者;二是认为出现于隋代,如魏培泉④等学者;三是认为出现于唐代,如祝敏彻⑤、王力⑥等学者。关于"把"字处置构式的形成时代,学界也存在争议:一是认为出现于秦代,如吉仕梅⑦等学者;二是认为出现于魏晋六朝时期,如太田辰夫⑧、潘允

---

① 蒋绍愚、曹广顺主编:《近代汉语语法史研究综述》,商务印书馆2005年版,第12页。
② 刁晏斌:《近代汉语"把"字句与"将"字句的区别》,《辽宁师范大学学报》(社会科学版)1993年第1期。
③ 吴福祥主编:《近代汉语语法》,中国社会科学出版社2015年版,第386页。
④ 魏培泉:《论古代汉语中几种处置式在发展中的分与合》,郑秋豫主编《中国境内语言暨语言学》(第四辑),"中研院"历史语言研究所出版品编辑委员会1997年版,第572页。
⑤ 祝敏彻:《论初期处置式》,北京大学中国语言文学系编《语言学论丛》(第一辑),新知识出版社1957年版,第17—33页。
⑥ 王力:《汉语史稿》,中华书局2013年版,第400页。
⑦ 吉仕梅:《"把"字句究竟出现于何时》,《乐山师专学报》(社会科学版)1995年第2期。
⑧ [日]太田辰夫:《中国语历史文法》(修订译本),蒋绍愚、徐昌华译,北京大学出版社2003年版,第241页。

中[1]等学者；三是认为出现于唐代，如祝敏彻[2]、王力[3]等学者。我们立足语法的系统性，结合语言的时代性，通过考察不同时期的文献，全面系统分析"将/把"式的语义特点及历时形成，一是认为魏晋六朝时期就已经形成"将"字处置构式了，因而赞同吴福祥、刁晏斌等先生的观点；二是认为"把"字处置构式出现于唐代，因而赞同祝敏彻、王力等先生的观点。总的来看，"将/把"字处置构式大致出现于唐代，到了宋代基本定型，其不同类型都已较为常见，因此我们对唐宋时期的"将/把"字处置构式进行分析，探讨其语义特点和语法意义，揭示其成因及历时发展，旨在梳理出"将/把"字处置构式的发展脉络。唐宋时期的处置构式中，出现数量最多、使用频率最高的是"将/把"字处置构式，并且"将/把"字处置构式具有两个新的变化，一是在形式上，出现了"将/把+O（+X）+V+Y"形式，"Y"主要指的是补语和动态助词；二是在语义上，"将/把"字处置构式中的"O"可以是"V"的当事或施事。从历时来看，当"将/把"字处置构式出现之后，逐渐替换了原有的"以"字处置构式和"持/取"字处置构式，并一直沿用到现代汉语。

3.1 "将/把"字处置构式的语义特点

唐宋时期，"将/把"字处置构式出现数量较多，根据其形式表现，同时结合构式的论元角色，可以分为三种类型，分别为："将/把+O_1+V+O_2"形式、"将/把+O（+X）+V"形式和"将/把+O（+X）+V+Y"形式。其中"P+O_1+V+O_2"形式和"P+O（+X）+V"形式在唐代以前就已经出现，而"P+O（+X）+V+Y"形式首见于唐代，这体现了处置构式的发展变化。我们根据"将/把"字处置构式的形式表现，分析不同形式中各句法成分的语义特点。蒋绍愚与曹广顺指出："关于'把/将'字句，究竟哪些语义类别的名词可以作'把/将'的宾语，哪些语义类别的动词可以作'把/将'字句的谓语，'把/将'字句有什么语义、语用特

---

[1] 潘允中：《汉语语法史概要》，中州书画社1982年版，第262页。
[2] 祝敏彻：《论初期处置式》，北京大学中国语言文学系编《语言学论丛》（第一辑），新知识出版社1957年版，第17—33页。
[3] 王力：《汉语史稿》，中华书局2013年版，第400页。

点，这些问题都和'把/将'字句的产生和发展有密切的关系。"① 因此，通过分析"将/把"字处置构式的语义特征，有利于更好地深入理解"将/把"字处置构式的历时形成与发展演变。

3.1.1 "将/把+O_1+V+O_2"式

唐宋时期，"将/把+O_1+V+O_2"形式出现数量较多，语义类型比较丰富，我们主要分析宾语"O_1""O_2"的语义特点和"O_2"的语义类型。

3.1.1.1 "O_1"的语义特点

在处置构式"将/把+O_1+V+O_2"中，"O_1"既可以是名词、代词和谓词，也可以是名词性短语和谓词性短语。

3.1.1.1.1 "O_1"为名词和名词性短语

在处置构式"将/把+O_1+V+O_2"中，当"O_1"为名词和名词性短语时，既可以是具体的名词和名词性短语，也可以是抽象的名词和名词性短语。

3.1.1.1.1.1 "O_1"为具体名词

当"O_1"为具体名词时，唐宋时期共出现414例，其中唐代"将"字处置构式出现143例，"把"字处置构式出现47例；宋代"将"字处置构式出现131例，"把"字处置构式出现93例。例如：

(1) 将身入清水，水亦变为泥。若将珠投之，随珠浊水便清。（《敦煌变文校注》卷五《维摩诘经讲经文》）

(2) 汉祖谩夸娄敬策，却将公主嫁单于。（唐·戴叔伦《塞上曲二首》）

(3) 主司何事厌吾王，解把黄巢比武王。（唐·无名氏《嘲主司崔澹》）

(4) 衙内把马系在庄前柳树上，便去叩那庄门。（《话本·崔衙内白鹞招妖》）

在以上4例中，"O_1"都是具体名词，既可以是指人名词，如例

---

① 蒋绍愚、曹广顺主编：《近代汉语语法史研究综述》，商务印书馆2005年版，第12页。

(2) 中的"公主",也可以是指物名词,如例(1)中的"珠"。

3.1.1.1.1.2 "O_1"为具体名词性短语

当"O_1"为具体的名词性短语时,即短语中的中心成分属于具体名词,唐宋时期共出现 481 例,其中唐代"将"字处置构式出现 110 例,"把"字处置构式出现 52 例;宋代"将"字处置构式出现 218 例,"把"字处置构式出现 101 例。例如:

(1) 寒气宜人最可怜,故将寒水散庭前。(唐·张说《苏摩遮五首》)

(2) 把从前文字,委诸河伯。(宋·吴泳《满江红·再游西湖和李微之》)

(3) 将军醉罢无余事,乱把花枝折赠人。(唐·高骈《广陵宴次戏简幕宾》)

(4) 鸳鸯绣出从君看,不把金针度与人。(《五灯会元》卷二十)

在以上 4 例中,"O_1"都是具体的名词性短语,如例(1)(3)中的"寒水""花枝"。

3.1.1.1.1.3 "O_1"为抽象名词

当"O_1"为抽象名词时,唐宋时期共出现 216 例,其中唐代"将"字处置构式出现 62 例,"把"字处置构式出现 11 例;宋代"将"字处置构式出现 91 例,"把"字处置构式出现 52 例。例如:

(1) 相劝事须行孝顺,莫将恩德看为闲。(《敦煌变文》卷五《父母恩重经讲经文》)

(2) 日日悲伤未有图,懒将心事话凡夫。(唐·王福娘《问榮诗》)

(3) 当初姊姊分明道,莫把真心过与他。(唐·无名氏《抛球乐·珠泪纷纷湿绮罗》)

(4) 若将明月为侣伴,应把清风遗子孙。(唐·方干《李侍御上虞别业》)

在以上4例中,"O_1"都是抽象名词,如例(1)(2)中的"恩德""心事",例(3)(4)中的"真心""清风"。

3.1.1.1.1.4 "O_1"为抽象名词性短语

当"O_1"为抽象的名词性短语时,即短语中的中心成分属于抽象名词,唐宋时期共出现298例,其中唐代"将"字处置构式出现78例,"把"字处置构式出现18例;宋代"将"字处置构式出现116例,"把"字处置构式出现86例。例如:

(1) 惭将此时意,明日寄东山。(唐·贯休《酬杜使君见寄》)

(2) 风慢日迟迟,拖烟拂水时。惹将千万恨,系在短长枝。(唐·崔橹《柳》)

(3) 西风万里东归去,更把愁心说向谁。(唐·杜荀鹤《辞杨侍郎》)

(4) 尽把归心付红叶,晚来随水向东流。(唐·赵嘏《经汉武泉》)

在以上4例中,"O_1"都是抽象的名词性短语,如例(1)(2)中的"此时意""千万恨",例(3)(4)中的"愁心""归心"。

3.1.1.1.2 "O_1"为代词

在处置构式"将/把+O_1+V+O_2"中,当"O_1"为代词时,唐宋时期共出现52例,其中唐代"将"字处置构式出现3例,但是没有出现"把"字处置构式;宋代"将"字处置构式出现32例,"把"字处置构式出现17例。根据"O_1"的特点,可以将其分为三类:一是指示代词;二是疑问代词;三是人称代词。

3.1.1.1.2.1 "O_1"为指示代词

(1) 此是闲暇语话引来,非是达摩将此为祖宗的意。(《祖堂集》卷十八)

(2) 问:"大事作么生。"师执僧手曰:"上座将此问谁。"(《景德传灯录》卷十六)

(3) 这虚也只是无欲,渠便将这个唤做道体。(《朱子语类》卷

九十九《张子书二》）

(4) 只是孔门弟子编集，把这个作第一件。(《朱子语类》卷二十《论语二》)

(5) 耳能闻，目能见，他便把这个作性，不知这个禽兽皆知。(《朱子语类》卷五十七《孟子七》)

(6) 故君子不当以此为主，而以天命之理为主，都不把那个当事，但看这理合如何。(《朱子语类》卷六十一《孟子十一》)

在以上 6 例中，"O_1" 属于指示代词，代指前面出现的成分，如例 (5) 中的"这个"代指"耳能闻，目能见"，例 (6) 中的"那个"指的是"天命之理"。

3.1.1.1.2.2 "O_1" 为疑问代词

(1) 问："灵山会上，法法相传，未审齐云将何付嘱于人？"(《祖堂集》卷十一)

(2) 问："从上诸圣将何示人。"(《景德传灯录》卷二十)

(3) 师曰："道者前时谢汝请我，将什么与汝好。"(《景德传灯录》卷二十五)

(4) 禅德，汝唤什么作平实，把什么作圆常？(《景德传灯录》卷二十一)

(5) 孝弟不是仁，更把甚么做仁！(《朱子语类》卷二十《论语二》)

在以上 5 例中，"O_1" 属于疑问代词，如例 (1) 中的"何"，例 (4) 中的"什么"。

3.1.1.1.2.3 "O_1" 为人称代词

(1) 韦义方道："我路上听得人说道，爹爹得十万贯钱，把你卖与卖瓜人张公，却是如何？"(《话本·张古老种瓜娶文女》)

(2) 秀秀道："你记得当时在月台上赏月，把我许你，你兀自拜谢，你记得也不记得？"(《话本·崔待诏生死冤家》)

(3) 欧阳永叔它自要做韩退之，却将我来比孟郊！(《朱子语类》

卷一百三十七《战国汉唐诸子》）

（4）你劫了我钱物，杀了我哥哥，杀了我当直周吉，骗了我身己，又将我卖在这里！（《话本·万秀娘仇报山亭儿》）

在以上4例中，"O_1"属于人称代词，如例（1）中的"你"，例（4）中的"我"。

3.1.1.1.3 "O_1"为谓词或谓词性短语

在处置构式"将/把+O_1+V+O_2"中，"O_1"既可以是谓词，也可以是谓词性短语。

3.1.1.1.3.1 "O_1"为谓词

当"O_1"为谓词时，唐宋时期共出现78例，其中唐代"将"字处置构式出现20例，"把"字处置构式出现6例；宋代"将"字处置构式出现31例，"把"字处置构式出现21例。例如：

（1）归将有余救不足者，将安乐施危厄者。（《敦煌变文校注》卷五《维摩诘经讲经文》）

（2）何事从来好时节，只将惆怅付词人。（唐·吴融《楚事》）

（3）只将羞涩当风流，持此相怜保终始。（唐·骆宾王《代女道士王灵妃赠道士李荣》）

（4）将新变故易，持故为新难。（唐·孟郊《杂曲歌辞·妾薄命》）

（5）欲把伤心问明月，素娥无语泪娟娟。（唐·韦庄《夜景》）

（6）欲把相思说似谁，浅情人不知。（宋·晏几道《长相思·长相思》）

（7）如今全失了小学工夫，只得教人且把敬为主，收敛身心，却方可下工夫。（《朱子语类》卷七《学一》）

（8）都把多情，变作无情绪。（宋·张镃《蝶恋花·杨柳秋千旗斗舞》）

在以上8例中，"O_1"都属于谓词，这可以分为两类：一类是动词，如例（1）（7）中的"安乐""敬"；一类是形容词，如例（4）（8）中的"新""多情"。

3.1.1.1.3.2 "O_1"为谓词性短语

当"O_1"为谓词性短语时,唐宋时期共出现105例,其中唐代"将"字处置构式出现28例,"把"字处置构式出现9例;宋代"将"字处置构式出现36例,"把"字处置构式出现32例。例如:

(1) 且将聚散为闲事,须信华枯是偶然。(宋·徐铉《寄外甥苗武仲》)

(2) 何以效酬天地力,只将忠孝报君王。(《敦煌变文校注》卷五《长兴四年中兴殿圣节讲经文》)

(3) 宫城南面有深山,尽将老幼藏其间。(唐·张籍《相和歌辞·董逃行》)

(4) 又翻成轻别,都将深恨,付与东流。(宋·查荎《透碧霄·舣兰舟》)

(5) 看来子贡初年也是把贫与富煞当事了。(《朱子语类》卷二十二《论语四》)

(6) 应把旧愁新怨、入眉峰。(宋·向子諲《虞美人·去年不到琼花底》)

(7) 且莫把孤愁,说与当时歌舞。(宋·张炎《长亭怨·之北》)

(8) 莫因酒病疏桃李,且把春愁付管弦。(宋·黄庭坚《寄怀公寿》)

在以上8例中,"O_1"都属于谓词性短语,如例(1)(2)中的"聚散""忠孝",例(7)(8)中的"孤愁""春愁"。

总的来看,唐宋时期,由于处置构式"将/把+O_1+V+O_2"具有较高的使用频率,因此"O_1"出现数量较多。从语义所指来看,"O_1"的语义类别丰富,既可以指具体事物,也可以指抽象事物;即出于表义的需要,可以选择不同类别的"O_1",其语义所指没有限制,并且在"将"字处置构式和"把"字处置构式中,"O_1"的语义所指没有差别。

3.1.1.2 "O_2"的语义特点

唐宋时期,在处置构式"将/把+O_1+V+O_2"中,"O_2"既可以是名词、代词和谓词，也可以是名词性短语和谓词性短语，出现数量较多，语义类别较为丰富。

3.1.1.2.1 "O_2"为名词或名词性短语

在处置构式"将/把+O_1+V+O_2"中，当"O_2"为名词或名词性短语时，既可以是具体的名词和名词性短语，也可以是抽象的名词和名词性短语。

3.1.1.2.1.1 "O_2"为具体名词

当"O_2"为具体名词时，唐宋时期共出现477例，其中唐代"将"字处置构式出现130例，"把"字处置构式出现53例；宋代"将"字处置构式出现190例，"把"字处置构式出现104例。例如：

（1）独望西山去，将身寄白云。（唐·皎然《奉陪颜使君修〈韵海〉毕，东溪泛舟饯诸文士》）

（2）将心托明月，流影入君怀。（唐·齐浣《相和歌辞·长门怨》）

（3）欲把伤心问明月，素娥无语泪娟娟。（唐·韦庄《夜景》）

（4）若将明月为俦侣，应把清风遗子孙。（唐·方干《李侍御上虞别业》）

（5）相如未老，尽把衷肠，分付瑶琴。（宋·仇远《塞翁吟·风柳吹残醉》）

在以上5例中，"O_2"都属于具体名词，如例（1）（2）中的"白云""明月"，例（4）（5）中的"子孙""瑶琴"。

3.1.1.2.1.2 "O_2"为具体名词性短语

当"O_2"为具体的名词性短语时，即短语中的中心成分属于具体名词，唐宋时期共出现503例，其中唐代"将"字处置构式出现150例，"把"字处置构式出现39例；宋代"将"字处置构式出现195例，"把"字处置构式出现119例。例如：

（1）须将一片地，付与有心人。（唐·钱镠《句》）

（2）惭将此时意，明日寄东山。（唐·贯休《酬杜使君见寄》）

第3章 唐宋"将/把"字处置构式分析

(3) 风慢日迟迟,拖烟拂水时。惹将千万恨,系在短长枝。(唐·崔橹《柳》)

(4) 谢将清酒寄愁人,澄澈甘香气味真。(唐·孙氏《谢人送酒》)

(5) 尽把归心付红叶,晚来随水向东流。(唐·赵嘏《经汉武泉》)

(6) 莫把壶中秘诀,轻传尘里游人。(唐·李中《寄杨先生》)

(7) 把人间、古今勋业,一时都付杯酒。(宋·何梦桂《摸鱼儿·把人间》)

(8) 把功名,分付诸公,聊自赏酒盈斗。(宋·李曾伯《水龙吟·癸丑二月襄阳得捷,和刘制参韵》)

在以上 8 例中,"O_2"都属于具体的名词性短语,如例(1)(2)中的"有心人""东山",例(5)(6)中的"红叶""尘里游人"。

3.1.1.2.1.3 "O_2"为抽象名词

当"O_2"为抽象名词时,唐宋时期共出现 156 例,其中唐代"将"字处置构式出现 52 例,"把"字处置构式出现 14 例;宋代"将"字处置构式出现 58 例,"把"字处置构式出现 32 例。例如:

(1) 世上何人会此言,休将名利挂心田。(唐·吕岩《七言》)

(2) 只将羞涩当风流,持此相怜保终始。(唐·骆宾王《代女道士王灵妃赠道士李荣》)

(3) 渐老旧交情更重,莫将美酒负良辰。(唐·杨发《东斋夜宴酬绍之起居见赠》)

(4) 且把酒杯添志气,已将身事托公卿。(唐·杜荀鹤《乱后宿南陵废寺寄沈明府》)

(5) 裹真香葵倾劝盏,都把芳心为寿。(宋·赵师侠《济天乐》)

(6) 倩谁共、东君说,把阳和、分付朔风。(宋·赵时奚《恋绣衾》)

在以上 6 例中,"O_2"都属于抽象名词,如例(1)(2)中的"心田""风流",例(4)(5)中的"志气""寿"。

3.1.1.2.1.4 "O_2"为抽象名词性短语

当"O_2"为抽象的名词性短语时,即短语中的中心成分属于抽象名词,唐宋时期共出现224例,其中唐代"将"字处置构式出现46例,"把"字处置构式出现13例;宋代"将"字处置构式出现107例,"把"字处置构式出现58例。例如:

(1) 还将孤赏意,暂寄玉琴声。(唐·李德裕《潭上喜见新月》)

(2) 本不将心挂名利,亦无情意在樊笼。(唐·李群玉《请告出春明门》)

(3) 拟将幽恨诉新愁,新愁未尽弦声切。(宋·郑仅《调笑转踏》)

(4) 虚教六尺受辛苦,枉把一身忧是非。(宋·李山甫《下第献所知三首》)

(5) 当年玉女何事,未擗世间缘,要把平夷心事,散作吉祥种子,春暖玉生烟。(宋·魏了翁《水调歌头·涪右金华宅》)

(6) 却因甚、不把欢期,付与少年华月。(宋·吴文英《六丑》)

在以上6例中,"O_2"都属于抽象的名词性短语,如例(1)(2)中的"玉琴声""名利",例(5)(6)中的"吉祥种子""少年华月"。

3.1.1.2.2 "O_2"为代词

在处置构式"将/把+O_1+V+O_2"中,当"O_2"为代词时,唐宋时期共出现84例,其中唐代"将"字处置构式出现22例,"把"字处置构式出现5例;宋代"将"字处置构式出现31例,"把"字处置构式出现26例。根据"O_2"的类型,可以分为两类:一是人称代词;二是疑问代词。例如:

3.1.1.2.2.1 "O_2"为人称代词

(1) 师曰:"谁将生死与汝?"侍者却来举似和尚。(《祖堂集》

卷四）

(2) 师曰："道者前时谢汝请我，将什么与汝好。"（《景德传灯录》卷二五）

(3) 或先是见公冶长，遂将女妻他。（《朱子语类》卷二十八《论语十》）

(4) 一时将许多大事分付与他，是他大段了得。（《朱子语类》卷四十五《论语二十七》）

(5) 当初姊姊分明道，莫把真心过与他。（唐·林楚翘《抛球乐》）

(6) 曾子尽晓得许多散钱，只是无这索子，夫子便把这索子与他。（《朱子语类》卷二十七《论语九》）

在以上 6 例中，"O_2" 属于人称代词，如例（1）中的"汝"，例(6) 中的"他"。

3.1.1.2.2.2 "O_2" 为疑问代词

(1) 师执僧手曰："上座将此问谁。"（《景德传灯录》卷十六）
(2) 夜深斜倚朱栏外，拟把邻光借与谁。（唐·刘兼《玉烛花》）
(3) 拟欲事师为弟子，不知将法付何人。（唐·裴休《赠黄檗山僧希运》）
(4) 尽握兵权犹不得，更将心计托何人。（唐·许浑《韩信庙》）

在以上 4 例中，"O_2" 属于疑问代词，其中例（3）（4）应当看作是短语，形式表现为"疑问代词+名词"，表示"什么人"，但是由于在唐宋时期出现数量较少，共出现 8 例，且表示疑问，因此我们将"何+O"看作是疑问代词。

3.1.1.2.3 "O_2" 为谓词和谓词性短语

在处置构式"将/把+O_1+V+O_2"中，"O_2" 既可以是谓词，也可以是谓词性短语。

3.1.1.2.3.1 "O_2"为谓词

当"O_2"为谓词时,唐宋时期共出现91例,其中唐代"将"字处置构式出现20例,"把"字处置构式出现7例;宋代"将"字处置构式出现30例,"把"字处置构式出现34例。例如:

(1) 以此思量这丈夫,何必将心生爱恋。(《敦煌变文校注》卷五《佛说观弥勒菩萨上生兜率天经讲经文》)

(2) 相劝事须行孝顺,莫将恩德看为闲。(《敦煌变文校注》卷五《父母恩重经讲经文》)

(3) 念彼上人者,将生付寂寞。(唐·皮日休《初夏游楞伽精舍》)

(4) 醉人入岛来,将醉强为醒。(唐·无名氏《曲石凫》)

(5) 圣代牧人无远近,好将能事济清闲。(唐·薛逢《送刘郎中牧杭州》)

(6) 虚把身心生寂寞,待来时,须祈祷。(唐·林楚翘《鱼歌子·洞房深》)

(7) 待尽把愁肠,分付沈醉。(宋·无名氏《月华清慢》)

在以上7例中,"O_2"都属于谓词,这可以分为两类:一类属于动词,如例(1)(4)中的"爱恋""醒";一类属于形容词,如例(5)(6)中的"清闲""寂寞"。

3.1.1.2.3.2 "O_2"为谓词性短语

当"O_2"为谓词性短语时,唐宋时期共出现92例,其中唐代"将"字处置构式出现22例,"把"字处置构式出现11例;宋代"将"字处置构式出现37例,"把"字处置构式出现22例。例如:

(1) 政化有同风偃草,更将余力拯孤寒。(唐·李中《和浔阳宰感旧绝句五首》)

(2) 独有仙郎心寂寞,却将宴坐为行乐。(唐·王维《同比部杨员外十五夜游有怀静者季》)

(3) 拟将沈醉为清欢,无奈醒来还感旧。(宋·欧阳修《玉楼春》)

(4) 谁知渐识会东西，时把父娘生毁辱。(《敦煌变文校注》卷五《父母恩重经讲经文》)

(5) 断除邪见绝施为，莫把经文起违逆。(《敦煌变文校注》卷五《维摩诘经讲经文》)

(6) 更把浮荣喻生灭，世间无事不虚空。(唐·顾况《赠僧二首》)

(7) 然毕竟离於正道，去人伦，把世事为幻妄。(《朱子语类》卷五十二《孟子二》)

在以上 7 例中，"O_2" 都是谓词性短语，如例 (2) (3) 中的"行乐""清欢"，例 (5) (6) 中的"违逆""生灭"。

总的看来，在"将/把+O_1+V+O_2"中，"O_2"出现数量较多，从语义所指来看，"O_2"既可以指具体事物，也可以指抽象事物，即出于表义的需要，可以选择不同类别的"O_2"，并且在"将"字处置构式和"把"字处置构式中，"O_2"的语义类别没有差别。

3.1.1.3 "O_2"的语义类型

在处置构式"将/把+O_1+V+O_2"中，"V"和"O_2"的语义关系可以分为三类：一是"V"和"O_2"是"动作—与事"关系，即"O_2"属于与事宾语；二是"V"和"O_2"是"动作—结果"关系，即"O_2"属于结果宾语；三是"V"和"O_2"是"动作—处所"关系，即"O_2"属于处所宾语。

3.1.1.3.1 "O_2"属于与事宾语

在处置构式"将/把+O_1+V+O_2"中，当"O_2"属于与事宾语时，唐宋时期共出现 1000 例，其中唐代"将"字处置构式出现 320 例，"把"字处置构式出现 106 例；宋代"将"字处置构式出现 359 例，"把"字处置构式出现 215 例。例如：

(1) 归将有余救不足者，将安乐施危厄者。(《敦煌变文校注》卷五《维摩诘经讲经文》)

(2) 唐朝忍禅师在东山将袈裟付嘱与能禅师。(《神会语录·菩提达摩南宗定是非论一卷》)

(3) 日日悲伤未有图，懒将心事话凡夫。（唐·王福娘《问棨诗》）

(4) 莫将天女施沙门，休把娇姿与菩萨。（《敦煌变文校注》卷五《维摩诘经讲经文》）

(5) 敢把吾师意，密传门外僧。（唐·齐己《寄双泉大师师兄》）

(6) 偶传新句来中禁，谁把闲书寄上卿。（唐·吴融《寄僧》）

在以上 6 例中，"O_2" 属于 "V" 的与事宾语，如例（1）中的"危厄者"可以看作是动词"施"的与事宾语，例（5）中的"门外僧"可以看作是动词"与"的与事宾语。

3.1.1.3.2 "O_2" 属于结果宾语

在处置构式 "将/把+O_1+V+O_2" 中，当 "O_2" 属于结果宾语时，唐宋时期共出现 457 例，其中唐代"将"字处置构式出现 96 例，"把"字处置构式出现 23 例；宋代"将"字处置构式出现 196 例，"把"字处置构式出现 142 例。例如：

(1) 将名作姓李千里，将姓作名吴栖梧。（唐·张元一《叙可笑事》）

(2) 一领彤弓下赤墀，惟将清净作藩篱。（唐·贯休《上卢使君二首》）

(3) 若将明月为俦侣，应把清风遗子孙。（唐·方干《李侍御上虞别业》）

(4) 有人把椿树，唤作白栴檀。（唐·寒山《诗三百三首》）

(5) 主司何事厌吾王，解把黄巢比武王。（唐·无名氏《嘲主司崔澹》）

(6) 问我别来何所得，解将无事当无为。（唐·朱湾《过宣上人湖上兰若》）

在以上 6 例中，"O_2" 属于 "V" 的结果宾语，如例（2）中的"藩篱"可以看作是动词"作"的结果宾语，例（5）中的"黄巢"可以看作是动词"当"的结果宾语。

3.1.1.3.3 "O_2"属于处所宾语

在处置构式"将/把+O_1+V+O_2"中,当"O_2"属于处所宾语时,唐宋时期共出现167例,其中唐代"将"字处置构式出现22例,"把"字处置构式出现11例;宋代"将"字处置构式出现93例,"把"字处置构式出现41例。例如:

(1) 每把金襕安膝上,更将银缕挂肩头。(《敦煌变文校注》卷五《妙法莲华经讲经文》)
(2) 寒气宜人最可怜,故将寒水散庭前。(唐·张说《苏摩遮五首》)
(3) 世上何人会此言,休将名利挂心田。(唐·吕岩《七言》)
(4) 把舜子头发,悬在中庭树地。(《敦煌变文校注》卷二《舜子变》)
(5) 难把寸光藏暗室,自持孤影助明时。(唐·齐己《萤》)
(6) 那堪旅馆经残腊,只把空书寄故乡。(唐·杜荀鹤《维扬冬末寄幕中二从事》)

在以上6例中,"O_2"属于"V"的处所宾语,如例(2)中的"庭前"可以看作是动词"散"的处所宾语,例(5)中的"暗室"可以看作是动词"藏"的处所宾语。

总的来看,在处置构式"将/把+O_1+V+O_2"中,当"O_2"属于与事宾语时,出现数量最多;当"O_2"属于处所宾语时,出现数量最少,这体现了在唐宋时期,不同类型的"O_2"具有不同的出现频率。

3.1.2 "将/把+O(+X)+V"式

唐宋时期,由于受到诗词格律的影响,"将/把+O(+X)+V"形式具有较高的出现频率,语义类型比较丰富。在处置构式"将/把+O(+X)+V"中,为了表义的需要,动词"V"的语义类型没有限制,因此我们主要分析宾语"O"的语义特点。

3.1.2.1 "O"的语义特点

唐代,在处置构式"将/把+O(+X)+V"中,"O"既可以是名词和谓词,也可以是名词性短语和谓词性短语,其中"将+O(+X)+V"

中的"O"还可以是代词。宋代，在处置构式"将/把+O（+X）+V"中，"O"既可以是名词、代词和谓词，也可以是名词性短语和谓词性短语。

3.1.2.1.1 "O"为名词和名词性短语

在处置构式"将/把+O（+X）+V"中，当"O"为名词和名词性短语时，既可以是具体的名词和名词性短语，也可以是抽象的名词和名词性短语。

3.1.2.1.1.1 "O"为具体名词

当"O"为具体名词时，唐宋时期共出现316例，其中唐代"将"字处置构式出现33例，"把"字处置构式出现48例；宋代"将"字处置构式出现74例，"把"字处置构式出现161例。例如：

（1）吾竹窗兄，吾能评者，只将竹看。（宋·陈著《沁园春·寿竹窗兄》）
（2）所以欲诸公将文字熟读，方始经心，方始谓之习。（《朱子语类》卷二十《论语二》）
（3）旧来河内守，父老将衣挽。（宋·梅尧臣《送薛公期比部归绛州展墓》）
（4）静坐将茶试，闲书把叶翻。（唐·裴说《喜友人再面》）
（5）更因文字外，多把史书看。（唐·怀浦《赠智舟三藏》）
（6）悠然放吾兴，欲把青天摸。（唐·皮日休《初夏游楞伽精舍》）

在以上6例中，"O"都是具体名词，如例（1）（3）中的"竹""衣"，例（4）（6）中的"叶""青天"。

3.1.2.1.1.2 "O"为具体名词性短语

当"O"为具体的名词性短语时，唐宋时期共出现330例，其中唐代"将"字处置构式出现65例，"把"字处置构式出现34例；宋代"将"字处置构式出现114例，"把"字处置构式出现117例。例如：

（1）又见秋天丽，浑将夏日悬。（唐·孙鲂《题梅岭泉》）
（2）叔夜傲天壤，不将琴酒疏。（唐·陆龟蒙《添酒中六咏·酒

第 3 章 唐宋"将/把"字处置构式分析

杯》)

(3) 须是将本文熟读,字字咀嚼教有味。(《朱子语类》卷十一《学五》)

(4) 却思城外花台礼,不把庭前竹马骑。(《敦煌变文校注》卷五《维摩诘经讲经文》)

(5) 惜无载酒人,徒把凉泉掬。(唐·宋之问《温泉庄卧病寄杨七炯》)

(6) 狡兔何曾擒,时把家鸡捉。(唐·苏拯《猎犬行》)

在以上 6 例中,"O"都是具体的名词性短语,如例(1)(2)中的"夏日""琴酒",例(4)(5)中的"庭前竹马""凉泉"。

3.1.2.1.1.3 "O"为抽象名词

当"O"为抽象名词时,唐宋时期共出现 126 例,其中唐代"将"字处置构式出现 16 例,"把"字处置构式出现 11 例;宋代"将"字处置构式出现 29 例,"把"字处置构式出现 70 例。例如:

(1) 久赋恩情欲托身,已将心事再三陈。(唐·王福娘《谢棨》)

(2) 读论语,须将精义看。(《朱子语类》卷十九《论语一》)

(3) 直道昔参辅,独将天下忧。(宋·梅尧臣《送吴给事自许昌移淮西》)

(4) 到如今巧处,依前又拙,把平生笑。(宋·辛弃疾《水龙吟·别傅先之提举,时先之有召命》)

(5) 桥尾星沈,街心尘敛,天公还把春饶。(宋·蒋捷《高阳台·闰元宵》)

(6) 待宴赏重阳,恁时尽把芳心吐。(宋·柳永《受恩深》)

在以上 6 例中,"O"都是抽象名词,如例(1)(3)中的"心事""天下",例(4)(5)中的"平生""春"。

3.1.2.1.1.4 "O"为抽象名词性短语

当"O"为抽象名词时,唐宋时期共出现 184 例,其中唐代"将"字处置构式出现 15 例,"把"字处置构式出现 11 例;宋代"将"字处置构

式出现94例,"把"字处置构式出现64例。例如:

(1) 已用当时法,谁将此义陈。(唐·杜甫《寄李十二白二十韵》)
(2) 已报还丹效,全将世事疏。(唐·皇甫冉《卖药人处得南阳朱山人书》)
(3) 不要先将忠恕说,且看一贯底意思。(《朱子语类》卷二十七《论语九》)
(4) 休休,及早回头,把往日风流一笔钩。(唐·吕岩《沁园春》)
(5) 便认得、听人教当,拟把前言轻负。(宋·柳永《击梧桐》)
(6) 素姿好把芳姿掩,落热还同舞势斜。(唐·李璟《保大五年元日大雪,同太弟景遂汪王景遽齐王景逷进士李建勋中书徐铉勤政殿学士登楼赋》)

在以上6例中,"O"都是抽象的名词性短语,如例(1)(2)中的"此义""世事",例(4)(5)中的"往日风流""前言"。

3.1.2.1.2 "O"为代词

在处置构式"将/把+O(+X)+V"中,当"O"为代词时,唐宋时期共出现40例,其中唐代"将"字处置构式出现8例,但是没有出现"把"字处置构式;宋代"将"字处置构式出现23例,"把"字处置构式出现9例。根据"O"的类型,可以将其分为三类,分别是指示代词、疑问代词和人称代词。

3.1.2.1.2.1 "O"为指示代词

(1) 可中长似承平基,肯将此为闲人吹?(唐·吴融《赠李长史歌》)
(2) 师云:"我因他得无三寸,所以不将这个供养。"(《祖堂集》卷六)
(3) 故集注尽撮其要,已说尽了……只把这个熟看,自然晓得,莫枉费心去外面思量。(《朱子语类》卷十九《论语一》)

在以上 3 例中,"O"属于指示代词,指代前面出现的成分,如例 (3) 中的"这个"指的是"集注"。

3.1.2.1.2.2 "O"为疑问代词

(1) 有人问禾山:"古人云'我因他得无三寸,所以不将这个供养。'未审将什摩供养?"(《祖堂集》卷六)

(2) 旧使常以礼,新怨将谁吞。(唐·孟郊《吊江南老家人春梅》)

(3) 强骑黄饥马,欲语将谁投。(宋·王安石《韩持国见访》)

(4) 譬如四时,若不是有春生之气,夏来长个甚么?秋时又把甚收?冬时又把甚藏?(《朱子语类》卷五十三《孟子三》)

在以上 4 例中,"O"属于疑问代词,如例 (1) 中的"什摩",例 (2) 中的"谁"。

3.1.2.1.2.3 "O"为人称代词

(1) 多情因甚相辜负,轻拆轻离,欲向谁分诉。泪湿海棠花枝处,东君空把奴分付。(宋·魏夫人《卷珠帘》)

(2) 吾不看长老之面,将你粉骨碎身,此冤必报!(《话本·陈巡检梅岭失妻记》)

(3) 莫向细君容易说,恐他嫌你将伊摘。(宋·陈瑾《蝶恋花》)

(4) 浑家说:"周三那厮,又在我家得使,何不把他来招赘了?"(《话本·计押番金鳗产祸》)

(5) 小乙哥和我许多时夫妻,尚兀自不把我亲热,却信别人言语,半夜三更,烧符来压镇我!你且把符来烧看!(《话本·白娘子永镇雷峰塔》)

(6) 灰头土面、千河水,把我如何洗。(宋·葛长庚《菊花新·念我东皇大帝儿》)

在以上 6 例中,"O"属于人称代词,如例 (1) (2) 中的"奴""你",例 (4) (5) 中的"他""我"。

3.1.2.1.3 "O"为谓词或谓词性短语

处置构式"将/把+O（+X）+V"中的"O"既可以是谓词，也可以是谓词性短语。

3.1.2.1.3.1 "O"为谓词

当"O"为谓词时，唐宋时期共出现34例，其中唐代"将"字处置构式出现3例，"把"字处置构式出现4例；宋代"将"字处置构式出现8例，"把"字处置构式出现19例。例如：

(1) 高士不羁世，颇将荣辱齐。（唐·韦应物《答库部韩郎中》）

(2) 记桃根、向随春渡，愁未洗、铅水又将恨染。（宋·吴文英《法曲献仙音》）

(3) 一水护田将绿绕，两山排闼送青来。（宋·王安石《书湖阴先生壁二首》）

(4) 回顾段师非汝意，玉环休把恨分明。（唐·张祜《玉环琵琶》）

(5) 老屋风悲脱叶，枯城月破浮烟。谁人惨惨把忧端。（宋·陈克《临江山》）

(6) 娇不能行，笑还无语，惟把香狼藉。（宋·陈著《念奴娇》）

在以上6例中，"O"都属于谓词，这可以分为两类：一是"O"属于形容词，如例（3）（6）中的"绿""香"；二是"O"属于动词，如（2）（5）中的"恨""忧"。

3.1.2.1.3.2 "O"为谓词性短语

当"O"为谓词性短语时，唐宋时期共出现41例，其中唐代"将"字处置构式出现10例，"把"字处置构式出现4例；宋代"将"字处置构式出现11例，"把"字处置构式出现16例。例如：

(1) 雁外雨丝丝，将恨和愁都织。（宋·吴文英《好事近·秋饮》）

(2) 试倚危楼，将远恨，卷帘看。（宋·赵鼎《行香子·草色芊

绵》）

（3）纤指十三弦，细将幽恨传。（宋·晏几道《菩萨蛮》）

（4）而今不必说得张皇，只将动静看。（《朱子语类》卷六十二《中庸一》）

（5）怜老大，伤飘泊。把前回离恨，暗中描摸。（宋·陈策《满江红·杨花》）

（6）把富贫、都作一般看，何什伯。（宋·李曾伯《满江红》）

（7）昨夜里、方把旧欢重继。（宋·柳永《殢人娇》）

（8）我有丰淮千斗酒，把新愁、旧恨都倾倒。（宋·宋自逊《贺新郎·唤起东坡老》）

在以上 8 例中，"O"都属于谓词性短语，如例（1）（2）中的"恨和愁""远恨"，例（6）（7）中的"富贫""旧欢"。

总的来看，在处置构式"将/把+O+V"中，当"O"为具体的名词和名词性短语时，出现数量最多；当"O"为谓词和谓词性短语时，出现数量较少，这是由于处置构式表示处置意义，因此当"O"指的是具体事物时，更具有可处置性。同时由于动词"V"的存在，当"O"为谓词和谓词性短语时，具有名物化倾向。

3.1.3 "将/把+O（+X）+V+Y"式

处置构式"将/把+O（+X）+V+Y"最早出现于唐代，根据其形式特点，我们主要分析宾语"O"的语义特点和补语"Y"的语义类型。

3.1.3.1 "O"的语义特点

唐代，在处置构式"将+O（+X）+V+Y"中，"O"只可以是名词性短语；在处置构式"把+O（+X）+V+Y"中，"O"既可以是名词，也可以是名词性短语。宋代，在处置构式"将/把+O（+X）+V+Y"中，"O"既可以是名词、代词和谓词，也可以是名词性短语和谓词性短语。

3.1.3.1.1 "O"为名词和名词性短语

在处置构式"将/把+O（+X）+V+Y"中，当"O"为名词和名词性短语时，既可以是具体的名词和名词性短语，也可以是抽象的名词和名词性短语。

3.1.3.1.1.1 "O"为具体名词

当"O"为具体名词时，唐宋时期共出现88例，其中唐代"把"字处置构式出现3例，没有出现"将"字处置构式；宋代"将"字处置构式出现25例，"把"字处置构式出现60例。例如：

(1) 看大学，先将经文看教贯通。(《朱子语类》卷十四《大学一》)

(2) 师把杖抛下，撮手而去。(《祖堂集》卷十九)

(3) 师便把火箸放下。(《祖堂集》卷十四)

(4) 何事莺声啭绿杨，刚把人惊醒。(宋·曹冠《卜算子·梦仙》)

在以上4例中，"O"都属于具体名词，如例(1)中的"经文"，例(4)中的"人"。

3.1.3.1.1.2 "O"为具体名词性短语

当"O"为具体的名词性短语时，唐宋时期共出现75例，其中唐代"将"字处置构式出现3例，"把"字处置构式出现2例；宋代"将"字处置构式出现23例，"把"字处置构式出现47例。例如：

(1) 若不要贱奴之时，但将贱奴诸处卖却，得钱与阿郎诸处沽酒买肉，得之已否？(《敦煌变文校注》卷二《庐山远公话》)

(2) 师遂将平昔所看文字烧却。(《五灯会元》卷九)

(3) 然人莫不有此心，多是但知有利欲，被利欲将这个心包了。(《朱子语类》卷十八《大学五或问下》)

(4) 你家业凌替，可将我首饰钗训卖了，修造房屋。(《话本·风月瑞仙亭》)

(5) 谁把金丝裁剪却，挂斜阳。(唐·欧阳炯《春光好·天初暖》)

(6) 郑信唱了诺，把酒肉和炊饼吃了，披挂衣甲，仗了剑。(《话本·郑节使立功神臂弓》)

在以上6例中，"O"都属于具体的名词性短语，如例(4)中的

"首饰钗钏",例(6)中的"酒肉和炊饼"。

3.1.3.1.1.3 "O"为抽象名词

当"O"为抽象名词时,唐宋时期共出现33例,其中唐代"把"字处置构式出现两例,但是没有出现"将"字处置构式;宋代"将"字处置构式出现8例,"把"字处置构式出现23例。例如:

(1) 如此看,恐将本意失了。(《朱子语类》卷二十九《论语十一》)

(2) 三存真气养神灵,四把尘劳拂尽。(唐·吕岩《西江月》)

(3) 又说"义袭"二字全不是如此,都把文义说错了。只细看孟子之说,便自可见。(《朱子语类》卷五十九《孟子九》)

(4) 那娘子和丫鬟舱中坐定了,娘子把秋波频转,瞧着许宣。(《话本·白娘子永镇雷峰塔》)

(5) 列鼎鸣钟,乘轩袭冕,直把功名占断。(曹宰《喜迁莺·梅含春信》)

在以上5例中,"O"都属于抽象名词,如例(1)中的"本意",例(5)中的"功名"。

3.1.3.1.1.4 "O"为抽象名词性短语

当"O"为抽象的名词性短语时,唐宋时期共出现84例,其中唐代"把"字处置构式出现1例,但是没有出现"将"字处置构式;宋代"将"字处置构式出现36例,"把"字处置构式出现47例。例如:

(1) 理会他底未得,枉费力,便将己业都荒了。(《朱子语类》卷二十四《论语六》)

(2) 盖一贯自是难说得分明,惟曾子将忠恕形容得极好。(《朱子语类》卷二十七《论语九》)

(3) 到本朝,都把这样礼数并省了。(《朱子语类》卷九十《礼七》)

(4) 把那前事对徐守真说了一遍。(《话本·洛阳三怪记》)

在以上4例中,"O"都属于抽象的名词性短语,如例(1)中的

"已业",例（3）中的"这样礼数"。

3.1.3.1.2 "O"为代词

当"O"为代词时，只在宋代出现7例，其中"将"字处置构式出现1例，"把"字处置构式出现6例。例如：

（1）伯父、伯母言孩儿诈认，我见将着合同文字，又不肯看，把我打倒，又得爹爹救命。（《话本·合同文字记》）

（2）只有小娘子见丈夫不要他，把他休了，哭出州衙门来。（《话本·简帖和尚》）

（3）你的丈夫中我计，真个便把你休了。（《话本·简帖和尚》）

在以上3例中，"O"都属于人称代词，如例（1）中的"我"，例（2）中的"他"。

3.1.3.1.3 "O"为谓词和谓词性短语

在处置构式"将/把+O（+X）+V+Y"中，"O"既可以是谓词，也可以是谓词性短语。

3.1.3.1.3.1 "O"为谓词

当"O"为谓词时，只在宋代出现6例，其中"将"字处置构式出现1例，"把"字处置构式出现5例。例如：

（1）几回传语东风，将愁吹去，怎奈向、东风不管。（宋·蒋捷《祝英台·次韵》）

（2）平世里，把荣华占断，谁人堪共。（宋·秦观《喜迁莺·梅花春动》）

（3）而今幸已再逢，把轻离断却。（宋·李致远《碧牡丹·破镜重圆》）

（4）恼人一阵香初过，把清愁薰破。（宋·赵长卿《探春令·雕墙风定》）

在以上4例中，"O"都属于谓词，如例（1）（2）中的"愁""荣华"，例（3）（4）中的"轻离""清愁"。

3.1.3.1.3.2 "O"为谓词性短语

当"O"为谓词性短语时，只在宋代出现14例，其中"将"字处置构式出现7例，"把"字处置构式出现7例。例如：

（1）天下万物万事自古及今，只是个阴阳消息屈伸，横渠将屈伸说得贯通。（《朱子语类》卷三《鬼神》）

（2）然也不须得将戒慎恐惧说得太重，也不是恁地惊恐。（《朱子语类》卷一百一十七《朱子十四》）

（3）被那虚底在里夹杂，便将实底一齐打坏了。（《朱子语类》卷十三《学七》）

（4）可怜瘦月凄凉，把兴亡看破。（宋·陈著《金盏子》）

（5）我有丰淮千斗酒，把新愁、旧恨都倾倒。（宋·宋自逊《贺新郎》）

（6）谁知有客敲推，把世变心烦都说开。（宋·陈著《沁园春·次韵弟雪中见寄》）

在以上6例中，"O"都属于谓词性短语，如例（1）（2）中的"屈伸""戒慎恐惧"，例（5）（6）中的"新愁、旧恨""世变心烦"。

总的来看，唐宋时期，处置构式"将/把+O（+X）+V+Y"出现数量具有较大差别，其中唐代共出现11例，宋代出现296例，这是由于"将/把+O+V+Y"形式最早在唐代出现，使用频率较低，到了宋代，出现数量逐渐增多。刘子瑜指出："唐五代时期处置式带补语的频率仍较低，这是处置式初期发展阶段的反映，与唐五代时期动补结构的不发达是相关联的。宋代以后，随着动补结构的发展，处置式带补语的情况日益普遍，无论从表意功能还是结构形式上都更为精密化和复杂化。"① 这也说明了处置构式"将/把+O+V+Y"在唐宋时期出现数量差异的原因。

3.1.3.2 "Y"的语义类型

在处置构式"将/把+O（+X）+V+Y"中，根据"Y"的语义特点，可以分为五种类型：一是"Y"属于结果补语；二是"Y"属于情态补语；三是"Y"属于趋向补语；四是"Y"属于数量补语；五是"Y"属

---

① 刘子瑜：《唐五代时期的处置式》，《语言研究》1995年第2期。

于动词助词。

3.1.3.2.1 "Y"属于结果补语

这主要是指"Y"表示"V"的结果，唐宋时期共出现90例，其中唐代"把"字处置构式出现3例，"将"字处置构式出现1例；宋代"将"字处置构式出现25例，"把"字处置构式出现62例。当"Y"属于结果补语时，可以分为两种情况：一是"Y"属于单纯的结果补语；二是"Y"后面可以出现语气词"了"。例如：

(1) 和之云："后当如先生所教，且将那头放轻。"（《朱子语类》卷一百五《朱子二》）

(2) 图把一春皆占断，固留三月始教开。（唐·秦韬玉《牡丹》）

(3) 伯父、伯母言孩儿诈认，我见将着合同文字，又不肯看，把我打倒，又得爹爹救命。（《话本·合同文字记》）

(4) 问我入山期，但恐山深，松风把红尘吹断。（宋·张炎《洞仙歌·寄茅峰梁中砥》）

(5) 不多时，老陈将一把雨伞撑开。（《话本·白娘子永镇雷峰塔》）

(6) 被那虚底在里夹杂，便将实底一齐打坏了。（《朱子语类》卷十三《学七》）

(7) 毕竟先讨见天理，立定在那里，则心意便都在上面行，易得将下面许多工夫放缓了。（《朱子语类》卷一百一十七《朱子十四》）

(8) 公只是将那头放重，这头放轻了，便得。若两头平，也不得。（《朱子语类》卷一百一十八《朱子十五》）

(9) 老刘拿块砖，将安住打破了头，重伤血出，倒于地下。（《话本·合同文字记》）

以上9例中的"Y"都属于结果补语，表示动作"V"的结果。其中前5例属于"将/把+O（+X）+V+Y"形式，如例（1）（2）中的"放轻""占断"，补语"轻""断"是动词"放""占"的结果，后4例属于"将/把+O（+X）+V+Y+了"形式，如例（6）（7）中的"打坏了""放缓了"，补语"坏""缓"是动词"打""放"的结果。

3.1.3.2.2 "Y"属于情态补语

这主要是指"Y"表示"V"的状态，只在宋代出现13例，其中"将"字处置构式出现8例，"把"字处置构式出现5例。例如：

（1）天下万物万事自古及今，只是个阴阳消息屈伸，横渠将屈伸说得贯通。(《朱子语类》卷三《鬼神》)

（2）盖一贯自是难说得分明，惟曾子将忠恕形容得极好。(《朱子语类》卷二十七《论语九》)

（3）然也不须得将戒慎恐惧说得太重，也不是恁地惊恐。(《朱子语类》卷一百一十七《朱子十四》)

（4）若便要去理会甚造化，先将这心弄得大了，少间都没物事说得满。(《朱子语类》卷一百二十《朱子十七》)

（5）据某意，只将那事说得条达，便是文章。(《朱子语类》卷一百三十七《战国汉唐诸子》)

（6）后人把文王说得忒恁地，却做一个道行看着，不做声，不做气。(《朱子语类》卷五十一《孟子一》)

（7）众相识把异样花朵，插得轿子满红。(《话本·花灯轿莲女成佛记》)

（8）把行人冻得，头颅如鳖。(宋·赵希蓬《满江红·海阔何人》)

在以上8例中，"Y"都属于情态补语，如例（1）（2）中的"说得贯通""形容得极好"，"贯通""极好"分别表示动作"说"和"形容"的状态。

3.1.3.2.3 "Y"属于趋向补语

这主要是指"Y"表示"V"的趋向，唐宋时期共出现54例，其中唐代"把"字处置构式出现2例，没有出现"将"字处置构式，宋代"将"字处置构式出现22例，"把"字处置构式出现30例。例如：

（1）师把杖抛下，撮手而去。(《祖堂集》卷十九)

（2）师便把火箸放下。(《祖堂集》卷十四)

(3) 有旁不肯底出来，把山僧拽下禅床，痛打一顿，许伊是个本分衲僧。(《五灯会元》卷十六)

(4) 长者谢恩，乃成诗曰："经商外国近三年，孟氏家中恶意偏，遂把痴那推下水，大鱼吞入腹中全。"(《大唐三藏取经诗话》)

(5) 尹宗却放下万秀娘，教他参拜了婆婆，把那前面话对着婆婆说了一遍。(《话本·万秀娘仇报山亭儿》)

(6) 将那棹竿撇下江中，同女娘行至天晓，入江州来。(《话本·福禄寿三星度世》)

(7) 说罢，小鬼从神帐后，将顺娘送出。(《话本·乐小舍弃生觅偶》)

在以上7例中，"Y"都属于趋向补语，如例(1)(7)中的"抛下""送出"，"下""出"分别表示动作"抛""送"的趋向。

3.1.3.2.4 "Y"属于数量补语

这主要是指"Y"表示"V"的数量，唐宋时期共出现43例，其中唐代"把"字处置构式出现2例，没有出现"将"字处置构式；宋代"将"字处置构式出现12例，"把"字处置构式出现29例。例如：

(1) 包相公交将老刘打三十下。(《话本·合同文字记》)

(2) 却恨郭排军多口，今日已报了冤仇，郡王已将他打了五十背花棒。(《话本·崔待诏生死冤家》)

(3) 沩山把一枝木，吹两三下，过与师。(《祖堂集》卷十四)

(4) 你诸人闻怎么道，不敢望你出来性燥把老汉打一掴。(《景德传灯录》卷十九)

(5) 道罢，出房来堂前，见了押录妈妈，把件事说了一遍。(《话本·花灯轿莲女成佛记》)

(6) 郡王焦躁，把郭立打了五十背花棒。(《话本·崔待诏生死冤家》)

在以上6例中，"Y"都属于数量补语，如例(1)(3)中的"打三十下""吹两三下"，"三十下""两三下"，分别表示动作"打""吹"的数量。

3.1.3.2.5 "Y"属于动态助词

这主要是指"Y"表示"V"的体貌,唐宋时期共出现 102 例,其中唐代"把"字处置构式出现 4 例,"将"字处置构式出现 1 例;宋代"将"字处置构式出现 32 例,"把"字处置构式出现 66 例。根据动态助词的类型,可以将其分为三类,分别是"了""却""着"。

3.1.3.2.5.1 "将/把+O+V+了"形式

在处置构式"将/把+O+V+Y"中,当"Y"是"了"时,表示"V"动作的完成或状态的实现。例如:

(1) 理会他底未得,枉费力,便将己业都荒了。(《朱子语类》卷二十四《论语六》)

(2) 如此看,恐将本意失了。(《朱子语类》卷二十九《论语十一》)

(3) 若当时便将霍光杀了,安得为贤!(《朱子语类》卷四十四《论语二十六》)

(4) 只有小娘子见丈夫不要他,把他休了,哭出州衙门来。(《话本·简帖和尚》)

(5) 劝年少,把家缘弃了,海上来游。(唐·吕岩《沁园春·七返还丹》)

在以上 5 例中,"了"都是对"V"的补充说明,如例(1)中的"荒了"表示状态的实现,例(3)中的"杀了"表示动作的完成。

3.1.3.2.5.2 "将/把+O+V+却"形式

在处置构式"将/把+O+V+Y"中,当"Y"是"却"时,表示动作"V"的完成或状态的实现。例如:

(1) 师遂将平昔所看文字烧却。(《五灯会元》卷九)

(2) 师一日掩方丈门,将灰围却门外云:"若有人道得,即开。"(《景德传灯录》卷八)

(3) 若不要贱奴之时,但将贱奴诸处卖却,得钱与阿郎诸处沽酒买肉,得之已否?(《敦煌变文校注》卷二《庐山远公话》)

(4) 百花何处避芳尘,便独自、将春占却。(宋·毛滂《鹊桥

仙·烛下看花》）

（5）谁把金丝裁剪却，挂斜阳。（唐·欧阳炯《春光好·天初暖》）

（6）未甘渠、琢玉为堂，把春留却。（宋·洪咨夔《贺新郎·咏梅用甄龙友韵》）

（7）奴儿近日听人咬，把初心忘却。（宋·无名氏《醉太平·厌厌闷着》）

在以上7例中，"却"都是对"V"的补充说明，如例（5）中的"剪却"表示动作的完成，例（6）中的"留却"表示状态的实现。

3.1.3.2.5.3 "将/把+O+V+着"形式

在处置构式"将/把+O+V+Y"中，当"Y"是"着"时，表示"V"动作的进行或状态的持续。例如：

（1）将儿赤血缸盛着，擎向家中七日强。（《敦煌变文校注》卷三《孔子项讬相问书》）

（2）两员大将去不多时，将申阳公一条铁索锁着，押到真君面前。（《话本·陈巡检梅岭失妻记》）

（3）师便把西堂鼻孔拽着。（《祖堂集》卷十四）

（4）东皇旧约，把余芳、一时留着。（宋·郑元秀《瑞鹤仙·飞花闲院落》）

在以上4例中，"着"都是对"V"的补充说明，如例（1）中的"盛着"表示动作的进行，例（4）中的"留着"表示状态的持续。

总的来看，唐宋时期，不同类型的处置构式"将/把+O+V+Y"出现数量不同，当"Y"为动态助词时，出现数量最多；当"Y"为情态补语时，出现数量较少。

3.2 "将/把"字处置构式的语法意义

在现代汉语中，由于"将/把"字句的主要功能是表示处置，因此学界一般将其称为"处置式"，如王力指出："大致说来，'把'字所介绍者乃是一种'做'的行为，是一种施行，是一种处置，在中文里，我们把它称为处置式。"① 但是也有学者提出不同的意见，认为"将/把"字句并不都是表示处置意义，如郭锐认为："'把'字句的语法意义是'致使'，其语义构造可表示为：致使者（NPa）+把+被致使者（NPb）+致使事件谓词（V_1）+被使事件谓词（V_2）。"② 蒋绍愚也指出："从把字句的历史发展来看，其语义功能有一个重大的变化：从表处置为主，到表致使为主。"③ 从处置构式的历时发展来看，吴福祥根据结构形式和语义功能，将唐宋时期的处置式分为三类，分别为：广义处置式、狭义处置式和致使义处置式，认为："致使义处置式中介词'把''将'的宾语语义上不是动词的受事，而是其当事或施事；整个格式具有一种致使义。致使义处置式大约产生于晚唐五代，句型只见于'把'字句和'将'字句。"④ 因此，唐宋时期，"将/把"字处置构式可以表示致使意义。但是我们认为，在处置构式中，由于"处置"表示的是对"O_1"的处置，而"致使"是相对整个句式而言，两者并不属于同一层面，因此在广义处置式中，也可以隐含着致使义，如"若将明月为俦侣，应把清风遗子孙"（唐·方干《李侍御上虞别业》），其中"清风"并不属于动词的当事或施事，而是属于动词的受事，也可理解为"'致使'清风遗子孙"，即不论"将/把"的宾语是否为动词的当事或施事，处置构式都可能具有致使意义，因此从意义上来看，将这一类型称为"致使义处置式"并不具有区别性。同时，在处置（给）式、处置（作）式中，其意义的不同可以看作是来源于动词类型的不同，而在致使义处置式中，其"致使义"表示的是"致使'O_1'发生某种变化"，并不是从动词类型角度进行的分类，因此"致使义处置式"这一名称并不能明确表示出处置过程，而只是一种概括性的表述。但是由于在"致使义处置式"中，"O_1"是"V"当事或施事，属于一种新的语义关系，体现了处置构式的发展，因此我们依然沿用"致使义"这一名称，用以指称"O_1"为当事或施事的处置构式。正如戈德伯格指出："定义构式时所参照的形式是从表层形式的具体细节中抽象出

---

① 王力：《中国语法理论》，中华书局2015年版，第91页。
② 郭锐：《把字句的语义构造和论元结构》，北京大学汉语语言学研究中心《语言学论丛》编委会主编《语言学论丛》（第二十八辑），商务印书馆2003年版，第152—181页。
③ 蒋绍愚：《近代汉语研究概要》（修订本），北京大学出版社2017年版，第279页。
④ 吴福祥主编：《近代汉语语法》，中国社会科学出版社2015年版，第381页。

来的，这些细节有时应归因于其他构式。也就是说，一个实际表达式通常是由许多不同构式组合而成的。"① 因此处置构式可以表示"处置义"和"致使义"两种意义。由于处置构式是形式和意义的结合体，当形式不同时，其构式义也会不同，即使在同一形式中，由于构式成分语义特征的不同，其具体意义也会存在不同。因此根据处置构式的形式特点，我们将其分为三类，即"将/把+O_1+V+O_2"形式、"将/把+O（+X）+V"形式和"将/把+O（+X）+V+Y"形式，从而讨论每一类处置构式的语法意义。戈德伯格指出："构式并非只有一个固定不变的、抽象的意义，而是通常包括许多密切联系的意义，这些意义共同构成一个家族。"② 即构式具有多义性，因此在每一类处置构式中，可以具有不同的意义。

3.2.1 "将/把+O_1+V+O_2"式

唐宋时期，处置构式"将/把+O_1+V+O_2"共出现1644例，其中唐代出现603例，宋代出现1041例，主要有两种语法意义：一是表示"处置"义；二是表示"致使"义。

3.2.1.1 "将/把+O_1+V+O_2"形式表示处置义

在处置构式"将/把+O_1+V+O_2"中，当表示"处置"义时，其构式义为"对'O_1'施以处置动作'V'，致使'O_1'关联'O_2'"。由于构式具有独立的意义，可以对动词具有压制作用，从而可以形成不同的扩展意义，因此在"将/把+O_1+V+O_2"形式中，其处置意义可以分为三种类型，分别为"处置（给）"、"处置（作）"和"处置（到）"。

3.2.1.1.1 处置（给）式

在处置构式"将/把+O_1+V+O_2"中，当表示"处置（给）"时，唐宋时期共出现980例，其中唐代"将"字处置构式出现310例，"把"字处置构式出现104例；宋代"将"字处置构式出现350例，"把"字处置构式出现216例。例如：

---

① ［美］阿黛尔·戈德伯格：《运作中的构式：语言概括的本质》，吴海波译，北京大学出版社2013年版，第20页。
② ［美］阿黛尔·戈德伯格：《构式：论元结构的构式语法研究》，吴海波译，冯奇审订，北京大学出版社2007年版，第31页。

（1）愿将花赠天台女，留取刘郎到夜归。(唐·白居易《县南花下醉中留刘五》)

（2）汉祖谩夸娄敬策，却将公主嫁单于。(唐·戴叔伦《塞上曲二首》)

（3）偶传新句来中禁，谁把闲书寄上卿？(唐·吴融《寄僧》)

（4）今朝林下忘言说，强把新诗寄谪仙。(唐·李山甫《禅林寺作寄刘书记》)

（5）莫将天女施沙门，休把娇姿与菩萨。(《敦煌变文校注》卷五《维摩诘经讲经文》)

（6）敢把吾师意，密传门外僧。(唐·齐己《寄双泉大师师兄》)

（7）日日悲伤未有图，懒将心事话凡夫。(唐·王福娘《问棨诗》)

（8）仙道多因迷路得，莫将心事问樵翁。(唐·章八元《天台道中示同行》)

（9）有人平却心头棘，便把天机说与君。(唐·吕岩《敲爻歌》)

（10）朱门只见朱门事，独把孤寒问阿谁。(唐·杜荀鹤《冬末自长沙游桂岭留献所知》)

在以上 10 例中，处置构式"将/把＋O_1＋V＋O_2"都表示"处置（给）"的意义，其中在前 6 例中，"V"属于给予类动词，如例（1）（3）分别表示"将'花'给予'天台女'""把'闲书'寄给'上卿'"，"O_1"属于具体事物，表示客观的给予过程。例（5）（6）分别表示"把'娇姿'给予'菩萨'""把'吾师意'给予'门外僧'"，"O_1"属于抽象事物，表示主观的给予过程。这可以看作是"O_1"由具体向抽象的引申。在后 4 例中，"V"属于言语类动词，张伯江在分析双及物结构式时指出："当隐喻方式为传达信息类时，就是把物质空间的给予过程投射到话语空间。"[①] 因此这可以看作是给予方式的隐喻，从而表示"将/把'O_1'给予'O_2'"的意义，如例（5）表示"将'心事'给予

[①] 张伯江:《现代汉语的双及物结构式》，《中国语文》1999 年第 3 期。

'凡夫'"，例（7）表示"把'天机'说与'君'"。需要指出的是，在处置构式"将/把+O_1+V+O_2"中，"O_1""O_2"有时可以承前省略。例如：

（11）那厮道："一个官人教我把三件物事与小娘子，不教把来与你。"殿直问道："甚么物事？"那厮道："你莫问，不教把与你！"（《话本·简帖和尚》）

（12）你如今抱了回房，早晚把些粥饭与他，喂养长大，把与人家，救他性命，胜做出家人。（《话本·五戒禅师私红莲记》）

（13）目连将饭并钵奉上，阿娘恐被侵夺，举眼连看四伴，左手郭钵，右手团食。（《敦煌变文校注》卷六《大目乾连冥间救母变文》）

（14）我要修于佛果，汝须速上天宫，莫将诸女献陈，我家当知不受。（《敦煌变文校注》卷五《维摩诘经讲经文》）

（15）叹凌云才调，乌丝阑上，省把清诗漫与。（宋·韩元吉《瑞鹤仙·送王季夷》）

（16）若他时、鱼雁南来，把书寄与。（宋·京镗《瑞鹤仙·次字文总领韵》）

其中，例（11）（12）可以看作省略了"O_1"，只见于"把"字处置构式。后4例可以看作省略了"O_2"，如例（13）表示"将'饭并钵'奉上'阿娘'"，例（16）表示"把'书'寄与'鱼雁'"。

3.2.1.1.2 处置（作）式

在处置构式"将/把+O_1+V+O_2"中，当表示"处置（作）"时，唐宋时期共出现458例，其中唐代"将"字处置构式出现102例，"把"字处置构式出现23例；宋代"将"字处置构式出现192例，"把"字处置构式出现141例。根据动词类型的不同，可以分为四类，分别是"作""当""为""比"。例如：

3.2.1.1.2.1 "将/把+O_1+作+O_2"形式

（1）只用恒沙为数目，更将身意作功程。（《敦煌变文校注》卷五《妙法莲华经讲经文》）

(2) 我舍慈亲来下界，不要将身作师僧。(《敦煌变文校注》卷四《破魔变》)

(3) 且把风寒作闲事，懒能和泪拜庭闱。(唐·杜荀鹤《下第东归将及故园有作》)

(4) 一领彤弓下赤墀，惟将清净作藩篱。(唐·贯休《上卢使君二首》)

在以上4例中，"将/把"字处置构式中的动词都是"作"，表示"将/把'O_1'作为'O_2'"的意义，如例(1)表示"将'身意'作为'功程'"，例(3)表示"把'风寒'看作'闲事'"。需要指出的是，"作"还可以和其他动词组合，共同作为"将/把"字处置构式的动词。例如：

(5) 师曰："莫将鹤唳误作莺啼。"(《景德传灯录》卷十六)

(6) 师曰："莫将支遁鹤，唤作右军鹅。"(《五灯会元》卷十七)

(7) 谁将天上蟾宫树，散作人间水国秋。(宋·向子諲《鹧鸪天·绍兴己未归休后赋》)

(8) 只将人世绮罗，裁作天宫模样。(《敦煌变文校注》卷五《妙法莲华经讲经文》)

(9) 有人把椿树，唤作白栴檀。(唐·寒山《诗三百三首》)

(10) 谁把碧桐枝，刻作云门乐。(唐·聂夷中《秋夕》)

(11) 拟把清风明月，剪作长篇短阕，留与世人看。(宋·荣樵仲《水调歌头·既难求富贵》)

(12) 好把萧滩玉笥，变作嘉肴芳酒，为寿莫停杯。(宋·石孝友《水调歌头·上清江李中生辰》)

在以上8例中，"将/把"字处置构式中的动词都为"V作"，如例(5)(6)中的"误作""唤作"属于"将"字处置构式的动词，例(9)(10)中的"唤作""刻作"属于"把"字处置构式的动词。

3.2.1.1.2.2 "将/把+O_1+当+O_2"形式

(1) 只将羞涩当风流，持此相怜保终始。(唐·骆宾王《代女道

士王灵妃赠道士李荣》）

（2）问我别来何所得，解将无事当无为。（唐·朱湾《过宣上人湖上兰若》）

（3）把笔还诗债，将琴当酒资。（唐·刘得仁《和郑先辈谢秩闲居寓书所怀》）

（4）良久云："机关不是韩光作，莫把胸襟当等闲。"（《五灯会元》卷二十）

（5）子路自是不把这般当事。（《朱子语类》卷三十七《论语十九》）

（6）这为世上有人把大人许多崇高富贵当事，有言不敢出口，故孟子云尔。（《朱子语类》卷六十一《孟子十一》）

在以上6例中，"将/把"字处置构式中的动词是"当"，表示"将/把'O_1'当作'O_2'"的意义，如例（1）表示"将'羞涩'当作'风流'"，例（6）表示"把'崇高富贵'当作'事情'"。

3.2.1.1.2.3 "将/把+O_1+为+O_2"形式

（1）道之法门，不将致物为念，不求色欲之心，不贪荣贵，唯救世间人疾病，即是法门。（《敦煌变文校注》卷二《叶净能诗》）

（2）只将波上鸥为侣，不把人间事系心。（唐·杜荀鹤《赠彭蠡钓者》）

（3）将斗战为业，以猎射为能。（《敦煌变文校注》卷一《王昭君变文》）

（4）裛真香葵倾劝盏，都把芳心为寿。（宋·赵师律《济天乐》）

（5）更把江山为己有，岂知台榭是身雠。（唐·秦韬玉《陈宫》）

（6）若以文贯道，却是把本为末。以末为本，可乎？（《朱子语类》卷一百三十九《论文上》）

在以上6例中，"将/把"字处置构式中的动词都是"为"，表示"将/把'O_1'作为'O_2'"的意义，如例（1）表示"将'致物'作为

'念'",例(5)表示"把'江山'作为'已有'"。

3.2.1.1.2.4 "将/把+O_1+比+O_2"形式

(1) 公子求贤未识真,欲将毛遂比常伦。(唐·高拯《及第后赠试官》)

(2) 他日吴公如记问,愿将黄绶比青毡。(唐·卢纶《寄郑七纲》)

(3) 主司何事厌吾王,解把黄巢比武王。(唐·无名氏《嘲主司崔澹》)

(4) 若把长江比湘浦,离骚不合自灵均。(唐·黄滔《过长江》)

在以上4例中,"将/把"字处置构式中的动词是"比",表示"将/把'O_1'比作'O_2'"的意义,如例(1)表示"将'黄绶'比作'青毡'",例(3)表示"把'黄巢'比作'武王'"。其中,在"把"字处置构式中,为了适应诗词格律的要求,有时"O_1"可以省略。例如:

(5) 时人错把比严光,我自是、无名渔父。(宋·陆游《鹊桥仙》)

在例(5)中,可以理解为"错把'我'比'严光'",这可以看作是"我"的省略。

3.2.1.1.3 处置(到)式

在处置构式"将/把+O_1+V+O_2"中,当表示"处置(到)"时,唐宋时期共出现163例,其中唐代"将"字处置构式出现21例,"把"字处置构式出现11例;宋代"将"字处置构式出现91例,"把"字处置构式出现40例。例如:

(1) 每把金襕安膝上,更将银缕挂肩头。(《敦煌变文校注》卷五《妙法莲华经讲经文》)

(2) 寒气宜人最可怜,故将寒水散庭前。(唐·张说《舞马词》)

(3) 难把寸光藏暗室，自持孤影助明时。(唐·齐己《萤》)

(4) 那堪旅馆经残腊，只把空书寄故乡。(唐·杜荀鹤《维扬冬末寄幕中二从事》)

(5) 千千岁，把黄金正色，照映人间。(宋·陈著《沁园春》)

(6) 想到宜阳更无事，并将欢庆奉庭闱。(唐·曹松《送曾德迈归宁宜春》)

(7) 惭将此时意，明日寄东山。(唐·贯休《酬杜使君见寄》)

(8) 溪风吹雨晚打窗，把心情、阑入醉乡。(宋·韩淲《恋绣衾》)

(9) 应把旧愁新怨、入眉峰。(宋·向子諲《虞美人·去年不到琼花底》)

(10) 冬来滁上兴何长，唯把吟情入醉乡。(宋·王禹偁《雪中看梅花因书诗酒之兴》)

在以上10例中，"将/把"字处置构式表示"将/把'O_1'移到'O_2'"的意义，前5例属于客观具体的转移，如例(1)表示"把'金襕'放到'膝上'""将'银缕'放到'肩头'"，例(4)表示"把'空书'寄到'故乡'"。后5例属于主观抽象的转移，如例(7)表示"将'此时意'寄到'东山'"，例(9)表示"把'旧愁新怨'移入'眉峰'"。其中，在"将"字处置构式中，有时"O_1"可以承前省略。例如：

(11) 幸有明珠一颗，精光之皎洁无瑕，但将放在池中，其水自然清净。(《敦煌变文校注》卷五《维摩诘经讲经文》)

在例(11)中，"将放在池中"可以看作是"将'明珠'放在池中"的省略，即在"将"字处置构式中，"O_1"可以承前省略。

3.2.1.2 "将/把+O_1+V+O_2"形式表示致使义

在处置构式"将/把+O_1+V+O_2"中，当表示"致使"义时，其构式义为"对'O_1'施以处置，致使'O_1'发生动作'VO_2'"。唐宋时期共出现43例，其中唐代"将"字处置构式出现26例，"把"字处置构式出现6例；宋代"将"字处置构式出现7例，"把"字处置构式出现4例。例如：

(1) 二人辞了须好去，不用将心怨阿郎。(《敦煌变文校注》卷一《董永变文》)

(2) 且向人间作酒仙，不肯将身生羽翼。(唐·皎然《寒栖子歌》)

(3) 以此思量这丈夫，何必将心生爱恋。(《敦煌变文校注》卷五《佛说观弥勒菩萨上生兜率天经讲经文》)

(4) 虚把身心生寂寞，待来时，须祈祷。(唐·林楚翘《鱼歌子》)

(5) 人生各各有所欲，讵得将心入君腹。(唐·张籍《杂曲歌辞·妾薄命》)

(6) 分明知是湘妃泣，何忍将身卧泪痕。(唐·杜牧《斑竹筒簟》)

(7) 无是非，无动静，莫谩将身入空井。(《景德传灯录》卷三十)

(8) 人生何必慕轻肥，辛苦将身到沙漠。(宋·王安石《飞雁》)

以上 8 例都属于致使义处置构式，其中"O_1"是动词"V"的当事或施事，如例（1）表示"对'心'施以处置，致使'心'怨'阿郎'"，例（8）表示"对'身'施以处置，致使'身'到'沙漠'"。在"$S+将/把+O_1+V+O_2$"中，由于动作"V"属于二价动词，在语义上与"O_1" "O_2"存在联系，即"O_1"是动作"V"的发出者，表示"'O_1' 'V' 'O_2'"的意义，而动词"V"与"S"不存在语义关系，因此，这可以看作"S"对"O_1"的主观处置，表示"'S'致使'O_1'发生动作'VO_2'"。

3.2.2 "将/把+O（+X）+V"式

唐宋时期，处置构式"将/把+O（+X）+V"共出现 1071 例，其中唐代出现 262 例，宋代出现 809 例，主要有两种语法意义：一是表示"处置"义；二是表示"致使"义。

3.2.2.1 "将/把+O（+X）+V"形式表示处置义

在处置构式"将/把+O（+X）+V"中，当表示"处置"义时，其构式义为"对'O'施以处置动作'V'",唐宋时期共出现1042例,其中唐代"将"字处置构式出现142例,"把"字处置构式出现110例;宋代"将"字处置构式出现348例,"把"字处置构式出现442例。例如:

(1) 已用当时法,谁将此义陈。(唐·杜甫《寄李十二白二十韵》)

(2) 又见秋天丽,浑将夏日悬。(唐·孙鲂《题梅岭泉》)

(3) 叔夜傲天壤,不将琴酒疏。(唐·陆龟蒙《添酒中六咏·酒杯》)

(4) 只恐东归后,难将鸥鸟亲。(唐·崔涂《送友人归江南》)

(5) 素姿好把芳姿掩,落热还同舞势斜。(唐·李璟《保大五年元日大雪,同太弟景遂汪王景逖齐王景逵进士李建勋中书徐铉勤政殿学士登楼赋》)

(6) 休休,及早回头,把往日风流一笔钩。(唐·吕岩《沁园春》)

(7) 蹲前但相聒,似把白丁辱。(唐·皮日休《吴中苦雨因书一百韵寄鲁望》)

(8) 悠然放吾兴,欲把青天摸。(唐·皮日休《初夏游楞伽精舍》)

在以上8例中,"O_1"都属于"V"的受事,"将/把"字处置构式表示"处置"的意义,如例(1)表示"对'此义'施以'陈'的处置动作",例(8)表示"对'青天'施以'摸'的处置动作"。

3.2.2.2 "将/把+O(+X)+V"形式表示致使义

在处置构式"将/把+O(+X)+V"中,当表示"致使"义时,其构式义为"对'O'施以处置,致使'O'发生动作'V'",唐宋时期共出现29例,其中唐代"将"字处置构式出现8例,"把"字处置构式出现2例;宋代"将"字处置构式出现5例,"把"字处置构式出现14例。例如:

(1) 学道修行力未充,须将此身岭中行。(《祖堂集》卷七)

(2) 离思从此生,还将此心了。(唐·皎然《奉酬颜使君真卿、王员外圆宿寺兼送员外使回》)

(3) 青绫被，莫忆金闺故步，儒冠曾把身误。(宋·晁补之《摸鱼儿·东皋寓居》)

(4) 引调得、上界神仙，把凡心都起。(宋·无名氏《红窗迥·富春坊》)

(5) 修行谁会把心降，赤凤驱将饮碧江。(宋·汪元量《忆王孙·修行谁会把心降》)

(6) 把乌程烂醉，不数郫筒。(宋·葛郯《满庭霜（和前）》)

在以上6例中，"O_1"都属于"V"的当事或施事，"将/把"字处置构式表示致使意义，如例（4）表示"对'凡心'施以处置，致使发生动作'起'"；例（6）表示"对'乌程'施以处置，致使发生动作'烂醉'"。由于动作"V"不是由"S"发出的，而是由"O"发出的，因此这可以看作是"S"对"O"的主观处置，即"'S'致使'O'发生动作'V'"。

3.2.3 "将/把+O（+X）+V+Y"式

唐宋时期，处置构式"将/把+O（+X）+V+Y"共出现307例，其中唐代出现11例，宋代出现296例，主要有两种语法意义：一是表示"处置"义；二是表示"致使"义。

3.2.3.1 "将/把+O（+X）+V+Y"形式表示处置义

在处置构式"将/把+O（+X）+V+Y"中，当表示"处置"义时，其构式义为"对'O'施以处置动作'V'，致使'O'出现'Y'的状态"，唐宋时期共出现285例，其中唐代"将"字处置构式出现3例，"把"字处置构式出现8例；宋代"将"字处置构式出现90例，"把"字处置构式出现184例。例如：

(1) 被那虚底在里夹杂，便将实底一齐打坏了。(《朱子语类》卷十三《学七》)

(2) 将圣贤之语解开了，庶易读。(《朱子语类》卷十一《学五》)

(3) 师遂将平昔所看文字烧却。(《五灯会元》卷九)

(4) 把玉楼推倒，种吾琪树，黄河放浅，栽我金莲。(唐·吕岩《沁园春》)

(5) 今看来，反把许多元气都耗却。(《朱子语类》卷一百九《朱子六》)

在以上5例中，"将/把"字处置构式表示处置意义，如例(1)表示"对'实底'施以处置动作'打'，致使'实底'出现'坏'的结果"；例(4)表示"对'玉楼'施以处置动作'推'，致使'玉楼'出现'倒'的结果"。戈德伯格指出："构式并非只有一个固定不变的、抽象的意义，而是通常包括许多密切联系的意义，这些意义共同构成一个家族。"① 因此在处置构式中，当语义成分不同时，其构式表示的具体意义也会不同，如"Y"既可以表"结果"，也可以表"数量""趋向"等，即构式具有多义性，可以存在不同的扩展意义。

3.2.3.2 "将/把+O（+X）+V+Y"形式表示致使义

在处置构式"将/把+O（+X）+V+Y"中，当表示"致使"义时，其构式义为"对'O'施以处置，致使'O'发生动作'VY'"，只在宋代出现22例，其中"将"字处置构式出现11例，"把"字处置构式出现11例。例如：

(1) 前辈多就动、正、出三字上说，一向都将三字重了。(《朱子语类》卷三十五《论语十七》)

(2) 安卿思得义理甚精，只是要将那粗底物事都掉了。(《朱子语类》卷一百二十《朱子十七》)

(3) 又不道且理会切身处，直是要理会古人因革一副当，将许多精神都枉耗了，元未切自家身己在。(《朱子语类》卷一百二十《朱子十七》)

(4) 数日间又别迷得人，却把这人坏了。(《话本·洛阳三怪记》)

(5) 却在后面，把那尹宗坏了性命。(《话本·万秀娘仇报山亭儿》)

(6) 试把渔竿都掉了，百种千般拘束。(宋·范成大《酹江月·

---

① [美] 阿黛尔·戈德伯格：《构式：论元结构的构式语法研究》，吴海波译，冯奇审订，北京大学出版社2007年版，第31页。

严子陵钓台》)

在以上6例中,"将/把+O（+X）+V+Y"表示的是致使意义,如例(1)表示"对'三字'施以处置,致使'三字'发生'重了'的动作";例(6)表示"对'渔竿'施以处置,致使'渔竿'发生'掉了'的动作"。

总的看来,唐宋时期,"将/把"字句既可以表示处置意义,也可以表示致使意义。关于致使义的形成,学界也从不同角度进行了分析,如蒋绍愚指出:"有一些致使义处置式的谓词是使动义的动词或形容词,或者是含有使动义的动结式,有些致使义处置式是由工具句演变而来的。"① 同时,蒋绍愚运用功能扩展解释了其余致使义处置式的形成,但是蒋绍愚也承认"上面的说法显然是有欠缺的,关于致使义处置式的形成问题还需要继续讨论"②。吴福祥则认为:"致使义处置式都具有对应的狭义处置式和广义处置式格式,而差别只在于后者由二价或三价谓词充当述语。据此可以推断,这些由一价谓词充当述语的致使义处置式实际上是由狭义处置式或广义处置式扩展而来,即由三价或二价谓词扩展为一价谓词。"③

关于致使义处置构式的形成,我们认为这是两个原因共同作用的结果,一是由于处置构式的主观性,二是由于处置构式的压制作用。前者是指处置构式具有主观性特点,沈家煊指出:"把字句的语法意义是表示'主观处置',即说话人主观认定主语甲对宾语乙作了某种处置。"④ 因此致使义处置构式可以理解为主观处置,如"何必将心生爱恋",即在主观上认为"心生爱恋"是由于"S"对"心"施以处置的结果,这体现了语言的主观性原则。从意义上来看,在处置构式中,当"O_1"为"V"的受事时,"O_1"可以是具体名词,也可以是抽象名词。当"O_1"为具体名词时,处置构式可以表示客观处置,如"若将珠投之,随珠浊水便清"。但是当"O_1"为抽象名词时,处置构式表示的是主观处置,如"应把清风遗子孙",这说明处置构式具有主观性,表示主观对某物进行某种处置,即处置介词可以理解为具有主观性。沈家煊也指出:"'把'字句

---

① 蒋绍愚:《近代汉语研究概要》(修订本),北京大学出版社2017年版,第274—275页。
② 蒋绍愚:《近代汉语研究概要》(修订本),北京大学出版社2017年版,第276页。
③ 吴福祥主编:《近代汉语语法》,中国社会科学出版社2015年版,第396页。
④ 沈家煊:《如何处置"处置式"?——论把字句的主观性》,《中国语文》2002年第5期。

的发展适应了主观表达的需要,处置介词'将/把'都具有主观性。"[①] 因此,"O_1"可以是"V"的当事或施事,表示主观对"O_1"做出某种处置,致使"O_1"出现动作"V",从而为致使义处置构式的出现提供基础。后者是指致使义处置式是由构式压制作用而形成,在处置构式"将/把+O_1+V+O_2"中,其构式的中心意义为"对'O_1'施以处置动作'V',致使'O_1'移给'O_2'",其中,"V"属于三价动词,连接三个参与者角色,"O_1"具有客观的位移变化,表示的是一种客观处置,由于构式可以为动词添加参与者角色,因此可以准入非三价动词,"V"实际只能和"O_1""O_2"存在语义联系,即"O_1"为"V"的施事或当事,由于动作"V"不是"S"发出的,而是"O_1"发出的,因此"S"对"O_1"的处置可以看作是主观处置。

在处置构式"将/把+O(+X)+V"中,其构式的中心意义为"对'O'施以处置动作'V'",其中"V"属于二价动词,连接两个参与者角色,"O"属于"V"的实际承受者,表示的是一种客观处置,由于构式可以为动词添加参与者角色,因此可以准入一价动词,"V"实际只能和"O"存在语义联系,即动作"V"不是"S"发出的,而是"O"发出的,因此"S"对"O"的处置可以看作是主观处置。戈德伯格指出:"当一个构式是另一个构式固有的一个子部分并且独立存在时,我们把该联接称为子部分联接。"[②] 因此从构式间的关系来看,处置构式"将/把+O(+X)+V"可以看作是处置构式"将/把+O_1+V+O_2"的子部分联接。

在处置构式"将/把+O(+X)+V+Y"中,其构式的中心意义为"对'O'施以动作'V',致使'O'出现'Y'的状态",由于"Y"的类型不同,构式可以具有不同的扩展义。其中,"V"属于二价动词,连接两个参与者角色,"O"属于"V"的实际承受者,表示的是一种客观处置,由于构式可以为动词添加参与者角色,因此可以准入一价动词,"V"只能和"O"存在语义联系,即动作"V"不是"S"发出的,而是由"O"发出的,因此"S"对"O"的处置可以看作是主观处置。戈德伯格认为:"动结构式中的结果短语可以被看作是目标的隐喻,因此动结

[①] 沈家煊:《如何处置"处置式"?——论把字句的主观性》,《中国语文》2002年第5期。
[②] [美]阿黛尔·戈德伯格:《构式:论元结构的构式语法研究》,吴海波译,冯奇审订,北京大学出版社2007年版,第75页。

构式本身可以被看作是包含实际致使移动意义的致使——移动构式的隐喻扩展。该隐喻是一个普遍的系统的隐喻,即把状态变化看作是向某个新处所移动。"[1] 在"将/把+O_1+V+O_2"形式中,当"V"属于位移类动词时,表示"通过对'O_1'施以处置动作'V',致使'O_1'移到'O_2'",属于位移变化;在"将/把+O(+X)+V+Y"形式中,表示"通过对'O'施以处置动作'V',致使'O_1'出现'Y'的状态",属于状态变化。因此从构式之间的承继关系来看,处置构式"将/把+O(+X)+V+Y"可以看作是处置构式"将/把+O_1+V+O_2"的隐喻扩展联接。

总之,由于在汉语中,形式和意义之间并不是一一对应的关系,而是具有错综复杂的关系,表现为同一形式可以表示不同的意义,同一意义也可以使用不同的形式。因此,唐宋时期,表示"处置"义的形式可以概括为三种,分别是"将/把+O_1+V+O_2"形式、"将/把+O(+X)+V"形式、"将/把+O(+X)+V+Y"形式,这三种形式可以看作是一个处置构式群,共同表示"处置"这一语义范畴,在每一类处置构式中,由于语义成分的不同,其具体的处置意义也会不同,戈德伯格也指出:"一个表达式的意义源于词项意义和构式意义的整合。"[2] 这体现了构式成分的不同对构式意义的影响。

3.3 "将/把"字处置构式的历时形成及在唐宋的表现

"将/把"字处置构式指的是"将"字处置构式和"把"字处置构式,具体来看,两者的形成时间不同,其中"将"字处置构式最早出现于魏晋六朝时期,而"把"字处置构式最早出现于唐代,由于两者都是在唐代开始大量出现,且一直沿用到现代汉语,因此关于两者的成因,我们一并讨论。唐宋时期,"将/把"字处置构式具有不同的类型,大致可以分为三种类型,分别为"将/把+O_1+V+O_2"形式、"将/把+O(+X)+V"形式和"将/把+O(+X)+V+Y"形式,不同类型的处置构式出现时

---

[1] [美]阿黛尔·戈德伯格:《构式:论元结构的构式语法研究》,吴海波译,冯奇审订,北京大学出版社2007年版,第78—80页。

[2] [美]阿黛尔·戈德伯格:《构式:论元结构的构式语法研究》,吴海波译,冯奇审订,北京大学出版社2007年版,第15页。

间不同。蒋绍愚指出:"就(甲)型句和(丙)型句来说,(甲)型句产生在前,而(乙)型句是在(丙)型句以后产生的。"[①](甲)型句指的是"将/把+O_1+V+O_2"形式,(乙)型句指的是"将/把+O+X+V"形式和"将/把+O+V+Y"形式,(丙)型句指的是"将/把+O+V"形式。我们通过对处置构式历时发展的分析,认为"将/把+O(+X)+V"形式和"将/把+O(+X)+V+Y"形式是在"将/把+O_1+V+O_2"形式基础之上产生的,这三种类型的处置式成因不同,我们分别进行讨论。关于处置构式"将/把+O_1+V+O_2",我们认为它是由连动式"将/把+O_1+V+O_2"重新分析而来,即"将/把"由动词语法化为处置介词,由于在唐代以前就已经存在处置构式"以+O_1+V+O_2"和"持/取+O_1+V+O_2",因此其语法化可以看作是内因和外因共同作用的结果。内因是句式存在的多种理解提供了语义基础,外因是已有处置式的格式类推。关于处置构式"将/把+O(+X)+V",我们认为它的形成是受到诗词的格律要求,即在处置式"将/把+O_1+V+O_2"的基础上,为了适应诗词的格律要求而形成。而处置式"将/把+O+V"之所以可以作为合法的句式出现在语言系统中,也是由于受到东晋时期就已出现的处置构式"持/取+O+V"的影响,其具体表现为由于在处置构式"将/把+O_1+V+O_2"中,"将/把"已经属于处置介词,受到处置构式"持/取+O(+X)+V"的类推作用,促使"将/把"对"持/取"的介词替换,从而形成处置构式"将/把+O(+X)+V"。关于处置构式"将/把+O(+X)+V+Y",我们认为它的形成是受到动态助词和动补结构的影响,即"将/把"字处置构式的形成受到语法系统内其他语法现象的影响,这体现了语法系统内语法现象之间的联系。

3.3.1 "将/把+O_1+V+O_2"式的历时形成及在唐宋的表现

在连动式"将/把+O_1+V+O_2"中,由于动词"将/把"的语法化,从而形成处置式"将/把+O_1+V+O_2"。语法化的内因是"将/把"连动式具有较高的使用频率,且部分语义可以理解为对"O_1"施以处置,从而为动词"将/把"的语法化提供语义支持。外因是已有处置式"Prep+O_1+V+O_2"的类推作用,为处置式"将/把+O_1+V+O_2"的出现提供了形式

---

① 蒋绍愚:《近代汉语研究概要》(修订本),北京大学出版社 2017 年版,第 259 页。

依据。

先秦时期，动词"将""把"分别表示"带领""握住"的意义，《说文·寸部》："将，帅也"；《说文·手部》："把，握也"。例如：

(1) 使高克将兵而御狄于竟。(《诗经·国风》)
(2) 胥门巢将上军，王子姑曹将下军。(《左传·哀公十一年》)
(3) 郑伯将王自圉门入，虢叔自北门入。(《左传·庄公二十一年》)
(4) 瑶席兮玉瑱，盍将把兮琼芳。(《楚辞·九歌》)
(5) 怀兰英兮把琼若，待天明兮立踯躅。(《楚辞·九思》)
(6) 高阳乃命玄宫，禹亲把天之瑞令以征有苗。(《墨子·非攻下》)

在以上 6 例中"将/把"都属于动词，如例 (1) 表示"高克带领士兵"的意义，例 (6) 表示"夏禹手握符命"的意义。其中例 (3) 可以分析为连动式，表示"带领王从圉门进入"的意义，但是"将"字连动式出现数量较少。如郭浩瑜与杨荣祥指出："在《左传》中，表'率领'义的动词'将'有 60 例，仅有 10% 位于连动结构的 VP_1 位置。"① 这说明动词"将"较少用于连动式中，因而使用频率不高，不具有发生语法化所需要的使用频率。而在这一时期，动词"把"出现数量极少，没有作为前项动词出现在连动式中。我们统计了《诗经》《楚辞》《论语》《左传》四部文献，发现动词"将"出现 84 例，动词"把"出现两例，说明这一时期动词"将/把"出现数量都较少。

两汉时期，动词"将"出现数量增多，而动词"把"出现数量依然较少，我们统计了《史记》《汉书》《论衡》三部文献，发现动词"将"出现 689 例，其中"将"字连动式出现 506 例，占比 73%；动词"把"出现 30 例，其中"把"字连动式出现 7 例，占比 23%。例如：

---

① 郭浩瑜、杨荣祥：《关于汉语处置介词语法化的几个问题》，《古汉语研究》2017 年第 2 期。

(7) 秦皇帝不听，遂使蒙恬将兵攻胡，辟地千里，以河为境。（《史记·平津侯主父列传》）

(8) 西门豹曰："呼河伯妇来，视其好丑。"即将女出帷中，来至前。（《史记·滑稽列传》）

(9) 充国子右曹中郎将卬，将期门佽飞、羽林孤儿、胡越骑为支兵。（《汉书·赵充国辛庆忌传》）

(10) 将弓射之，矢没其卫。（《论衡·儒增》）

(11) 令数吏将建弃市，莫敢近者。（《汉书·赵广汉传》）

(12) 牛生马，桃生李，如论者之言，天神入牛腹中为马，把李实提桃间乎？（《论衡·自然篇》）

(13) 吏卒部民，堑道作坎，榜驱内于堑坎，把蝗积聚以千斛数。（《论衡·顺鼓》）

(14) 汝当于是世，把草坐树下。（《修行本起经》卷上）

在以上 8 例中，动词"将/把"和其他动词共同组成连动式"将/把+O_1+V+O_2"，表示两个动作的进行，如例（7）表示"带领'士兵'攻打'胡人'"。

魏晋南北朝时期，动词"将/把"多见于连动式中，我们统计了《搜神记》《洛阳伽蓝记》《世说新语》三部文献①，发现动词"将"出现 34 例，其中"将"字连动式出现 23 例，占比 68%；动词"把"出现 9 例，其中"把"字连动式出现 7 例，占比 78%。例如：

(15) 后将弟子回豫章，江水大急，人不得渡。（《搜神记》卷一）

(16) 宝公曰："把粟与鸡呼朱朱。"（《洛阳伽蓝记·白马寺》）

---

① 先秦《诗经》《楚辞》《论语》《左传》四部文献共约 37 万字，动词"将""把"的出现频率分别为 2.27 例/万字、0.05 例/万字。两汉《史记》《汉书》《论衡》三部文献共约 175.3 万字，动词"将""把"的出现频率分别为 3.93 例/万字、0.17 例/万字。魏晋南北朝《搜神记》《洛阳伽蓝记》《世说新语》三部文献共约 18.7 万字，动词"将""把"的出现频率分别为 1.81 例/万字、0.48 例/万字。

由于这一时期"将/把"连动式数量的增多,为其语义发生变化提供了基础,如本涅特认为"把(将)"处在连动式中前一个动词的位置上,但后面那个动词在意义上比它重要,而正如洛德所说,意义上不大重要的成分常常变得在句法上也不太重要①。吴福祥也指出:"一个动词当其在句中不是作为主要动词,而是充当连动结构的前项动词时,它在句子中的重要性便降低了,所代表的动作行为成为了背景信息,动词义就容易发生弱化,词义就会变得抽象。"② 因此,在连动式"将/把+O_1+V+O_2"中,由于动词"将/把"语义不太重要,动词义较为容易弱化,从而具备了发生语法化的可能性。值得注意的是,在这一时期,有些连动式似乎已经可以理解为处置式。例如:

(17) 悉将降人分配诸将,众遂数十万。(《后汉书·光武帝纪上》)

(18) 瓒将灵母弟置城上,诱呼灵。(《三国志·徐晃传》裴松之注)

(19) 帝谓虑曰:"郗公,天下宁有是邪!"遂将后杀之,完及宗族死者数百人。(《三国志·魏书·武帝纪》裴松之注引《曹瞒传》)

以上3例实质上都属于连动式。虽然有学者,如刘子瑜③、吴福祥④等认为例(18)(19)属于处置式,但是通过考察同时期文献中"将"的用法与意义,我们认为都应该分析为动词,如《后汉书》中"悉将"共出现5例,除例(17)外,其余4例都只能理解为表示"带领"意义,如"步以弇兵少,远客,可一举而取,乃悉将其众攻弇于临淄"(《后汉书·张步列传》)。之所以有学者将其分析为处置式,是由于动词"将"处于连动式中首项动词的位置,在动作和意义上都不属于句式的核心,似乎可以理解为是介词"将"介引连动式中后项动词动作行为处置

---

① 参见蒋绍愚《近代汉语研究概要》(修订本),北京大学出版社2017年版,第247页。
② 吴福祥主编:《近代汉语语法》,中国社会科学出版社2015年版,第194页。
③ 刘子瑜:《再谈唐宋处置式的来源》,北京大学中文系《语言学论丛》编委会编《语言学论丛》(第二十五辑),商务印书馆2002年版,第212—213页。
④ 吴福祥:《再论处置式的来源》,《语言研究》2003年第3期。

的对象，因而可以产生不同理解。而例（18）（19）中的"将"动作性依然很强，且此时期并没有典型的只表处置的用法，因而将其看作连动式更符合其历时发展规律，这说明魏晋时期动词"将/把"的动作性开始减弱，动词义较为抽象。吴福祥指出："在动词向介词语法化过程中，总是伴随着词义虚化现象，包括动词义的弱化和词义的抽象化等。"[①] 因而这可以看作是"将/把"连动式向"将/把"字处置式发展的过渡阶段。从意义上来看，周国光与张林林指出："语法形式同语法意义之间是'一对多'和'多对一'的对应关系，而不是简单的一一对应关系。"[②] 说明对同一语法形式可以有不同的理解。在连动式"将/把+O_1+V+O_2"中，当关注的焦点是"O_1"时，有时就可以理解为表示对"O_1"施以处置，如例（11）（16）中的"将建弃市""把粟与鸡"可以理解为"对'建'施以'弃市'的处置""对'粟'施以'与鸡'的处置"，从而为动词"将/把"的语法化提供语义支持，即对句式意义的不同理解为句式的重新分析提供了语义基础，这可以理解为动词"将/把"语法化的内因。

动词"将/把"语法化的外因是已有处置式的影响，魏晋时期，汉语中还存在着"以"字处置式和"持/取"字处置式。例如：

（20）开士居家者以酒施人，而为不获罪。(《法镜经》卷上)
（21）往至迦毗罗卫至释种家，持我名字告彼释种云。(《增壹阿含经》卷二十六)
（22）阿阇世王即便差守门人，取父王闭在牢狱，自立为王，治化人民。(《增壹阿含经》卷四十七)

从形式上来看，"以/持/取"处置式的形式表现为"以/持/取+O_1+V+O_2"，这和连动式"将/把+O_1+V+O_2"相同，都是关涉两个宾语"O_1""O_2"。在连动式"将/把+O_1+V+O_2"中，当受到已有处置式的格式类推时，从而促使动词"将/把"语法化为处置介词，如例（16）（18）中的"将/把"也可以理解为处置介词，即处置介词"以/持/取"的存在为动词"将/把"语法化为处置介词提供了参照。从语义上来看，魏晋时期的

---

① 吴福祥主编：《近代汉语语法》，中国社会科学出版社2015年版，第194页。
② 周国光、张林林编著：《现代汉语语法理论与方法》，广东高等教育出版社2011年版，第75页。

"以/持/取+O_1+V+O_2"形式不仅可以是处置式，还可以是连动式和工具式。例如：

(23) 仁欲以兵袭取州上，伪先扬声，欲东攻羡溪。(《三国志·朱桓传》)

(24) 有婆罗门女名曰善味，持水瓶行取水。(《增壹阿含经》卷十一)

(25) 取手巾与谢郎拭面。(《世说新语·文学》)

(26) 友人有疾，不忍委之，宁以吾身代友人命。(《世说新语·德行》)

(27) 整衣服长跪叉手，持右手指金轮使东飞，金轮即东飞。(《佛说楼炭经》卷六)

(28) 设有众生愍念斯人，取一大海水浇灌其身。(《增壹阿含经》卷四十八)

在以上6例中，前3例分别属于"以/持/取"连动式，后3例分别属于"以/持/取"工具式，说明魏晋时期"以/持/取"字式表义具有模糊性，不但可以表示处置义，还可以表示其他意义，出于表义明确的需要，从而为"将/把"字处置式的出现提供了契机。因此在内因和外因的共同作用下，"将/把"连动式在句法和语义上具有了重新分析的基础，开始可以具有处置意味，如例（16）（18），但是在魏晋时期只形成了"将"字处置式，而没有形成"把"字处置式，这是由于"将/把"连动式的使用频率不同，我们对《史记》《论衡》两部文献进行统计，发现动词"将"出现362例，动词"把"出现25例。郭浩瑜与杨荣祥指出："在《史记》中，'将'字出现340多例，处在连动结构VP_1位置的有250多例。"① 而魏培泉指出："在隋唐之前，动词'把'不常见，更少用作连动式的次动词的。"② 即在两汉时期，连动式"将+O_1+

---

① 郭浩瑜、杨荣祥：《关于汉语处置介词语法化的几个问题》，《古汉语研究》2017年第2期。

② 魏培泉：《论古代汉语中几种处置式在发展中的分与合》，郑秋豫主编《中国境内语言暨语言学》（第四辑），"中研院"历史语言研究所出版品编辑委员会1997年版，第555—594页。

V+O_2"出现数量较多,而连动式"把+O_1+V+O_2"出现数量较少。沈家煊指出:"实词的使用频率越高,就越容易虚化。"① 因此动词"将"更容易发生语法化,从而形成处置构式"将+O_1+V+O_2"。到了唐代,"把"字连动式出现数量增多,具有了重新分析的数量基础,如朱玉宾指出:"随着连动式'V(把)+O_1+V_2+O_2'的发展,初唐时'把'后宾语泛化,早期处置式的条件具备,最终语法化为表处置的介词。"② 因此动词"将"在魏晋六朝时期逐渐开始语法化为处置介词,而动词"把"在唐代才开始语法化为处置介词。虽然"将/把"字处置式出现时间略有不同,但是两者在唐代都非常常见,已经彻底发展成为处置式,具有很高的使用频率。例如:

(29) 试将此意问野人,野人尽道生处乐。(唐·崔珏《门前柳》)

(30) 莫将秋宴传王母,来比春华奉圣皇。(唐·李乂《桃花行》)

(31) 不把丹心比玄石,惟将浊水况清尘。(唐·骆宾王《代女道士王灵妃赠道士李荣》)

(32) 有人把椿树,唤作白栴檀。(唐·寒山《诗三百三首》)

以上4例中"将/把"不能理解为动词,属于典型的"将/把"字处置式。在"将/把+O_1+V+O_2"形式中,由于动词"将/把"的语法化,"将/把"连动式发展演变为"将/把"字处置式,同样的词汇序列构成不同的句式,体现了动词语法化对句式演变的影响。需要指出的是,从时间上来看,"将"字处置构式出现于魏晋时期,"把"字处置构式出现于唐代,蒋绍愚也指出:"'把'的虚化比'将'晚,是在中唐以后。"③ 这说明"把"字处置构式的形成极有可能会受到"将"字处置构式的影响。例如:

---

① 沈家煊:《语法化研究综观》,《外语教学与研究》1994年第4期。
② 朱玉宾:《近代汉语"把"字句来源探析》,《新疆大学学报》(哲学人文社会科学版)2016年第4期。
③ 蒋绍愚:《近代汉语研究概要(修订本)》,北京大学出版社2017年版,第245页。

3.3.1.1 处置（给）式的类推

（1）愿将花赠天台女，留取刘郎到夜归。（唐·白居易《县南花下醉中留刘五》）
（2）欲说向君君不会，试将此语问杨琼。（唐·白居易《问杨琼》）
（3）将军醉罢无馀事，乱把花枝折赠人。（唐·高骈《广陵宴次戏简幕宾》）
（4）长将气度随天道，不把言词问世徒。（唐·吕岩《七言》）

在以上4例中，都表示"处置（给）"的意义，例（2）（4）可以看作是给予方式的引申，即"把'言语'给予'某人'"。其中例（1）（3）中的动词"V"都是"赠"，"O_1"都是"花"，而处置介词分别是"将"和"把"，但是都表示"把'花'给予'人'"。例（2）（4）中的动词都是"问"，"O_1"都是"言语"，而处置介词分别是"将"和"把"，但是表示"把'言语'给予'人'"。因此例（2）（4）可以看作是受到例（1）（3）的影响。

3.3.1.2 处置（作）式的类推

（1）将他儒行篇，唤作贼盗律。（唐·寒山《诗三百三首》）
（2）从此蘼芜山下过，只应将泪比黄泉。（唐·刘损《愤惋诗三首》）
（3）有人把椿树，唤作白栴檀。（唐·寒山《诗三百三首》）
（4）若把长江比湘浦，离骚不合自灵均。（唐·黄滔《过长江》）

在以上4例中，都表示"处置（作）"的意义。其中例（1）（3）中的动词"V"都是"唤作"，且都是寒山的诗句，但处置介词分别是"将"和"把"。例（2）（4）中的动词都是"比"，且"O_1""O_2"分别是"泪""长江"，但处置介词分别是"将"和"把"。因此例（2）（4）可以看作是受到例（1）（3）的影响。

3.3.1.3 处置（到）式的类推

(1) 官城南面有深山，尽将老幼藏其间。（唐·张籍《董逃行》）
(2) 惭将此时意，明日寄东山。（唐·贯休《酬杜使君见寄》）
(3) 难把寸光藏暗室，自持孤影助明时。（唐·齐己《萤》）
(4) 那堪旅馆经残腊，只把空书寄故乡。（唐·王建《维扬冬末寄幕中二从事》）

在以上 4 例中，都表示"处置（到）"的意义。其中例（1）（3）中的动词都是"藏"，但处置介词分别是"将"和"把"；例（2）（4）中的动词都是"寄"，但处置介词分别是"将"和"把"。因此例（2）（4）的出现可以看作是受到例（1）（3）的影响。

在上例中，"把"字处置构式的形成可以看作是受到了"将"字处置构式的格式类推。吴福祥也指出："处于语法化进程中的介词经常相互推动，相互影响，使其功能用法出现趋同，这是基于语法化类推机制的介词功能的扩展，如唐代'将'对同样源于持执义动词的'把'的语法化进程的有力推动，使之在较短时期内获得了'将'所具有的各种介词功能。"① 因此我们认为，在唐代之前已经出现的处置构式，都可能对"把"字处置构式的形成产生影响，但是这种影响都可以理解为处置构式的格式类推。这体现了语法的系统性，也体现了汉语句式的历时发展演变。

总的看来，由于连动式"将/把+O_1+V+O_2"出现数量的增多，具有了较高的使用频率，从而为动词"将/把"的语法化提供了条件，同时由于句式义可以有多种理解，为句式的重新分析提供语义基础，从而使得"将/把"连动式重新分析为"将/把"字处置构式。由于连动式"将/把+O_1+V+O_2"和处置构式"以+O_1+V+O_2"形式相同，受到"以"字处置构式的类推作用，从而促使动词"将/把"的语法化。

---

① 吴福祥主编：《近代汉语语法》，中国社会科学出版社 2015 年版，第 196 页。

3.3.2 "将/把+O（+X）+V"式的历时形成及在唐宋的表现

关于处置式"将/把+O+V",有学者认为它是由"O_1"和"O_2"同指的"将/把"连动式语法化而形成,如曹广顺与龙国富指出:"'O_1'和'O_2'不同指演变为'O_1'和'O_2'同指,这时连动式里'O'出现了一个冗余,这就有了省略的可能性。"① 贝罗贝也持相同观点,且认为"主+动$_1$ '把'（'将'）+宾$_1$+动$_2$+宾$_2$"（宾$_1$=宾$_2$）这种格式在历史上确实是有过的"②。但是唐代以前,在连动式"将+O_1+V+O_2"中,当"O_1"和"O_2"同指时,只有"将+O+V+之"形式。例如:

(1) 帝谓虑曰:"郗公,天下宁有是邪!"遂将后杀之,完及宗族死者数百人。（《三国志·魏书·武帝纪》裴松之注引《曹瞒传》）

(2) 丁常言:"将我儿杀之,都不复念!"（《三国志·魏书·后妃传》裴松之注引《曹瞒传》）

而在连动式"把+O_1+V+O_2"中,并没有发现"O_1"和"O_2"可以同指的情况,即唐代以前并没有出现连动式"将/把+O+V"。由此我们认为处置式"将/把+O+V"之所以在唐代出现,未必是由于连动式"将/把+O+V"的演变,而是在处置式"将/把+O_1+V+O_2"的基础上为了适应诗词的格律要求。具体来看,处置式"将/把+O+V"主要有两种来源,一种是受到处置构式"取+O（+X）+V"的影响,曹广顺与遇笑容指出:"中古译经中已经出现了用'取'字构成的处置式,当译经者在翻译'取+O+V+之'时,可以省略两个相同宾语中的一个,这时省略对他们来说就有了两种选择:'取+V+之'和'取+O+V',尽管后者不尽符合汉语的规则,但在母语的驱使下,还是有人、有时候会选择它。"③ 例如:

---

① 曹广顺、龙国富:《再谈中古汉语处置式》,《中国语文》2005年第4期。
② [法]贝罗贝:《早期"把"字句的几个问题》,《语文研究》1989年第1期。
③ 曹广顺、遇笑容:《中古译经中的处置式》,《中国语文》2000年第6期。

(3) 若不尔者，尽当取汝杀之。(《增壹阿含经》卷二)

(4) 王报长生：唯愿垂济，吾终不取汝杀。(《增壹阿含经》卷八)

(5) 设他界来者，当取杀之。(《增壹阿含经》卷三十四)

以上3例都属于"取"字处置构式，表示相同的处置意义，但是形式表现不同，这可以看作是省略的结果。因此我们认为，由于受到"取"字处置构式的影响，"将/把+O+V+之"也可以经由省略出现"将/把+O+V"形式，从时间上来看，曹广顺与龙国富也指出："'取''将'相继出现狭义处置式的用法"①。例如：

(6) 后罗刹女，复欲将彼随意处分。《佛本行集经》
(7) 掀翻煮石云，大块将天补。(唐·张九龄《九度仙楼》)

以上两例都属于"将/把"字处置构式，这可以看作是受到处置构式"取+O（+X）+V"的影响。

另一种是来源于"O_1"与"O_2"同指的处置式"将/把+O_1+V+O_2"，其中"V"主要是二价动词。由于唐初已经出现处置式"将/把+O_1+V+O_2"，表示对"O_1"施以处置动作"VO_2"，关注的是"O_1"与"O_2"之间的联系，因此当仅仅表示对"O_1"施以处置动作"V"，关注的只是"O_1"本身时，就可以形成处置式"将/把+O_1+V+之"。例如：

(8) 船者乃将此蟾以油熬之，女翌日愈。(唐·陆勋《志怪录》)
(9) 上来说喻要君知，还把身心细认之。(《敦煌变文集·维摩诘经讲经文》)

在诗词中，为了满足格律的要求，从而形成处置式"将/把+O+V"。例如：

---

① 曹广顺、龙国富：《再谈中古汉语处置式》，《中国语文》2005年第4期。

(10) 楚筵辞醴日，梁狱上书辰。已用当时法，谁将此义陈。（唐·杜甫《寄李十二白二十韵》）

(11) 久赋恩情欲托身，已将心事再三陈。泥莲既没移栽分，今日分离莫恨人。（唐·王福娘《谢荣》）

(12) 卖药何为者，逃名市井居。唯通远山信，因致逸人书。已报还丹效，全将世事疏。秋风景溪里，萧散寄樵渔。（唐·皇甫冉《卖药人处得南阳朱山人书》）

(13) 溪木萧条一凭阑，玉霜飞后浪花寒。钓鱼船上风烟暝，古木林中砧杵干。至竟道心方始是，空耽山色亦无端。谁如太守分忧外，时把西经尽日看。（唐·贯休《溪寺水阁闲眺因寄宋使君》）

(14) 一别几寒暄，迢迢隔塞垣。相思长有事，及见却无言。静坐将茶试，闲书把叶翻。依依又留宿，圆月上东轩。（唐·裴说《喜友人再面》）

(15) 休休，及早回头，把往日风流一笔钩。（唐·吕岩《沁园春》）

以上6例都属于处置式，其中诗词格律的要求主要体现在两方面：一是出于押韵和对仗的要求，可以省略代词"之"，从而形成"将/把+O+V"形式。二是出于诗歌对偶的要求，每句字数必须相同，可以在动词前出现修饰成分，促使"将/把+O+X+V"形式的普遍出现，如例（11）中的"再三陈"。另一种是来源于"O_1"与"O_2"不同指的处置式"将/把+O_1+V+O_2"，其中"V"本来属于三价动词，但是在处置式"将/把+O+V"中用作二价动词，只关联一个宾语。例如：

(16) 本不将心挂名利，亦无情意在樊笼。鹿裘藜杖且归去，富贵荣华春梦中。（唐·李群玉《请告出春明门》）

(17) 荻花秋，潇湘夜，橘洲佳景如屏画。碧烟中，明月下，小艇垂纶初罢。水为乡，篷作舍，鱼羹稻饭常餐也。酒盈杯，书满架，名利不将心挂。（唐·李珣《渔歌子·荻花秋》）

(18) 南凉来的的，北魏去腾腾。敢把吾师意，密传门外僧。（唐·齐己《寄双泉大师师兄》）

(19) 得路自能酬造化，立身何必恋林泉。予家药鼎分明在，好把仙方次第传。(唐·翁承赞《寄示儿孙》)

在以上4例中，例(17)(19)都属于处置式"将/把+O+V"，其中诗词格律的影响也主要体现在两个方面：一是为了押韵而调整句法成分"O_2"的位置，如结合例(16)(17)来看，例(17)可以看作是将"O_2"移至介词"将"前，从而形成"将/把+O+V"形式；二是为了押韵而对句法成分"O_2"进行省略，如例(18)中动词"传"可以关联两个宾语，表示"把'O_1'传给'O_2'"，而例(19)中动词"传"可以看作是省略了与事宾语"O_2"，使其只关涉受事宾语"O_1"，用作了二价动词，即可以理解为"O_1""O_2"同指，表示"把'O_1'次第相传"，从而形成"将/把+O+V"形式。关于格律对句式的影响，再如：

(20) 畏途随长江，渡口下绝岸。差池上舟楫，杳窕入云汉。天寒荒野外，日暮中流半。我马向北嘶，山猿饮相唤。水清石磊磊，沙白滩漫漫。迥然洗愁辛，多病一疏散。高壁抵欹崟，洪涛越凌乱。临风独回首，揽辔复三叹。(唐·杜甫《白沙渡》)

关于上例中"洪涛越凌乱"的意义，龙国富认为是"洪涛超过了凌乱（的程度）"，王翠则指出："'洪涛越凌乱'与唐诗的特殊句法及韵律要求有密切的关系，属于'越凌乱之洪涛'的诗家表达，形成这种特殊句法，不仅是艺术的追求，也是为了符合韵律。"① 这也充分说明为了满足诗词格律的要求，可以对句法成分进行调整。因此我们认为，处置构式"将/把+O（+X）+V"的出现可以分析为是受到了诗词格律的影响，这体现了诗词的格律要求对句式演变的影响。

需要指出的是，处置式"将/把+O+V"之所以可以作为合法的句式出现在语言系统中，也是由于受到东晋时期就已出现的"取"字处置式的影响。例如：

---

① 王翠：《"洪涛越凌乱"应如何理解？》，《中国语文》2016年第5期。

(21) 目连即前捉手将至门外，还取门闭。(《增壹阿含经》卷四十四)

(22) 台殿不将金锁闭，来时自有白云封。(唐·大颠《欲归山留别韩潮州愈偈》)

(23) 嫦娥急把蟾宫闭，列子登仙叫救人。(《清平山堂话本·西湖三塔记》)

例（21）属于处置式"取+O+V"，后两例属于处置式"将/把+O+V"，其中动词都是"闭"，这可以看作是处置介词的替换，也说明"取+O+V"形式为"将/把+O+V"形式的出现提供了依据。

3.3.3 "将/把+O（+X）+V+Y"式的历时形成及在唐宋的表现

处置构式"将/把+O（+X）+V+Y"出现于晚唐时期，其中"Y"指的是补语和动态助词。吴福祥指出："如果把近代汉语动态助词作为一个系统整体来看，会发现这些动态助词大都经历了类似的语法化路径，即它们多由动词发展而来，从连动式中的第二个动词发展为动补结构的补语，再进一步虚化为动相补语，最后发展为动态助词。……也就是说动态助词'了''却''着'都是由动补结构的补语逐步虚化而来。"[①] 即"将/把+O+V+动态助词"也可以看作是"将/把+O+V+补语"，因此处置式"将/把+O+V+Y"的出现都可看作是受到动补结构的影响，这体现了语法现象之间的联系。从时间上来看，关于动补结构的形成，学界存在不同意见，这主要是因为动补结构具有不同的类型。蒋绍愚指出："述补结构产生于什么时代？这个问题不能用一句话来回答。但是无论如何，述补结构的普遍使用是在唐代以后。"[②] 石毓智也指出："动补结构肇始于唐代，最后建立于宋代。"[③] 同时吴福祥进一步指出："学者们普遍认为带'得'的组合式述补结构是唐代产生和发展起来的。"[④] 而结合处置式"将/把+O+V+Y"的数量，唐代出现了 11 例，宋代出现了 274 例，也可以说明处置式

---

① 吴福祥主编：《近代汉语语法》，中国社会科学出版社 2015 年版，第 247—265 页。
② 蒋绍愚：《近代汉语研究概要》（修订本），北京大学出版社 2017 年版，第 211 页。
③ 石毓智：《语法化的动因与机制》，北京大学出版社 2006 年版，第 103 页。
④ 吴福祥主编：《近代汉语语法》，中国社会科学出版社 2015 年版，第 318 页。

"将/把+O+V+Y"和动补结构之间存在联系,即随着动补结构的普遍使用,处置式"将/把+O+V+Y"出现数量也随之增加。从形式上来看,处置式"将/把+O+V+Y"可以看作是处置式"将/把+O+V"和动补结构"V+Y"融合而成,戈德伯格也指出:"只要构式之间被识解为没有矛盾,它们就可以自由组合从而构成实际的表达式。"① 从语义上来看,在处置式"将/把+O_1+V+O_2"中,当"O_2"属于处所或与事宾语时,此时"O_1"具有位移性,表示向某个新处所移动。戈德伯格指出:"动结构式中的结果短语可以被看作是目标的隐喻,即把状态变化看作是向某个新处所移动。"② 这也就是说,属于状态变化的处置式"将/把+O+V+Y(结果)"可以看作是处置式"将/把+O_1+V+O_2"的隐喻联接,都是对"O_1"施以处置动作,使其发生某种变化,说明"将/把+O+V+Y"形式的出现也具备认知上的语义基础。由于处置式"将/把+O+V"只是表示对某物施以动作行为"V",而动补结构"V+Y"可以表示动作的结果、趋向等,因此两者具有语义相适性,可以使处置式表义更加完整明确。因此随着唐宋时期动补结构的逐渐普遍使用,从而促使处置构式"将/把+O(+X)+V+Y"的出现,这主要体现在两个方面:一是从形式上来看,由于动补结构的形成,从而促使"P+O(+X)+V+Y"形式的出现;二是从意义上来看,由于动补结构可以进入处置构式中,使得处置构式表义更为明确,从而促使处置构式的发展。

3.3.3.1 动补结构促使处置构式"将/把+O(+X)+V+Y"的出现

在处置构式"将/把+O(+X)+V+Y"中,"O"表示动词"V"的受事,"Y"表示动词"V"的状态。石毓智指出:"动补结构的发展实质上是动词和补语由原来的两个独立的句法成分在一定的条件之下融合为一个单一的句法单位,其间的受事宾语等不再能够出现在动词和补语之间。其中有定性的受事名词后来往往置于动词之前,此时处置式是一种最常用的选择。"③ 例如:

---

① [美]阿黛尔·戈德伯格:《运作中的构式:语言概括的本质》,吴海波译,北京大学出版社2013年版,第20页。

② [美]阿黛尔·戈德伯格:《构式:论元结构的构式语法研究》,吴海波译,冯奇审订,北京大学出版社2007年版,第80—81页。

③ 石毓智:《语法化的动因与机制》,北京大学出版社2006年版,第103页。

第3章 唐宋"将/把"字处置构式分析

(1) 三人还射，伤中贵人，杀其骑且尽。(《史记·李将军列传》)

(2) 但知恶心，我憎汝状，故扑船坏耳。(《幽明录》)

(3) 鬼语云："勿为骂我！当打汝口破。"(《幽明录》)

(4) 王从其语，数日中，果震柏粉碎。(《世说新语·术解》)

在以上4例中，属于"V+O（+X）+Y"形式，由于受到汉语双音化趋势的影响，当"V"和"Y"融合成动补结构时，其句式义就可以使用处置构式来表示。例如：

(5) 王二开了坛口，将一坛酒吃尽了，道："做我不着！"(《话本·白娘子永镇雷峰塔》)

(6) 被那虚底在里夹杂，便将实底一齐打坏了。(《朱子语类》卷十三《学七》)

(7) 老刘拿块砖，将安住打破了头，重伤血出，倒于地下。(《话本·合同文字记》)

(8) 赵旭遂将此银凿碎，算还了房钱，整理衣服齐备，三日后起程。(《话本·赴伯升茶肆遇仁宗》)

(9) 仗何人、说与东风，莫把老红吹尽。(宋·吴潜《瑞鹤仙·小亭山半枕》)

(10) 月娥昨夜江头过。把素衫揉破。(宋·王庭《醉花阴》)

(11) 蕊珠宫殿晓，谁乱把、云英揉碎。(宋·晁元礼《喜迁莺》)

在以上7例中，属于处置构式"将/把+O（+X）+V+Y"，如例(5)(9)可以看作是例(1)的变式，例(7)(10)可以看作是例(3)的变式。

3.3.3.2 动补结构使得处置构式表义明确

唐宋时期，由于动补结构的出现，可以表示动作的结果、趋向等，从而和处置构式"将/把+O（+X）+V"具有语义相适性，因此可以进入处置构式，表示处置动作的结果、趋向等，从而使得处置构式表义更加完整明确。刘子瑜也指出："处置式中动词带上补语把处置的结果告知出来，这是处置式表意功能复杂化进而走向成熟的标志。"① 这体现了动补结构对处置构式的影响。例如：

（1）久赋恩情欲托身，已将心事再三陈。（唐·王福娘《谢荣》）

（2）惜无载酒人，徒把凉泉掬。（唐·宋之问《温泉庄卧病寄杨七炯》）

（3）图把一春皆占断，固留三月始教开。（唐·秦韬玉《牡丹》）

（4）被那虚底在里夹杂，便将实底一齐打坏了。（《朱子语类》卷十三《学七》）

（5）师便把火筯放下。（《祖堂集·杉山和尚》）

（6）几回传语东风，将愁吹去，怎奈向、东风不管。（宋·蒋捷《祝英台·次韵》）

以上6例都属于处置构式，其中前两例属于"将/把+O（+X）+V"形式，后4例属于"将/把+O（+X）+V+Y"形式。如例（2）表示"对'凉泉'施以处置动作'掬'"，而例（4）表示"对'实底'施以处置动作'打'，使其出现'坏'的结果。"但是从表义的明晰性来看，后4例的表义更为明确，如例（3）（4）表示"动作'占''打'的结果分别是'断''坏'"，例（5）（6）表示"动作'放''吹'的趋向分别是'下''去'"，充分说明由于动补结构的广泛使用，促使了处置构式"将/把+O（+X）+V+Y"的出现，正如石毓智指出："动补结构的建立是推动处置式发展的主要动力。"② 刘子瑜也指出："随着动补结构的发展，处置式带补语的情况日益普遍。"③ 这说明语法是一个系统，体现了语法现象之间的联系，也体现了语法的系统性对句式演变的影响。

总的来看，通过全面详细考察"将/把"的语义分布，结合"将/把"字处置构式的历时形成与发展演变，其语义地图模型简图如图3-1所示。

---

① 刘子瑜：《唐五代时期的处置式》，《语言研究》1995年第2期。
② 石毓智：《语法化的动因与机制》，北京大学出版社2006年版，第106页。
③ 刘子瑜：《唐五代时期的处置式》，《语言研究》1995年第2期。

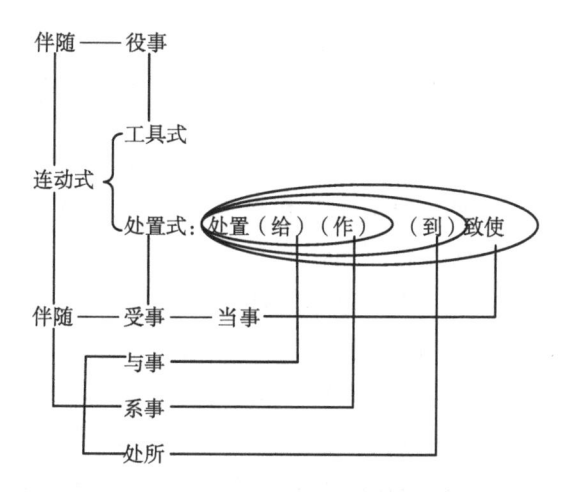

图 3-1 "将/把"字处置构式和相关功能语义地图

3.4 小结

语法现象的形成与发展无外乎有两个原因：一是内因，即语法现象自身具有发生变化的可能，如语义上存在不同的理解，句法上存在发生语法化的环境，这是语法现象发生变化的基础；二是外因，语法是一个系统，语法现象之间会存在或多或少的联系，因此一种语法现象的发展变化，不可避免会受到其他语法现象的影响。唐宋时期，"将/把"字处置构式大致可以分为三种不同的类型，分别为"将/把+O_1+V+O_2"形式、"将/把+O（+X）+V"形式和"将/把+O（+X）+V+Y"形式。从语法意义来看，"将/把"字处置构式可以表示两种语法意义，分别为"处置义"和"致使义"。在处置构式"将/把+O_1+V+O_2"中，当"O_1"为动词"V"的受事时，其构式义为"对'O_1'施以处置动作'V'，致使'O_1'关联'O_2'"，这可以分为三种类型，分别为"处置（给）"、"处置（作）"和"处置（到）"，这体现了动词类型对构式具体意义的影响，从而使得构式具有多义性。当"O_1"为动词"V"的施事或当事时，其构式义为"对'O_1'施以处置，致使'O_1'发生动作'VO_2'"，即构式为动词添加参与者角色，可以准入二价动词时，"V"实际只能和"O_1""O_2"存在语义联系，"O_1"是"V"的发出者。在处置构式"将/把+O（+X）+V"中，当"O"为动词"V"的受事时，其构式义为"对'O'施以处置动作'V'";当"O"为动词"V"的施事或当事时,其构式义为"对'O'施以处置,致使'O'发生动作'V'",即构式为动词添加参与者角色,可以准入一价动词时,"V"实际只能和"O"存在语义联系,"O"是"V"的发出者。在处置构式"将/把+O(+X)+V+Y"中,当"O"为动词"V"的受事时,其构式义为"对'O'施以处置动作'V',致使'O'出现'Y'的状态";当"O"为动词"V"的施事或当事时,其构式义为"对'O'施以处置,致使'O'发生动作'VY'",即构式为动词添加参与者角色,可以准入一价动词时,"V"实际只能和"O"存在语义联系,"O"是"V"的发出者。这说明在"将/把"字处置构式中,同一形式可以表示不同的构式义,即语法形式和语法意义之间并不是一一对应的关系。戈德伯格也指出:"一个句法形式不必只和一个特定语义相联:语言中存在构式歧义现象,即同一个形式具有不同的意义。"① 这体现了构式成分的语义关系对构式义的影响。在处置构式中,由于这三种形式都表示的是"对'O_1'施以某种处置",同属于"处置"语义范畴,因此我们将这三种形式看作是处置构式群。关于这三种形式之间的联系,我们认为处置构式"将/把+O(+X)+V"可以看作是处置构式"将/把+O_1+V+O_2"的子部分联接,处置构式"将/把+O(+X)+V+Y"可以看作是处置构式"将/把+O_1+V+O_2"的隐喻扩展联接。关于"将/把"字处置构式的成因,我们认为两者存在不同。关于处置构式"将/把+O_1+V+O_2",我们认为它来源于连动式"将/把+O_1+V+O_2"的重新分析,即是动词"将/把"发生语法化的结果。而其语法化之所以能够发生,是内因和外因的共同作用:内因即是部分"将/把"连动式在语义上可以理解为处置构式,随着连动式"将/把+O_1+V+O_2"使用频率的增加,从而为其重新分析为处置构式提供了语义基础和数量保障;外因即是由于"以"字处置构式的类推作用,两者形式表现相同,加之"将/把"式具有重新分析的语义基础,从而促使动词"将/把"语法化为处置介词。同时由于"把"字处置构式在唐代才开始形成,出现时间较晚,由此我们认为,在唐代之前已经出现的处置构式都极有可能对"把"字处置构式的形成产生影响,这种影响都可以理解为处置构式的格式类推。关

---

① [美]阿黛尔·戈德伯格:《构式:论元结构的构式语法研究》,吴海波译,冯奇审订,北京大学出版社2007年版,第232页。

于处置构式"将/把+O（+X）+V"的形成，我们认为是在处置构式"将+O_1+V+O_2"的基础上，为了满足诗词的格律要求的结果。而这一形式之所以可以作为合法格式出现在语法系统中，是由于魏晋时期就已经存在处置构式"取+O（+X）+V"，因而在唐宋诗词中可以出现"将/把+O（+X）+V"形式。即由于在唐宋时期，受到诗词格律的影响，从而促使"将/把+O（+X）+V"形式的大量出现，这体现了处置构式的历时发展，即在不同时期存在着不同句型的处置构式，正如霍伯尔指出："一种语法功能可以同时有几种语法形式来表示，一种新形式出现后，旧形式并不立即消失，新旧形式并存。"① 由于"把"字处置式的出现时间晚于"将"字处置式，因此我们认为"把+O（+X）+V"形式的出现也极有可能会受到"将+O（+X）+V"形式的格式类推。关于处置构式"将/把+O（+X）+V+Y"的形成，我们认为是受到动补结构的影响。处置构式"将/把+O（+X）+V+Y"最早出现于唐代，在这三种处置形式中出现时间最晚，这是由于动补结构在唐宋时期才开始普遍使用，不论在形式上，还是在语义上，都可以和处置构式"将/把+O（+X）+V"结合，从而更为明确地表达处置意义，表示处置动作的结果、趋向等，促使"将/把+O（+X）+V+Y"形式的出现，这体现了动补结构对处置构式的影响，也体现了语法现象之间的联系。

---

① 参见沈家煊《"语法化"研究综观》，《外语教学与研究》1994年第4期。

第4章 唐宋"捉"字处置构式分析

唐宋时期，处置构式已经发展较为成熟，如吴福祥指出："元明清时期处置式的发展主要表现在狭义处置式的句法演变上，突出的表现是狭义处置式谓语部分的复杂化以及受事成分的复杂化。"[①] 其中在唐代，出现了两种新的处置构式，一是"把"字处置构式，二是"捉"字处置构式，如吴福祥指出："'把'字句和'捉'字句的广义处置式和狭义处置式均只见于入唐以后的文献。"[②] 但是唐宋时期出现数量最多、使用频率最高的是"将/把"字处置构式，而且一直沿用到现代汉语中，而"捉"字处置构式出现数量很少，唐朝时只见于王梵志诗和敦煌变文中，宋朝时只见于《朱子语类》中。这两种处置构式使用频率不同，体现了两者在语法系统中具有不同的地位。由于唐宋时期"捉"字处置构式出现数量较少，虽然具有"捉+O_1+V+O_2"、"捉+O（+X）+V"和"捉+O（+X）+V+Y"三种形式，但是只有14例，因此我们对这三种形式一并讨论，探讨其语义特点和语法意义，揭示其历时形成过程。

4.1 "捉"字处置构式语义特点

唐宋时期，由于"将/把"字处置构式的广泛出现，在一定程度上影响了"捉"字处置构式的使用频率，从而使得"捉"字处置构式出现数量较少，语义类别不够丰富。

4.1.1 "捉+O_1+V+O_2"式

唐宋时期，处置构式"捉+O_1+V+O_2"共出现4例。例如：

[①] 吴福祥主编：《近代汉语语法》，中国社会科学出版社2015年版，第413页。
[②] 吴福祥主编：《近代汉语语法》，中国社会科学出版社2015年版，第377—381页。

(1) 几许难部宰,捉此用为心。(唐·王梵志《慎事罪不生》)

(2) 这都是不曾平心读圣贤之书,只把自家心下先顿放在这里,却捉圣贤说话压在里面。(《朱子语类》卷一百二十《朱子十七》)

(3) 它自要做孔夫子,便胡乱捉别人来为圣为贤。(《朱子语类》卷一百三十七《战国汉唐诸子》)

(4) 胡氏议论须捉一事为说。如后妃幽闲贞淑,却只指不妒忌为至;伯夷气象如此,却只指不失初心,为就文王去武王之事。(《朱子语类》卷一百一《程子门人》)

以上4例都属于"捉"字处置构式,表示"对'O_1'施以处置动作'V',致使'O_1'关联'O_2'",如例(2)表示"把'圣贤说话'放在'里面'"。在处置构式"捉+O_1+V+O_2"中,就"O_1"来看,例(1)中的"此"属于代词,例(2)(4)中的"圣贤说话""一事"属于抽象的名词性短语,例(3)中的"别人"属于具体的名词性短语。就"O_2"来看,例(1)中的"心"属于具体名词,例(2)中的"里面"属于方位名词,例(3)中的"圣、贤"属于抽象名词,例(4)中的"说"属于谓词。从语法意义来看,处置构式"捉+O_1+V+O_2"具有两种意义,一是表示"处置(作)",如例(1)(3)(4);二是表示"处置(到)",如例(2)。

4.1.2 "捉+O(+X)+V"式

处置构式"捉+O(+X)+V"仅见于唐代,共出现8例,在宋代未发现用例。例如:

(1) 胥是捉我支配,捋出脊背,拔却左腿,揭却恼盖。(《敦煌变文校注》卷三《燕子赋》)

(2) 夺我宅舍,捉我巴毀,将作你吉达到头,何期天还报你。(《敦煌变文校注》卷三《燕子赋》)

(3) 向吾宅里坐,却捉主人欺;如今见我索,荒语说官司。(《敦煌变文校注》卷三《燕子赋》)

(4) 昔本吾王殿,燕子作巢窟。宫人夜游戏,因便捉窠烧,当时无柱处,堂梁寄一宵。(《敦煌变文校注》卷三《燕子赋》)

(5) 何为捉他欺，彼此有窠窟，忽尔辄行非。(《敦煌变文校注》卷三《燕子赋》)

(6) 布金买园无辞弹，外道捉我苦刑持。(《敦煌变文校注》卷四《降魔变文》)

(7) 良由画匠，捉妾陵持，遂使望断黄沙，悲连紫塞，长翘赤县，永别神州。(《敦煌变文校注》卷一《王昭君变文》)

(8) 漫将愁自缚，浪捉寸心悬。(唐·王梵志《凡夫真可怜》)

以上8例都属于"捉"字处置构式，表示"对'O'施以处置动作'V'"的意义，如例（1）表示"对'我'施以处置动作'支配'"的意义，例（3）表示"对'主人'施以处置动作'欺'"的意义。其中"O"既可以是代词，如例（2）（5）中的"我""他"，也可以是名词，如例（3）（4）中的"主人""窠"。

4.1.3 "捉+O（+X）+V+Y"式

处置构式"捉+O（+X）+V+Y"仅见于唐代，共出现两例，在宋代未发现用例。例如：

(1) 有一黑狗出来，捉汝袈裟衔着，作人语，即是汝阿娘也。(《敦煌变文校注》卷六《大目乾连冥间救母变文》)

(2) 见一黑狗身，从宅里出来，便捉目连袈裟衔着，即作人语。(《敦煌变文校注》卷六《大目乾连冥间救母变文》)

以上两例属于"捉"字处置构式，其中"Y"属于动态助词，表示动作的状态。需要指出的是，在王重民主编的《敦煌变文集》中，例（1）的断句为"有黑狗出来，捉汝袈裟。衔着作人语，即是汝阿娘也"[①]。例（2）的断句为"便捉目连袈裟，衔着即作人语"[②]。因此徐宇

[①] 王重民、王庆菽、向达、周一良、启功、曾毅公：《敦煌变文集》，人民文学出版社1984年版，第743页。

[②] 王重民、王庆菽、向达、周一良、启功、曾毅公：《敦煌变文集》，人民文学出版社1984年版，第744页。

红认为"按照这样的标点和句读,这两个'捉'字无疑是动词了"①。当前学界判定"捉"字式属于处置式还是连动式,主要是从语义出发,只有当"捉"字不能理解为动词时,才将其理解为介词。我们认为,判断"捉"的词性,应该结合当时的语言系统,如果单纯从语义角度进行判断,往往会受到现代汉语思维的影响,由于语言是发展变化的,因而可能会得出不同的结论。既然处置介词"捉"在唐代已经形成,因此当"捉"既可以理解为动词,也可以理解为介词时,我们就可以倾向将"捉"理解为介词。这是由于介词"捉"由动词语法化而形成,它的形成是一个渐变过程,属于连续统,因此"捉"字式可以存在不同的理解。

4.2 "捉"字处置构式的历时形成及在唐宋的表现

关于"捉"字处置构式的出现,学界认为主要是受到方言的影响,如刘子瑜指出:"变文中的'捉'字句集中地出现在个别篇章(如《燕子赋》等)中,以后的文献中极少见到,它的出现大概与当时的方言有关。"② 冯春田指出:"从'捉'字处置句的分布看,大概是唐宋时期某种方言的反映。"③ 徐宇红也指出:"大多数研究者认为'捉'字句是一种方言句式,但具体属于哪一种方言的句式,却没有作明确的回答。"④ 这只是关注到了"捉"字处置构式与方言之间的关系,但是仍然有一个问题没有得到解释,即在魏晋六朝时期,动词"捉"大量出现,同时出现了较多的"捉"字连动式,如徐宇红指出:"中古汉语时期'捉'的用例比上古时期增加了很多,不仅涉及的文献的品种、数量多,而且单部作品中的用例也增多。魏晋南北朝时,'捉'在保留大量动词用法的同时,开始了意义上的虚化,处于由动词向介词转化的过渡时期。"⑤ 但是到了唐代,却只出现很少的"捉"字处置构式,即"捉"字连动式出现数量多,而"捉"字处置构式出现数量少。因此我们认为,

---

① 徐宇红:《"捉"字句研究》,硕士学位论文,南京师范大学,2008年,第28页。
② 刘子瑜:《唐五代时期的处置式》,《语言研究》1995年第2期。
③ 冯春田:《近代汉语法研究》,山东教育出版社2000年版,第571页。
④ 徐宇红:《"捉"字句研究》,硕士学位论文,南京师范大学,2008年,第54页。
⑤ 徐宇红:《"捉"字句研究》,硕士学位论文,南京师范大学,2008年,第11页。

魏晋时期，由于表义的需要，连动式"捉+O_1+V+O_2"出现数量增多，从而为动词"捉"的语法化提供了基础，但是由于受到"将/把"字处置构式的竞争作用，影响了"捉"字处置构式的出现数量。关于"捉"字处置构式的成因，可以看作是内因和外因共同作用的结果，内因即是连动式"捉+O_1+V+O_2"数量增多，为其重新分析为处置式提供了基础；外因即是受到其他处置构式的影响，由于受到已有处置介词的类推作用，从而促使动词"捉"发生语法化。

4.2.1 动词"捉"的历时演变

先秦时期，"捉"是一个动词，表示"握住"的意义，在《说文解字》中的释义为："搤也，从手足声，一曰握也。"[①] 例如：

(1) 叔孙将沐，闻君至，喜，捉发走出，前驱射而杀之。(《左传·僖公二十八年》)

(2) 昔者禹一沐而三捉发，一食而三起，以礼有道之士，通乎己之不足也。(《吕氏春秋·谨听》)

(3) 三日不举火，十年不制衣，正冠而缨绝，捉衿而肘见，纳履而踵决。(《庄子·让王》)

(4) 夫外韄者不可繁而捉，将内揵；内韄者不可缪而捉，将外揵。(《庄子·庚桑楚》)

在以上4例中，"捉"都属于动词，其中例(1)属于连动式，表示"握着头发走出去"。但是在先秦时期，动词"捉"出现数量不多，徐宇红指出："'捉'在上古汉语时期使用很不普遍。"[②] 魏晋时期，动词"捉"出现数量增多，且多出现于连动式"捉+O_1+V+O_2"中。例如：

(5) 初，王敦南征，始改为长柄，下出，可捉。(《搜神记》卷七)

(6) 预复东聘吴，孙权捉预手，涕泣而别，曰："君每衔命结二

---

① (汉) 许慎：《说文解字》，中华书局1963年，第252页。
② 徐宇红：《"捉"字句研究》，硕士学位论文，南京师范大学，2008年，第10页。

国之好。今君年长，孤亦衰老，恐不复相见!"（《三国志·宗预传》）

(7) 不敢复近思旷傍，伊便能捉杖打人，不易。（《世说新语·方正》）

(8) 伯夷怀刀，捉一人刺之。（《搜神后记》卷九）

在以上4例中，例（7）（8）都属于连动式，其中例（7）为"捉+O_1+V+O_2"形式，表示"握住杖打人"；例（8）为"捉+O_1+V+之"形式，表示"抓住一人刺之"。由于在这一时期，"捉"字连动式出现数量较多，具备了语法化所需要的使用频率，从而为动词"捉"的语法化提供了条件，因此在隋代，"捉"的语义可以有不同的理解，这体现了语法化的渐变性。例如：

(9) 世尊复更捉一骷髅授予梵志。（《增壹阿含经》卷二十）

(10) 入彼处已，为守狱者，取于彼等地狱众生，捉脚向上头向下，掷置铜釜之中。（《起世因本经》）

(11) 为守狱者取其两个两脚，倒竖向上，捉头向下，掷铜釜中。（《起世因本经》）

(12) 作是念已，便捉特牛母子，各系异处。（《百喻经·愚人集牛乳喻》）

(13) 童子即前取带，带腰已，便捉比丘痛打，手脚令熟。（《摩诃僧祇律》卷十七）

在以上5例中，"捉"可以有不同的理解，既可以理解为动词，也可以理解为处置介词。在例（9）中，曹广顺与龙国富认为："'捉'的对象已经在施事者的控制之下，如果分析为先'捉骷髅'后'击骷髅'的连动，较为勉强，从文意来看，这里显然主要不是强调'捉'这一动作，其语义已经弱化。"[①] 在例（10）（11）中，蒋冀骋认为"捉脚向上""捉头向下"，可以理解为"将脚向上""将头向下"，也可理解为"抓住脚""抓住头"，似乎还带有一定的动词性。但说"它正处于用作介词的边缘

[①] 曹广顺、龙国富：《再谈中古汉语处置式》，《中国语文》2005年第4期。

阶段，应是可以的"①。在例（12）中，冯春田认为"'捉'是处置介词"②，吴福祥认为"'捉'可能还是'拿/持'义动词"③，这也都说明了对"捉"存在着不同的理解。而在例（13）中，"捉"字也既可以理解为动词，表示"捉住比丘痛打"，也可以理解为处置介词，表示"把比丘痛打"。而到了唐代，动词"捉"最终语法化为处置介词。例如：

（14）见一黑狗身，从宅里出来，便捉目连袈裟衔着，即作人语。（《敦煌变文校注》卷六《大目乾连冥间救母变文》）

（15）几许难部宰，捉此用为心。（唐·王梵志《慎事罪不生》）

（16）夺我宅舍，捉我巴毁，将作你吉达到头，何期天还报你。（《敦煌变文校注》卷三《燕子赋》）

（17）向吾宅里坐，却捉主人欺；如今见我索，荒语说官司。（《敦煌变文校注》卷三《燕子赋》）

以上4例都属于"捉"字处置构式，如例（16）表示"把我打伤"的意义，例（17）表示"把主人欺"的意义。

4.2.2 "将"字处置构式的影响

"捉"字处置构式出现的时间较晚，如吴福祥指出："'把'字句和'捉'字句均只见于入唐以后的文献。"④ 而"将"字处置构式在魏晋时期已经出现，结合"将/捉"处置构式的历时形成以及形式表现，我们认为，"捉"字处置构式的形成可以看作是受到了"将"字处置构式的影响。在"捉"字连动式中，由于受到处置介词"将"的类推作用，促使动词"捉"的语法化，从而形成"捉"字处置构式。例如：

（1）爱将莺作友，怜傍锦为屏。（魏晋·王德《春词》）
（2）后罗刹女，复欲将彼随意处分。（《佛本行集经》）

---

① 蒋冀骋：《论明代吴方言的介词"捉"》，《古汉语研究》2003年第3期。
② 冯春田：《近代汉语语法研究》，山东教育出版社2000年版，第571页。
③ 吴福祥主编：《近代汉语语法》，中国社会科学出版社2015年版，第378页。
④ 吴福祥主编：《近代汉语语法》，中国社会科学出版社2015年版，第381页。

第 4 章　唐宋"捉"字处置构式分析

(3) 几许难部宰,捉此用为心。(唐·王梵志《慎事罪不生》)

(4) 漫将愁自缚,浪捉寸心悬。(唐·王梵志《凡夫真可怜》)

(5) 向吾宅里坐,却捉主人欺;如今见我索,荒语说官司。(《敦煌变文校注》卷三《燕子赋》)

(6) 布金买园无辞弹,外道捉我苦刑持。(《敦煌变文校注》卷四《降魔变文》)

在以上 6 例中,"将/捉"字式都属于处置构式,其中前两例属于"将"字处置构式,后 4 例属于"捉"字处置构式。从形式来看,两种处置构式的形式相同,都属于"P+O（+X）+V"形式；从语义来看,两者都表示处置意义。鉴于其出现时代的先后差别,因此"捉"字处置构式的出现可以看作是受到"将"字处置构式的类推作用。需要指出的是,由于"捉"字处置构式在唐代出现,出现时间较晚,而在唐代以前,已经存在"以"字处置构式、"持/取"字处置构式和"将"字处置构式,且这四种处置构式在唐代也一直存在,因此我们认为,这些出现时间较早的处置构式,都有可能对"捉"字处置构式的形成产生影响,但是这种影响都可以看作是处置构式的格式类推,从而促使动词"捉"语法化为处置介词,使得"捉"字处置构式的形成。总的来看,通过全面详细考察"捉"的语义分布,结合"捉"字处置式的历时形成与发展演变,其语义地图模型简图如图 4-1 所示。

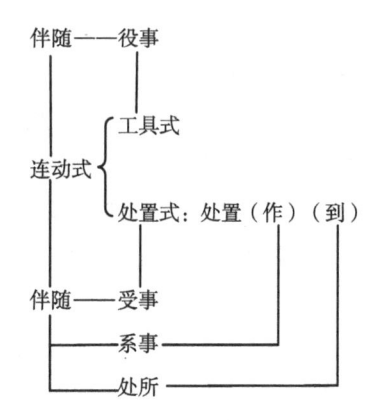

```
              伴随──役事
                  │
                  ├─ 工具式
           连动式 ┤
                  ├─ 处置式: 处置（作）（到）
                  │
              伴随──受事
                  ├─ 系事
                  └─ 处所
```

图 4-1　"捉"字处置构式和相关功能语义地图

4.3 "捉"字处置构式的衰落及其动因

魏晋时期,动词"捉"开始大量出现,具有了较高的出现频率,从而为"捉"的语法化提供了条件,因此在唐代开始形成"捉"字处置构式,但是出现数量极少,唐宋时期一共才出现14例,有学者认为这是方言的影响,如刘子瑜①、冯春田②等,但是这不能充分解释为何动词"捉"出现数量较多,而处置介词"捉"出现数量却极少。蒋冀骋推测:"介词'捉'的使用,可能是一种通语现象,在与介词'把'的语用争夺中,由于不占强势,逐渐消失的。"③我们基于"捉"字式的语义地图模型,结合其形式表现以及语义特点,认为"捉"字处置构式之所以出现数量较少,除了方言的影响外,还有两方面的原因:一是"捉"的语义特征的影响;二是由于"把/捉"处置构式的竞争作用,从而使得"捉"字处置构式没能大量出现,这体现了语法化的择一原则。蒋冀骋指出:"在人们的心目中,'捉'字的动词性比'把'强,既然语意重点在第二个动词,与其用一个动词性强的'捉'不如用个动词性弱的'把',这是用'把'不用'捉'的心理原因,也是'把'在使用过程中占优势,从而取代'捉'的重要原因。"④从语义特征来看,"捉""把"的语义特征存在不同,两者虽然同为动词,但是"捉"表示"捕捉、捕获"的意义,具有[+移动]的语义特征,表示一个动态的过程,而"把"表示"握住、持握"的意义,不具有[+移动]的语义特征,表示一个静态的过程。因此在连动式"捉/把+O_1+V+O_2"中,"捉"与"V"相对独立,表示两个动作的进行,从而不容易发生语法化,因此动词"捉"的语法化程度较低,并没有完全语法化为处置介词,石毓智也指出:"语法化是一个程度问题,从普通的词汇到典型的语法标记之间存在着各种过渡状态。"⑤而"把"与"V"关系较为紧密,表示"把着某物进行某种动

---

① 刘子瑜:《唐五代时期的处置式》,《语言研究》1995年第2期。
② 冯春田:《近代汉语语法研究》,山东教育出版社2000年版,第571页。
③ 蒋冀骋:《论明代吴方言的介词"捉"》,《古汉语研究》2003年第3期。
④ 蒋冀骋:《论明代吴方言的介词"捉"》,《古汉语研究》2003年第3期。
⑤ 石毓智:《语法化理论——基于汉语发展的历史》,上海外语教育出版社2011年版,第13页。

作"，相比于动词"捉"，更容易发生语法化，因此动词"把"的语法化程度较高，完全语法化为处置介词，因此在表达处置意义时，处置介词"把"具有更高的使用频率。同时由于两者都在唐代开始出现，彼此形成竞争关系，"把"字处置构式出现数量较多，从而影响了"捉"字处置构式的使用频率，致使"捉"字处置构式仅在某些出现频率高的方言中留存，这体现了地域对处置构式的影响。

  总的来看，"捉"字处置构式最早出现在唐代，经由"捉"字连动式重新分析而来，即在连动式"捉+O_1+V+O_2"中，动词"捉"发生语法化，成为一个处置介词。它的语法化是内因和外因共同作用的结果：内因即是唐代"捉"字连动式使用频率有所增加，且部分连动式具有重新分析的语义基础；外因即是由于其他处置构式的影响。但是唐宋时期"捉"字处置构式总体出现数量还是相对较少，在语言系统中并没有获得广泛出现的机会。这主要是以下三个原因共同作用的结果：一是"捉"字处置式不属于通语，只是一种方言句式，使用范围较为狭窄；二是由于动词"捉"的动作性较强，没有彻底语法化为处置介词，其动词用法更为常见，从而影响了处置介词"捉"的使用频率；三是由于"把"字处置构式和"捉"字处置构式都出现于唐代，两者存在着竞争关系，从而影响了"捉"字处置构式的使用频率。因此"捉"字处置构式未能沿用至今成为现代汉语的常用句式，而是逐渐衰落，被其他处置构式取代，也体现了语言的经济性原则。

第5章　处置构式的形成动因及发展演变

　　处置构式是汉语的常用构式，也是汉语中一种非常重要的语法现象。关于处置构式的出现时间，学界存在不同的意见，大致可以分为两类：一是先秦说，二是唐代说。这两种意见的分歧点在于是否承认"以"字结构属于处置构式，持赞同意见的学者，认为汉语处置构式在先秦已经产生，代表学者如陈初生[1]、梅祖麟[2]等。持反对意见的学者，认为"将/把"式才是真正意义上的处置构式，认为汉语处置构式产生于唐代，代表学者如祝敏彻[3]、王力[4]等。关于"以"字处置构式的来源，学界主要有三种意见：一是认为"以"字处置构式来源于双宾语结构，代表学者如徐志林[5]；二是认为"以"字处置构式是汉语施受关系表达多样化的结果，代表学者如陈初生[6]；三是认为"以"字处置构式是由"以"字工具式演变而来，代表学者如龙国富[7]、蒋绍愚[8]、吴福祥[9]等。关于唐宋时期"将/把"字处置构式的来源，学界的意见大致可以分为五类：一是认为"将/把"字处置构式是在连动式"将/把$_{动词}$+NP$_1$+V$_2$"中，由于动

---

[1] 陈初生：《早期处置式略论》，《中国语文》1983年第3期。
[2] 梅祖麟：《唐宋处置式的来源》，《中国语文》1990年第3期。
[3] 祝敏彻：《论初期处置式》，北京大学中国语言文学系编《语言学论丛》（第一辑），新知识出版社1957年版，第17—33页。
[4] 王力：《汉语史稿》，中华书局2013年版，第397—405页。
[5] 徐志林：《汉语双宾句式的历史发展及相关问题研究》，中国文史出版社2013年版，第170页。
[6] 陈初生：《早期处置式略论》，《中国语文》1983年第3期。
[7] 龙国富：《从"以/将"的语义演变看汉语处置式的语法化链》，浙江大学汉语史研究中心主编《汉语史学报》（第九辑），上海教育出版社2009年版，第36—47页。
[8] 蒋绍愚：《近代汉语研究概要》（修订本），北京大学出版社2017年版，第270页。
[9] 吴福祥主编：《近代汉语语法》，中国社会科学出版社2015年版，第383—384页。

词"将/把"的语法化而形成,代表学者如祝敏彻①、王力②等;二是认为"将/把"字处置构式来源于先秦时期具有提宾功能的"以"字结构,"将/把"字处置构式的形成是对"以"的介词替换,代表学者如本涅特③、陈初生④等;三是认为"将/把"字处置构式是为了消除动词虚价现象而产生,代表学者如徐志林⑤;四是认为处置构式具有不同的类型,不同类型的处置构式来源不同,即处置构式具有多种来源,代表学者如叶友文⑥、梅祖麟⑦等;五是认为不同类型的处置构式的形成是一个连续的发展过程,是句式自身发展演变的结果,代表学者如冯春田⑧、吴福祥⑨等。

我们基于对处置构式的共时描写和历时考察,通过分析其语义特点、类型及联系,梳理其历时形成与发展演变,认为处置构式在先秦时期已经出现,在不同的历史时期,具有不同的表现形式,这体现了处置构式的发展变化。总的来看,处置构式的历史发展可以从形式和意义两个方面来进行分析,这是由于语法形式和语法意义之间不是一一对应关系,因此对处置构式的分析需要充分考虑到形式和意义的互动关系。这主要表现在两点:一是语法形式与语法意义之间属于"一对多"的对应关系,即同一句法形式可以具有不同理解,从而为其句式的重新分析提供了语义基础。由于在连动式"$V_1+O_1+V_2+O_2$"中,部分句式也可理解为对"O_1"施以处置动作,从而可以重新分析为处置式"$Prep+O_1+V+O_2$",动词"V_1"的语法化造就了语言系统中出现新的句式,即处置式属于"形式$_{新}$—意义$_{新}$"的配对,这体现了语言的构式化。特劳戈特等指出:"构式化是指

---

① 祝敏彻:《论初期处置式》,北京大学中国语言文学系编《语言学论丛》(第一辑),新知识出版社1957年版,第17—33页。
② 王力:《汉语史稿》,中华书局2013年版,第397—405页。
③ [英]本涅特:《被动式和处置式的发展》,《中国语言学报》1981年第1期。
④ 陈初生:《早期处置式略论》,《中国语文》1983年第3期。
⑤ 徐志林:《汉语双宾句式的历史发展及相关问题研究》,中国文史出版社2013年版,第174页。
⑥ 叶友文:《隋唐处置式内在渊源分析》,《中国语言学报》1988年第1期。
⑦ 梅祖麟:《唐宋处置式的来源》,《中国语文》1990年第3期。
⑧ 冯春田:《近代汉语语法研究》,山东教育出版社2000年版,第555—581页。
⑨ 吴福祥主编:《近代汉语语法》,中国社会科学出版社2015年版,第382—400页。

形式_新—语义_新（组合）符号的产生。"① 杨永龙也指出："构式化是指新的形式语义匹配的产生过程，着眼于构式演变的输出端，探讨新的构式的形成过程。"② 二是语法形式与语法意义之间属于"多对一"的对应关系，即在语言系统中，当表达同一语义时可以采用不同的句法形式。在处置构式中，当受到语法系统内其他句式的影响时，从而促使处置构式在形式上发生变化，如同表处置意义的"Prep+O_1+V+O_2"形式、"Prep+O+V"形式和"Prep+O+V+Y"形式，这体现了构式演变。特劳戈特等指出："构式演变是指影响构式内部某一维度的变化，它并不涉及构式网络中新节点的产生。"③ 杨永龙也指出："构式变化是指影响现存构式的内部特征的变化，着眼于变化的输入端，探讨构式是如何发展变化的。"④ 唐宋时期，根据处置介词的不同，可以将处置构式分为不同的句型，如"以"字处置构式、"持/取"字处置构式、"将/把"字处置构式、"捉"字处置构式，因此我们对以上处置构式的形成和发展进行讨论，梳理出处置构式的发展变化脉络，旨在分析不同处置构式之间的历时替换及动因机制。

5.1 处置构式的形成动因

唐宋时期，不同句型的处置构式具有不同的形式表现，结合构式的论元角色来看，其中"以"字处置构式只有"以+O_1+V+O_2"形式⑤，"持/取"字处置构式具有"持/取+O_1+V+O_2"和"持/取+O（+X）+V"两种形式，"将/把"字处置构式具有"将/把+O_1+V+O_2"、"将/把+O（+X）+V"和"将/把+O（+X）+V+Y"三种形式，"捉"字处置构式具有"捉+O_1+V+O_2"、"捉+O（+X）+V"和"捉+O（+X）+V+Y"三种形

---

① ［美］伊丽莎白·特劳戈特、［英］格雷姆·特劳斯代尔：《构式化与构式演变》，詹芳琼、郑友阶译，商务印书馆2019年版，第35页。

② 杨永龙：《结构式的语法化与构式演变》，《古汉语研究》2016年第4期。

③ ［美］伊丽莎白·特劳戈特、［英］格雷姆·特劳斯代尔：《构式化与构式演变》，詹芳琼、郑友阶译，商务印书馆2019年版，第43页。

④ 杨永龙：《结构式的语法化与构式演变》，《古汉语研究》2016年第4期。

⑤ 虽然构式成分可以出现省略和移位，但是都包含三个论元角色，属于"P+O_1+V+O_2"形式。

式①。即总的来看，唐宋时期，处置构式具有三种不同的形式：一是"P+O_1+V+O_2"形式；二是"P+O（+X）+V"形式；三是"P+O（+X）+V+Y"形式。这三种形式出现的时间不同，最早出现的是"P+O_1+V+O_2"形式，在先秦时期已经形成；其次是"P+O（+X）+V"形式，最早出现于魏晋时期；最后出现的是"P+O（+X）+V+Y"形式，在唐代开始形成，这三种形式的形成过程不同，体现了处置构式的历时发展变化。其中，唐宋时期，"将/把"字处置构式同时具有这三种形式，蒋绍愚指出："除了继承先秦和汉代就已产生的（甲）型处置式以外，唐代新产生的处置式开始是以单纯动词结尾的，后来的处置式才在动词前面或后面加上了别的成分，就（甲）型句和（丙）型句来说，（甲）型句产生在前，而（乙）型句是在（丙）型句以后产生的。"② 其中（甲）型句指的即是"将/把+O_1+V+O_2"形式，（乙）型句指的即是"将/把+O+X+V"形式和"将/把+O+V+Y"形式，（丙）型句指的即是"将/把+O+V"形式。因此根据处置构式的历时出现先后时间和构式承继关系，我们认为，在"将/把"字处置构式中，"将/把+O（+X）+V"形式和"将/把+O（+X）+V+Y"形式是在"将/把+O_1+V+O_2"形式基础之上形成的。

5.1.1 动词语法化的影响

动词语法化的影响主要体现在处置构式"Prep+O_1+V+O_2"的形成，在连动式"V_1+O_1+V_2+O_2"中，"V_1+O_1"和"V_2+O_2"表示两个独立的动作，即在句式中同时出现两个动词，表示不同的意义。本涅特认为"把（将）"处在连动式中前一个动词的位置上，但后面那个动词在意义上比它重要；而正如洛德所说，意义上不大重要的成分常常变得在句法上也不太重要③。因此当"V_2"表示的动作比"V_1"表示的动作语义重要时，"V_1"就具有了发生语法化的可能，因此在连动式"V_1+O_1+V_2+O_2"中，当"V_2"为主要动词，动词"V_1"为次要动词，即"V_2"表示的意义较为重要，而"V_1"表示的意义不太重要时，动词"V_1"就有可能语法化为介词，从而促使连动式"V_1+O_1+V_2+O_2"重新分析为处置构式

---

① "捉+O（+X）+V"形式和"捉+O（+X）+V+Y"形式仅出现在唐代。
② 蒋绍愚：《近代汉语研究概要》（修订本），北京大学出版社2017年版，第257—259页。
③ 参见蒋绍愚《近代汉语研究概要》（修订本），北京大学出版社2017年版，第245页。

"P+O_1+V+O_2"。周国光与张林林指出:"语法形式同语法意义之间的对应关系是'一对多'和'多对一'的对应关系,而不是简单的一一对应关系。"① 因此对同一语法形式可以有不同的理解,即句式义客观存在的多种理解为句式发生重新分析提供了语义基础。霍伯尔指出:"语法化具有并存性,即一种语法功能可以同时有几种语法形式来表示。一种新形式出现后,旧形式并不立即消失,新旧形式并存。"② 石毓智也指出:"适合某种语法范畴的词汇可能不止一种,它们可能同时发展成为某种语法标记,结果形成了同一种语法形式有不同类型标记的现象,它们长期共存,互相竞争。"③ 因此在先秦时期出现处置构式"以+O_1+V+O_2",在魏晋时期出现处置构式"持/取/将+O_1+V+O_2",在唐代出现处置构式"把/捉+O_1+V+O_2",这说明当语义特征相近的不同动词出现在相同的句法环境中,就有可能会发生相同的语法化路径。拜比(Joan Bybee)也指出:"任何语法源义相同或者相近的词,它们语法化的过程都是一样的。"④ 这体现了语法化的并存原则。需要指出的是,不同句型的处置构式在不同历史时期出现,这主要是由于动词使用频率的影响。沈家煊指出:"实词的使用频率越高,就越容易虚化。"⑤ 石毓智也认为:"一个新的语法化过程常常发生在使用频率高的词上,另一方面使用频率高的词往往保留着旧有的语法特征。"⑥ 魏晋时期,连动式"持/取/将+O_1+V+O_2"开始大量出现,如朱冠明指出:"'持'字句在中古的佛经和诗歌中已经大量出现。"⑦ 曹广顺与龙国富也指出:"两汉以后,连动式大量发展,'取'字的使用频率

---

① 周国光、张林林编著:《现代汉语语法理论与方法》,广东高等教育出版社2011年版,第75页。
② 参见沈家煊《语法化研究综观》,《外语教学与研究》1994年第4期。
③ 石毓智:《语法化理论——基于汉语发展的历史》,上海外语教育出版社2011年版,第13页。
④ 参见邢志群《汉语动词语法化的机制》,北京大学汉语语言学研究中心《语言学论丛》编委会主编《语言学论丛》(第二十八辑),商务印书馆2003年版,第100页。
⑤ 沈家煊:《"语法化"研究综观》,《外语教学与研究》1994年第4期。
⑥ 石毓智:《语法化理论——基于汉语发展的历史》,上海外语教育出版社2011年版,第92页。
⑦ 朱冠明:《中古译经中的"持"字处置式》,浙江大学汉语史研究中心主编《汉语史学报》(第二辑),上海教育出版社2002年版,第83—88页。

较高，大量的使用为'取'语法化为处置介词准备了量的积累。"① 在这一时期，连动式"捉+O_1+V+O_2"出现数量也有所增多，如徐宇红指出："中古时期'捉'的用例比上古时期增加了很多，魏晋南北朝时期以及隋朝初年，在'捉+O_1+V+O_2'这种基本句法结构及其扩展结构中，'捉'的动作性特征逐渐削弱，语义弱化，呈现出一种从动词向介词转变的过渡状态。"② 而在唐代，连动式"把+O_1+V+O_2"才开始大量出现，满足了动词发生语法化所需要的使用频率，从而逐渐语法化为处置介词。朱玉宾也指出："随着连动式'V（把）+O_1+V_2+O_2'的发展，初唐时'把'后宾语泛化，早期处置式的条件具备，最终语法化为表处置的介词。"③ 关于动词"持""取""将""把""捉"的出现频率④，我们选取《诗经》《楚辞》《论语》《左传》《史记》《论衡》六部文献进行统计，如表5-1所示。

表5-1　六部文献动词"持""取""将""把""捉"出现数量统计

文献 动词	诗经	楚辞	论语	左传	史记	论衡
持	1	3	1	4	137	35
取	27	10	12	309	736	105
将	20	3	1	53	346	17
把	0	2	0	0	10	15
捉	0	0	0	1	1	0

从以上数据可以看出，先秦两汉时期，动词"取""将"出现数量较多，而动词"持""把""捉"出现数量较少。就"持""把""捉"来看，动词"持"的出现数量高于动词"把""捉"的出现数量。之所以存在这种变化，是由于语义特征的影响。根据语义特征的不同，这五个动词可以分为两类：一是"持/把/捉"类，在《汉语大字典》中，动词

---

① 曹广顺、龙国富：《再谈中古汉语处置式》，《中国语文》2005年第4期。
② 徐宇红：《"捉"字句研究》，硕士学位论文，南京师范大学，2008年，第18页。
③ 朱玉宾：《近代汉语"把"字句来源探析》，《新疆大学学报》（哲学·人文社会科学版）2016年第4期。
④ 由于处置介词是由动词语法化而形成，因此动词的出现数量在一定程度上可以反映处置介词的数量。

"持"的释义为"握住、拿着"①,动词"把"的释义为"执、握持"②,动词"捉"的释义为"持、握"③,即三者的语义特征为[+持握][-位移]。二是"将/取"类,在《汉语大字典》中,动词"将"的释义为"统率、率领"④,动词"取"的释义为"捕捉、捉拿"⑤,即两者的语义特征为[+握拿][+位移]。其中,动词"持""把""捉"的语义基本相同,都表示"持握某物",而动词"将""取"语义有所不同,具体表现为两者的位移方向不同。郭浩瑜与杨荣祥指出:"'将'是'N_1'携带'N_2'前往某地(N_3),'N_1'是起点,'取'是'N_1'从某处获得'N_2','N_1'是终点。"⑥ 由于动词"持""把""捉"在同一时期共现,语义相近,具有竞争关系,因此出现数量不同。魏培泉指出:"在隋唐之前,动词'把'不常见,更少用作连动式的次动词的。"⑦ 即由于动词"把"出现频率较低,从而在魏晋时期没有语法化为处置介词。徐宇红也指出:"'捉'在上古汉语时期使用很不普遍,魏晋时期处于由动词向介词转化的过渡时期,真正意义上的介词'捉'的出现,应该是在隋末唐初。"⑧ 而动词"将""取"语义差别较大,不具有竞争关系,因此在魏晋时期都语法化为处置介词。即动词"持""取""将"语义特征不同,从而各自具有出现的语言环境,使用频率较高,为动词的语法化提供了条件,促使连动式重新分析为处置构式。需要指出的是,动词的使用频率对

---

① 汉语大字典编辑委员会编纂:《汉语大字典》(九卷本),崇文书局、四川辞书出版社2010年版,第1973页。

② 汉语大字典编辑委员会编纂:《汉语大字典》(九卷本),崇文书局、四川辞书出版社2010年版,第1951页。

③ 汉语大字典编辑委员会编纂:《汉语大字典》(九卷本),崇文书局、四川辞书出版社2010年版,第1882页。

④ 汉语大字典编辑委员会编纂:《汉语大字典》(九卷本),崇文书局、四川辞书出版社2010年版,第2542页。

⑤ 汉语大字典编辑委员会编纂:《汉语大字典》(九卷本),崇文书局、四川辞书出版社2010年版,第430页。

⑥ 郭浩瑜、杨荣祥:《关于汉语处置介词语法化的几个问题》,《古汉语研究》2017年第2期。

⑦ 魏培泉:《论古代汉语中几种处置式在发展中的分与合》,郑秋豫主编《中国境内语言暨语言学》(第四辑),"中研院"历史语言研究所出版品编辑委员会1997年版,第555—594页。

⑧ 徐宇红:《"捉"字句研究》,硕士学位论文,南京师范大学,2008年,第25页。

语义泛化具有影响，这主要是指动词的动作性变弱，即语义较虚。吴福祥指出："在动词向介词语法化过程中，总是伴随着词义虚化现象，包括动词义的弱化和词义的抽象化等。"① 动词"持""取""将""把""捉"都可以表示"执握"的意思，具有[+用手][+握着]的语义特征，因此一般后接可以持握的具体名词。当"O_1"为抽象名词或不可持握的具体名词时，我们就认为动词的语义发生了泛化。在先秦时期，动词"持""取"经常可以后接抽象名词，而动词"将""把""捉"主要后接具体名词。例如：

(1) 楚不在诸侯矣，其仅自完也，以持其世而已。(《左传·昭公十九年》)

(2) 疾疟方起，中山不服，弃盟取怨，无损于楚，而失中山，不如辞蔡侯。(《左传·定公四年》)

(3) 鄢之役，晋伐郑，荆救之。栾武子将上军，范文子将下军。(《国语·晋语六》)

(4) 瑶席兮玉瑱，盍将把兮琼芳。(《楚辞·九歌》)

(5) 叔孙将沐，闻君至，喜，捉发走出，前驱射而杀之。(《左传·僖公二十八年》)

在以上5例中，例(1)(2)属于"持/取+抽象名词"，由于"世"和"怨"属于抽象名词，具有不可持握性，因此动词"持/取"的动作性减弱，语义有所泛化，不再具有[+用手]的语义特征。例(3)(4)(5)属于"将/把/捉+具体名词"，由于"军队"、"琼芳"和"发"属于具体名词，因此动词"将/把/捉"的动作性依然较强。需要指出的是，在这一时期，"把""捉"只有动词用法，而"将"字还可以有副词用法。例如：

(6) 既而悔之，将囚景伯。(《左传·哀公十三年》)

(7) 若无益于晋，晋将弃之，何劳锢焉。(《左传·成公二年》)

---

① 吴福祥主编：《近代汉语语法》，中国社会科学出版社2015年版，第194页。

在以上两例中,"将"属于时间副词,表示"将要"的意义,语义较虚。由于"将"本来属于动词,表示"带领、率领"的意义,因此时间副词"将"的形成可以理解为由动词"将"语法化而来。霍伯尔指出:"一个实词朝一个方向变为一种语法成分后,仍然可以朝另一方向变为同一种语法成分,结果是不同的语法成分可以从同一实词歧变而来。"[①] 这体现了语法化的歧变原则。由于先秦时期已经出现副词"将",这说明动词"将"的语义已经有所虚化,从而为语法化为处置介词的形成提供了准备。并且先秦两汉时期,在连动式中,动词"持""取""将"都可以后接不可持握的名词。例如:

(8) 其人家有好女者,恐大巫祝为河伯取之,以故多持女远逃亡。(《史记·滑稽列传》)

(9) 乃取汉王父母妻子于沛,置之军中以为质。(《史记·高祖本纪》)

(10) 苏秦始将连横说秦惠王,曰……(《战国策·秦策一》)

在以上3例中,动词"持""取""将"分别后接"女""汉王父母妻子""连横",皆为不可持握的名词,从而促使"持""取""将"的语法化。在这一时期,虽然动词"把"可以后接抽象名词,但是在连动式中,"把"后面依然只能出现具体名词。例如:

(11) 择郡中豪敢任吏十余人,以为爪牙,皆把其阴重罪,而纵使督盗贼。(《史记·酷吏列传》)

(12) 牛生马,桃生李,如论者之言,天神入牛腹中为马,把李实提桃间乎?(《论衡·自然篇》)

在例(11)中,动词"把"的宾语为"其阴重罪",属于抽象名词。在例(12)中,动词"把"的宾语为"李实",属于具体名词。这说明动词"把"的语义泛化较慢,因而发生语法化的时间较晚。需要指出的是,在这一时期,没有出现"捉"字连动式。

---

① 参见沈家煊《"语法化"研究综观》,《外语教学与研究》1994年第4期。

5.1.2 语法现象之间的影响

语法现象之间的影响主要是指其他语法现象对处置构式的影响，这主要体现在两个方面：一是双宾语句式对"以"字处置构式的影响；二是动补结构对"将/把"字处置构式的影响。

5.1.2.1 双宾语句式对"以"字处置构式的影响

先秦时期，"以"可以是一个动词，在连动式"以+O_1+V+O_2"中，当动词"以"表示"使用"的意义时，"以+O_1"可以理解为"V+O_2"的工具，在句式中"V"为主要动词，意义较为重要，而"以"的语义不太重要，从而动词"以"可以语法化为工具介词，表示"使用某种工具进行某种动作"，因此这可以看作是对工具"O_1"的强调，介词"以"可以理解为焦点标记，可以对语义成分进行强调。在双宾语句式中，其形式表现为"V+O_1+O_2"，"O_1""O_2"分别属于动词"V"的间接宾语和直接宾语，表示"把'O_2'给予'O_1'"的意义，由于介词"以"可以理解为焦点标记，因此在语境中，为了表达特定的语义，需要对"O_2"进行强调时，就形成了"以+O_2+V+O_1"形式，其中"O_2"属于"V"的受事宾语，因此"以"可以理解为处置介词，在先秦时期形成"以"字处置构式，表示"处置（给）"。到了西汉时期，由于介词"于"的省略，如方平权认为："不少《左传》中限用'于/於'字结构的动词，在《史记》中都进入双宾语结构。"① 因此与格句式"V+O_1+于+O_2"发展为双宾句式"V+O_1+O_2"，表示"把'O_1'移到'O_2'"的意义，由于介词"以"是可以理解为焦点标记，因此对"O_1"进行强调时，形成表"处置（到）"的"以"字处置构式。

5.1.2.2 动补结构对"将/把"字处置构式的影响

动补结构的影响主要体现在处置构式"将/把+O（+V）+V+Y"的形成。在唐代以前，处置构式只有两种形式，分别为"P+O_1+V+O_2"形式和"P+O（+V）+V"形式，在唐代，开始出现"P+O（+V）+V+Y"形式。关于动补结构的出现时间，学界存在不同的意见，如蒋绍愚指出：

---

① 方平权：《关于介词"于"由先秦到汉发展变化的两种结论》，《古汉语研究》2000年第2期。

"但是无论如何，述补结构的普遍使用是在唐代以后。"① 因此我们认为，处置构式"P+O（+V）+V+Y"的形成是受到动补结构的影响。这主要是出于三方面的考虑，一是从出现时间来看，处置构式"P+O（+V）+V+Y"在动补结构普遍使用后才开始出现。其中，"Y"可以指动态助词，即"了""却""着"。吴福祥指出："近代汉语动态助词多由动词发展而来，从连动式中的第二个动词发展为动补结构的补语，再进一步虚化为动相补语，最后发展为动词助词。"② 即动词助词可以看作是由动补结构虚化而来。学界普遍认为，动态助词"了""却""着"出现于唐代，代表学者如曹广顺③、吴福祥④。这也从时间上说明了动补结构对处置构式的影响。二是从形式上来看，石毓智指出："动补结构的发展实质上是动词和补语由原来的两个独立的句法成分在一定的条件之下，融合为一个单一的句法单位，其间的受事宾语等不再能够出现在动词和补语之间。其中有定性的受事名词后来往往置于动词之前，此时处置式是一种最常用的选择。"⑤ 因此在"V+O+Y"形式中，由于受到汉语双音化趋势的影响，当"V"和"Y"融合成动补结构时，"O"就具有了移位的可能，从而为处置构式"P+O（+X）+V+Y"提供了形式上的依据。三是从意义来看，在处置构式中，表示对某种事物施以某种处置动作，而动补结构表示对动作进行补充说明，即动补结构可以对处置构式中的动词进行补充说明，使得处置构式的意义更加明确完整，因此两者具有语义的相融性，即动补结构的出现促进了处置构式的发展。正如石毓智指出："动补结构的建立是推动处置式发展的主要动力。"⑥ 刘子瑜也明确指出："处置式中动词带上补语把处置的结果告知出来，这是处置式表意功能复杂化进而走向成熟的标志，随着动补结构的发展，处置式带补语的情况日益普遍。"⑦ 这体现了动补结构对处置构式的影响。在构式语法理论中，戈德伯格也进行过相关阐释，他指出："定义构式时所参照的形式是从表层形式的具体细节中

---

① 蒋绍愚：《近代汉语研究概要》（修订本），北京大学出版社2017年版，第211页。
② 吴福祥主编：《近代汉语语法》，中国社会科学出版社2015年版，第247页。
③ 曹广顺：《近代汉语助词》，语文出版社1995年版，第10—37页。
④ 吴福祥主编：《近代汉语语法》，中国社会科学出版社2015年版，第247—263页。
⑤ 石毓智：《语法化的动因与机制》，北京大学出版社2006年版，第103页。
⑥ 石毓智：《语法化的动因与机制》，北京大学出版社2006年版，第106页。
⑦ 刘子瑜：《唐五代时期的处置式》，《语言研究》1995年第2期。

抽象出来的，这些细节有时应归因于其他构式。也就是说，一个实际表达式通常是由许多不同构式组合而成的。"① 因此处置构式"P+O（+X）+V+Y"可以看作是处置构式"P+O（+X）+V"和动补结构共同组合而成。

5.1.3 语言环境的影响

这主要是指佛经翻译对处置构式的影响，体现在两个方面，一是促使"持/取"字处置构式的形成，如朱冠明指出："'持'表工具和受事的最早用例见于东汉译经。"② 曹广顺与遇笑容指出，"取"字句的广义处置式只见于魏晋六朝时期的佛经文献。③ 这充分说明汉译佛经是"持/取"字处置构式形成的语言环境。二是促使处置构式"P+O（+X）+V"的出现，唐宋时期，处置构式具有三种类型，分别为"P+O_1+V+O_2"形式、"P+O（+X）+V"形式和"P+O（+X）+V+Y"形式，其中先秦时期已经出现"P+O_1+V+O_2"形式，而"P+O（+X）+V"形式最早出现于魏晋时期，指的即是处置构式"持/取+O（+X）+V"。关于处置构式"持/取+O（+X）+V"的出现，曹广顺与遇笑容指出："当译经者在翻译'取+O+V+之'时，可以省略两个相同宾语中的一个，这时省略对他们来说就有了两种选择：'取+V+之'和'取+O+V'。尽管后者不尽符合汉语的规则，但在母语的驱使下，还是有人、有时候会选择它。'取+O+V'是一个错误的格式，但对译经者的母语来说是一个可以接受的格式，可能是译经者的语法错误导致了该格式的出现。"④ 即处置构式"持/取+O（+X）+V"的出现，是由于译经者受到母语影响而使用的错误格式。虽然我们指出译经者是将佛经原典翻译成汉语，佛经原典中动词后本来就不出现宾语，因而不应该是在"V_1+O+V_2+之"形式中省略"之"，而是在"V_1+O+V_2"形式中增添"之"来适应汉语的表达方式。即由于译经者母语影响而导致"之"的省略是不够准确的，汉译佛经中"V_1+O+V_2"形

---

① ［美］阿黛尔·戈德伯格：《运作中的构式：语言概括的本质》，吴海波译，北京大学出版社 2013 年版，第 20 页。
② 朱冠明：《中古译经中的"持"字处置式》，浙江大学汉语史研究中心主编《汉语史学报》（第二辑），上海教育出版社 2002 年版，第 83—88 页。
③ 参见吴福祥主编《近代汉语语法》，中国社会科学出版社 2015 年版，第 377 页。
④ 曹广顺、遇笑容：《中古译经中的处置式》，《中国语文》2000 年第 6 期。

式本身就符合译经者的母语习惯,而非省略的结果。但是受译经者母语影响,汉译佛经中"取+O+V"形式较为常见,也推动了"取"字处置构式的形成,因而这可以看作是处置构式"P+O(+X)+V"的起源,从而体现了佛经翻译对处置构式的影响。

5.1.4 政治中心变迁的影响

汉语中不同句型处置式出现的时间不同,"以"字处置构式在先秦时期已经出现,"持/取"字处置构式出现于魏晋时期,"将/把"字处置构式出现于隋唐时期,这体现了处置构式的历史发展变化。从内因来看,这种变化是由于语言自身发展的结果,正如石毓智指出:"适合某种语法范畴的词汇可能不止一种,它们可能同时发展成为某种语法标记,结果形成了同一种语法形式有不同类型标记的现象,它们长期共存,互相竞争。"[①] 从而使得处置式在形式上不断完善,语义上更加明确。从外因来看,不同句型处置构式在不同时期出现,且在不同时期的使用频率上也有显著差别,这也可能是受到政治中心变迁的影响,如魏培泉指出:"要是把语言的演变史与政经文化史对照着看,这些新旧处置式轮替之时往往也止是政治势力转移的时候。如'持'突然流行起来是自东汉佛经开始,当时的政治中心和西汉是不一样的。'将'的涌现且压过'持'是在隋唐,由于当时是北方统一了南方,北方于是又成为政经的焦点。……这可以说明为何政经中心或势力转移到其他区域时,文献上的语言有时也可以看到变化。"[②] 这充分说明语言的发展变化是一个复杂的过程,不但会受到自身发展规律的影响,也会受到政治经济、社会文化的影响。

5.2 处置构式的历时形成与发展演变

处置构式最早出现于先秦时期,在不同的时期具有不同的发展变化。处置构式的发展演变主要体现在两点:一是不同句型的处置构式的历时形成,二是不同类型的处置构式的历时形成。

---

① 石毓智:《语法化理论——基于汉语发展的历史》,上海外语教育出版社2011年版,第13页。

② 魏培泉:《论古代汉语中几种处置式在发展中的分与合》,郑秋豫主编《中国境内语言暨语言学》(第四辑),"中研院"历史语言研究所出版品编辑委员会1997年版,第588页。

5.2.1 不同句型的处置构式的历时形成

这主要是指在不同的历史时期,出现了介词不同的处置构式。先秦时期,已经形成"以"字处置构式;魏晋时期,出现了"持/取"字处置构式和"将"字处置构式;唐代出现了"把/捉"处置构式,即在不同的历史时期,出现了不同句型的处置构式。由于处置构式"$P+O_1+V+O_2$"是由连动式"$V_1+O_1+V_2+O_2$"语法化而来,当不同的动词处在相同的句法环境中,就有可能都语法化为处置介词,这体现了语法化的并存原则,从而促使了含有不同介词的处置构式的历时形成。但是语言具有经济性原则,当不同的形式表示相同的意义时,这些形式之间就会存在竞争关系。在处置构式中,经过不同句型处置构式的竞争,最后只有"将/把"字处置构式沿用到现代汉语中,其他处置构式逐渐消失,这体现了语法化的择一原则。

5.2.2 不同类型的处置构式的历时形成

这主要是指形式不同的处置构式。唐宋时期,根据其形式表现,同时结合构式的论元角色,可以将处置构式分为三类,分别是"$P+O_1+V+O_2$"形式、"P+O(+X)+V"形式和"P+O(+X)+V+Y"形式,其中"$P+O_1+V+O_2$"形式在先秦时期已经出现,"P+O(+X)+V"形式在魏晋时期出现,而"P+O(+X)+V+Y"形式直到唐代才开始出现,这体现了不同类型处置构式的历时形成。由于语法是一个系统,因此句法形式的形成发展可以看作是受到多方面因素的影响。关于处置构式"$P+O_1+V+O_2$"的形成,我们认为是内因和外因共同作用的结果,内因是指在连动式"$V_1+O_1+V_2+O_2$"中,由于动词"V_1"的语法化,从而重新分析为处置构式"$P+O_1+V+O_2$";外因即是受到语法系统内其他句式的影响,如"以"字处置构式的形成可以看作是受到双宾句式的影响,"将/把"字处置构式的形成可以看作是受到"以"字处置构式的格式类推。关于处置构式"P+O(+X)+V"的出现,曹广顺与遇笑容认为:"'取+O+V'格式是一个错误的格式,但对译经者的母语来说是一个可以接受的格式,可能是译经者的语法错误导致了该格式的出现。"[①] 而蒋绍愚认为处置构式

---

① 曹广顺、遇笑容:《中古译经中的处置式》,《中国语文》2000年第6期。

"取+O+V"的形成是受梵文影响的观点值得商榷,指出:"'将/把字句'是在人民大众的语言交际中形成的,不可能有梵文的影响,但同样地是采用了'将/把+O+V+∅'这样的删除形式,可见根据汉语自身的规则完全能够出现这种删除。"认为对于"P+O（+X）+V"形式的"解释还要在汉语自身的规则中去找,而不能简单地归结为梵文的影响"①。我们认为,处置构式"取+O（+X）+V"的出现是受到译经者的影响,即是一种错误的格式变体,而处置构式"将/把+O（+X）+V"的形成,是受到两方面的影响,一是可以看作格式类推的结果,即受到了魏晋时期形成的处置构式"取+O（+X）+V"的影响,从而促使出现处置构式"将/把+O（+X）+V",这是其形成的基础。吴福祥也指出:"处于语法化进程中的介词经常相互推动,相互影响,使其功能用法出现趋同,这是基于语法化类推机制的介词功能的扩展。"② 二是由于诗词格律的要求,从而促使处置构式"将/把+O（+X）+V"的大量出现,这是其形成的诱因。关于处置构式"P+O（+X）+V+Y",我们认为是在处置构式"将/把+O（+X）+V"的基础上,受到动补结构的影响形成的。吴福祥指出:"'将+NP+V'格式的出现在处置式的发展进程中有着十分重要的意义:它甩掉了动词后面的NP_2,为补语成分的进入提供了足够的句法空间,下一步的发展是,表达各类语义的补语成分逐渐进入狭义处置式。"③ 因此,由于在唐代开始普遍出现动补结构,从而促使处置构式"将/把+O（+X）+V+Y"的形成,这体现了语法的系统性。

5.2.3 同一类型处置构式义的发展演变

这主要是指同一形式的处置构式表示不同的意义,这可以分为两类:一是表示"处置"义;二是表示"致使"义。例如:

(1) 若将明月为侪侣,应把清风遗子孙。(唐·方干《李侍御上虞别业》)

(2) 以此思量这丈夫,何必将心生爱恋。《敦煌变文校注》卷五《佛说观弥勒菩萨上生兜率天经讲经文》

---

① 蒋绍愚:《近代汉语研究概要》(修订本),北京大学出版社2017年版,第261页。
② 吴福祥主编:《近代汉语语法》,中国社会科学出版社2015年版,第196页。
③ 吴福祥主编:《近代汉语语法》,中国社会科学出版社2015年版,第392页。

(3) 却思成外花台礼,不把庭前竹马骑。《敦煌变文校注》卷五《维摩诘经讲经文》

(4) 引调得、上界神仙,把凡心都起。(宋·无名氏《红窗迥·富春坊》)

(5) 把玉楼推倒,种吾琪树,黄河放浅,栽我金莲。(宋·无名氏《沁园春·昨夜南京》)

(6) 安卿思得义理甚精,只是要将那粗底物事都掉了。(《朱子语类》卷一百二十《朱子十七》)

在以上6例中,例(1)(2)为"(S+) $P+O_1+V+O_2$"形式,例(3)(4)为"(S+) P+O (+X) +V"形式,例(5)(6)为"(S+) P+O (+X) +V+Y"形式,其中在例(1)(3)(5)中,"$O_{(1)}$"为"V"的受事,动作"V"的发出者是"S","S"和"$O_{(1)}$"可以理解为处置关系。在例(2)(4)(6)中,"$O_{(1)}$"为"V"的当事或施事,即动作"V"的发出者是"$O_{(1)}$",因此"S"和"$O_{(1)}$"可以理解为致使关系,整个格式具有一种致使义。关于致使义处置构式的形成,我们认为是两方面的原因:一是处置介词的主观性,如例(2)(4)(6)可以分别看作是对"心""凡心""人"施以主观处置的结果。具体来看,在处置义中,"$O_{(1)}$"可以是"V"的受事,当"$O_{(1)}$"指称抽象事物或者动作行为时,表示抽象的处置过程,"S"对"$O_{(1)}$"的处置可以看作是一种主观处置,从而处置介词可以理解为是一个带有主观性的介词,因此"$O_{(1)}$"可以是施事或当事,表示主观地对"$O_{(1)}$"施以处置,从而表现为致使"$O_{(1)}$"自主发生某种动作变化,从而为致使义处置构式的出现提供基础。二是由于构式的压制作用,从形式上来看,吴福祥指出:"致使义处置式是由狭义处置式或广义处置式扩展而来,即由三价或二价谓词扩展为一价谓词。"[①] 在相同的句法形式中,出现了价数不同的动词,这可以看作是构式压制的结果,即构式为动词添加参与者角色,从而促使构式意义的发展。戈德伯格指出:"有很多研究者注意到,如果表层格式相同,但格式中含有的词却不同,那么相似性应该归因于表层格式,而差异

---

① 吴福祥主编:《近代汉语语法》,中国社会科学出版社2015年版,第396页。

性则应归因于格式中含有的不同动词和论元。"① 同时戈德伯格指出:"但是还要记住,一个小句的意义并不仅仅取决于用来表达它的论元结构构式的意义,这一点也是非常重要的。因此我们需要认真研究个别的动词、特别的论元以及语境。"② 因此,处置构式意义的发展体现了语义成分对构式义的影响。

---

① [美]阿黛尔·戈德伯格:《运作中的构式——语言概括的本质》,吴海波译,北京大学出版社2013年版,第18页。
② [美]阿黛尔·戈德伯格:《运作中的构式——语言概括的本质》,吴海波译,北京大学出版社2013年版,第44页。

结　　语

唐宋时期的处置构式，依据处置介词的不同，大致可以分为六类，分别是"以"字处置构式、"持"字处置构式、"取"字处置构式、"将"字处置构式、"把"字处置构式、"捉"字处置构式。其中"以"字处置构式出现于先秦时期，"持/取"字处置构式和"将"字处置构式大致出现于魏晋时期，而"把/捉"处置构式出现于唐代，这体现了处置构式在不同历史时期的发展变化。

一、唐宋处置构式的语义特点

唐宋时期，存在不同句型的处置构式，即处置构式中的介词不同。在不同句型的处置构式中，"O_1""O_2"的语义特点基本相同，从所指来看，既可以是具体的名词性成分，也可以是抽象的名词性成分，语义类别较为丰富；从词性上来看，都可以是名词、代词、谓词；从构成来看，既可以是词，也可以是短语。其不同主要体现在出现数量上，由于不同句型的处置构式使用频率不同，因此"O_1""O_2"出现数量存在差别，如"将/把"字处置构式具有较高的出现频率，其"O_1""O_2"数量较多；"捉"字处置构式具有较低的出现频率，其"O_1""O_2"数量较少。

二、处置构式在唐宋的发展

唐宋时期，处置构式具有新的发展变化，主要体现在两个方面：一是在形式上；二是在语法意义上。从形式上来看，唐宋时期不同句型的处置构式具有不同的形式表现，结合构式的论元角色来看，"以"字处置构式只有"以+O_1+V+O_2"形式，"持/取"字处置构式具有"持/取+O_1+V+O_2"和"持/取+O（+X）+V"两种形式，"将/把"字处置构式具有

"将/把+O_1+V+O_2"、"将/把+O（+X）+V"和"将/把+O（+X）+V+Y"三种形式，"捉"字处置构式具有"捉+O_1+V+O_2"、"捉+O（+X）+V"和"捉+O（+X）+V+Y"三种形式①。即在唐宋时期，处置构式主要有三种形式，分别为"P+O_1+V+O_2"形式、"P+O（+X）+V"形式和"P+O（+X）+V+Y"形式，其中"P+O（+X）+V+Y"形式最早出现在唐代，这体现了处置构式在形式上的发展变化。从语法意义上来看，"以"字处置构式、"持/取"字处置构式、"将/把"字处置构式、"捉"字处置构式都表示处置意义，但是唐宋时期"将/把"字处置构式可以表示致使意义，即出现了致使义处置构式，这体现了处置构式在语义上的变化。这种变化对此后的处置构式产生了较大影响，蒋绍愚指出："'把/将'字句发展过程中的一个重要趋势：'把/将'字句的功能逐渐由主要表'处置'变为主要表'致使'。"② 这体现了处置构式的发展变化。

三、促使处置构式形成的因素

一种语法现象在历时发展过程中，由于语义成分的变化，其意义也会发生变化。同时由于语法是一个系统，一种语法现象的发展变化，也会受到语法系统内其他语法现象的影响。因此，处置构式的形成可以看作是内因和外因共同作用的结果。内因即是指语法形式与语法意义之间不是一一对应关系，即句式客观存在的多种理解为其重新分析提供了语义基础。在连动式"V_1+O_1+V_2+O_2"中，由于存在两个动词，因此意义不太重要的动词，语义就有了弱化的可能，当关注的焦点是"O_1"时，可以理解为对"O_1"施以处置，如"持衣与豫让"既可以表示"持握'衣服'给予'豫让'"的意义，也可以表示"把'衣服'给予'豫让'"的意义，从而为动词"V_1"的语法化提供语义支持，使得"V_1"语法化为处置介词，从而使得连动式"V_1+O_1+V_2+O_2"重新分析为处置构式"P+O_1+V+O_2"，即句式义客观存在的多种理解为句式发生重新分析提供了语义基础。外因即是指语法系统内其他句式对处置构式的影响，主要体现在三点：一是双宾语句式对"以"字处置构式的影响，在双宾语句式"V+

---

① "捉+O（+X）+V"形式和"捉+O（+X）+V+Y"形式仅出现在唐代。
② 蒋绍愚：《近代汉语研究概要》（修订本），北京大学出版社2017年版，第277页。

O_1+O_2"中,当使用焦点标记"以"对"O_2"进行强调时,促使形成处置构式"以+O_2+V+O_1";二是汉译佛经对处置构式发展的影响,主要表现为由于译经者母语习惯的推动,从而促使处置构式"持/取+O+V"在佛经文献中出现较为普遍;三是动补结构对"将/把"字处置构式的影响,由于动补结构在唐代普遍使用,和处置构式具有语义相融性,可以更加明确处置意义,从而形成处置构式"将/把+O(+X)+V+Y"。其中内因是处置构式形成的根本原因,而外因是处置构式形成的推动因素。

四、影响处置构式发展的因素

在不同的历史时期,出现了不同句型的处置构式,这体现了处置构式的历时发展。即当语义特征相近的不同动词出现在相同的句法环境中,就有可能会发生相同的语法化路径,这体现了语法化的并存原则,即"一种语法功能可以同时有几种语法形式来表示,一种新形式出现后,旧形式并不立即消失,新旧形式并存"[1]。但是最终只有"将/把"字处置构式保留了下来,这体现了语法化的择一原则,即"能表达同一语法功能的多种并存形式经过筛选和淘汰,最后缩减到一、二种"[2]。而其他四种处置构式具有不同的发展结果,这主要是三方面的原因:一是语义特征的影响;二是语言环境的影响;三是地域的影响。

语义特征的影响主要体现在两点:一是影响动词的语法化过程,如霍伯尔指出:"实词虚化为语法成分以后,多少还保持原来实词的一些特点。"[3] 在连动式"以+O_1+V+O_2"中,由于动词"以"可以表示"使用"意义,因而"以"字处置构式的形成经历了"连动式—工具式—处置式"三个阶段,即"以"字式既可以是工具式,也可以是处置构式,因此由于"以"字式具有多义性,从而影响了"以"字处置构式的进一步发展,逐渐被其他处置构式取代。同时,当动词"V"的动作性较强时,语法化往往不够彻底,其动词义较为明显,具体表现为句式既可以理解为连动式,也可以理解为处置构式,从而在与其他处置构式的竞争中逐渐衰落,这体现了语义特点对处置构式发展的影响。二是影响动词的使用频率,而

---

[1] 参见沈家煊《"语法化"研究综观》,《外语教学与研究》1994年第4期。
[2] 参见沈家煊《"语法化"研究综观》,《外语教学与研究》1994年第4期。
[3] 参见沈家煊《"语法化"研究综观》,《外语教学与研究》1994年第4期。

使用频率是发生语法化的必要条件，从而影响了动词语法化的程度。如"持""取""将""把""捉"五个动词，在魏晋时期，动词"持/取/将"语法化为处置介词，形成"持/取/将"处置构式。而直到唐代，动词"把""捉"才语法化为处置介词，形成"把/捉"处置构式。这是由于动词"持""把""捉"语义基本相同，三者之间形成竞争关系，由于唐代以前动词"持"出现数量较多，从而影响了动词"把""捉"的出现频率，因此在魏晋时期没有形成"把/捉"处置构式。而"将""取"语义不同，两者没有竞争关系，都具有较高的出现频率，从而在魏晋时期都形成处置构式。这体现了动词的使用频率对语法化的影响。

语言环境的影响主要是指汉译佛经对"持/取"字处置构式的影响，这主要体现在两点：一是"持/取"字处置构式最早出现在汉译佛经中，即汉译佛经是"持/取"字处置构式形成的语言环境，如朱冠明指出，"持"表工具和受事的最早用例见于东汉译经。[①] 曹广顺与遇笑容指出，"取"字句的广义处置式只见于魏晋六朝时期的佛经文献。[②] 二是"持/取"字处置构式多见于汉译佛经中，而在中土文献中，"持/取"字处置构式的数量不多，因此没有得到广泛使用，从而影响了动词"持/取"语法化的彻底性，导致"持/取"字处置构式逐渐衰落。这体现了句式使用频率对动词语法化的影响。

地域的影响主要体现在方言，如魏培泉指出："'持'的工具式及处置式的用法在东汉以后的佛经中屡有所见，到了隋代的《佛本行集经》时，处置式的使用似乎有由'将'取代'以'之势，这可能是政治势力转移，新政治中心的方言成为优势方言，压到了旧时的主流方言。……而'将'处置式之所以到了隋代才大量出现，是因为从东汉到六朝其所代表的方言并非政治中心，其方言未受到重视而无以反映到文献上。……由此看来，新处置式的产生可能和优势方言大有关系。"[③] 而且就"把/捉"处置构式而言，这两种处置式都出现于唐代，但是只有"把"字处置构式沿用下来，而"捉"字处置构式并没有得到发展。这也是受到地域因素

---

① 参见曹广顺、龙国富《再谈中古汉语处置式》，《中国语文》2005年第4期。
② 参见吴福祥主编《近代汉语语法》，中国社会科学出版社2015年版，第377页。
③ 魏培泉：《论古代汉语中几种处置式在发展中的分与合》，郑秋豫主编《中国境内语言暨语言学》（第四辑），"中研院"历史语言研究所出版品编辑委员会1997年版，第569—588页。

的制约，即"捉"字处置构式属于方言现象，如徐宇红指出："大多数研究者认为'捉'字句是一种方言句式，但具体属于哪一种方言的句式，却没有作明确的回答。"① 同时也是由于动词"捉"的动作性较强，不易彻底语法化为介词，加之受到同时期出现的"把"字处置构式的竞争，从而没有获得在通语中广泛使用的机会，使得"捉"字处置式仅在某些出现频率高的方言中留存，如刘子瑜指出："变文中的'捉'字句集中地出现在个别篇章（如《燕子赋》等）中，以后的文献中极少见到，它的出现大概与当时的方言有关。"② 这体现了地域因素对处置构式的影响。

---

① 徐宇红：《"捉"字句研究》，硕士学位论文，南京师范大学，2008年，第54页。
② 刘子瑜：《唐五代时期的处置式》，《语言研究》1995年第2期。

参考文献

北京大学古文献研究所编：《全宋诗》，北京大学出版社1998年版。
曹广顺：《近代汉语助词》，语文出版社1995年版。
曹广顺、龙国富：《再谈中古汉语处置式》，《中国语文》2005年第4期。
曹广顺、遇笑容：《中古译经中的处置式》，《中国语文》2000年第6期。
曹志耘：《汉语方言地图集》，商务印书馆2008年版。
柴淼：《使成式、处置式、被动式的关系及转换条件》，《佳木斯大学社会科学学报》2012年第6期。
陈承泽：《国文法草创》，商务印书馆1982年版。
陈初生：《早期处置式略论》，《中国语文》1983年第3期。
陈丹：《〈大唐西域记〉"以"字处置式研究》，《辽东学院学报》（社会科学版）2019年第6期。
陈明富、张鹏丽：《论古汉语中的处置式》，《上饶师范学院学报》（社会科学版）2004年第5期。
陈云龙：《近代汉语专题教程》，中国人民大学出版社2011年版。
陈泽平：《福州方言处置介词"共"的语法化路径》，《中国语文》2006年第3期。
成文：《"A把BV了"的使用条件——对"把"字句教学的再思考》，《首都师范大学学报》（社会科学版）2014年第S1期。
程湘清：《两汉汉语研究》，山东教育出版社1985年版。
崔淑燕：《构式语法理论下的特殊句式"把"字句的教学》，《首都经济贸易大学学报》2014年第1期。
崔希亮：《"把"字句的若干句法语义问题》，《世界汉语教学》1995年第3期。

戴浩一、薛凤生：《功能主义与汉语语法》，北京语言学院出版社1994年版。

邓昌荣：《古汉语处置句同"以"的关系及基本结构格局》，《韶关学院学报》2014年第3期。

邓明：《古汉语词义感染综论》，《语文研究》2006年第2期。

刁晏斌：《近代汉语"把"字句与"将"字句的区别》，《辽宁师范大学学报》1993年第1期。

刁晏斌：《近代汉语句法论稿》，辽宁师范大学出版社2001年版。

丁丁：《从致使语义看处置式的发展演变及其机制》，《长安大学学报》（社会科学版）2019年第1期。

董秀芳：《论句法结构的词汇化》，《语言研究》2002年第3期。

董秀芳：《古汉语中动名之间"于/於"的功能再认识》，《古汉语研究》2006年第2期。

董秀英：《汉语方言处置式的标记模式》，《华中学术》2017年第2期。

董治国：《古代汉语句型分类详解》，南开大学出版社2016年版。

董志翘：《〈入唐求法巡礼行记〉的词汇特点及其在中古汉语词汇史研究上的价值》，《中国语文》1999年第2期。

杜敏：《早期处置式的表现形式及其底蕴》，《陕西师范大学学报》（哲学社会科学版）1996年第4期。

杜文霞：《"把"字句在不同语体中的分布、结构、语用差异考察》，《南京师大学报》（社会科学版）2005年第1期。

范晓：《动词的配价与汉语的把字句》，《中国语文》2001年第4期。

范晓：《汉语句子的多角度研究》，商务印书馆2009年版。

范颖睿：《现代汉语"把"字句谓语动词的语义特征》，《内蒙古师范大学学报》（哲学社会科学版）2012年第3期。

方平权：《关于介词"于"由先秦到汉发展变化的两种结论》，《古汉语研究》2000年第2期。

冯春田：《近代汉语语法研究》，山东教育出版社2000年版。

高亚亨：《汉语心理认同类"把"字句的构式研究——兼论韩英对应构式的比较》，博士学位论文，上海师范大学，2011年。

高增霞：《现代汉语连动式的语法化视角》，中国档案出版社2006

年版。

葛丽娜：《敦煌变文介词研究》，硕士学位论文，云南大学，2017年。

葛龙龙：《汉语"把"字句"被"字句构式研究》，硕士学位论文，西北师范大学，2012年。

郭浩瑜：《处置式的语法意义》，《洛阳师范学院学报》2009年第1期。

郭浩瑜、杨荣祥：《试论早期致使义处置式的产生和来源》，《语言科学》2016年第1期。

郭浩瑜、杨荣祥：《关于汉语处置介词语法化的几个问题》，《古汉语研究》2017年第2期。

郭浩瑜：《宋以来典型致使义处置类型的来源和发展》，《五邑大学学报》（社会科学版）2017年第2期。

郭锐：《"把"字句的语义构造和论元结构》，北京大学汉语语言学研究中心《语言学论丛》编委会编《语言学论丛》（第二十八辑），商务印书馆2003年版。

郭圣林、聂剑：《"把"字句及其下位句式语篇分布研究》，《南京师范大学文学院学报》2015年第2期。

郭姝慧：《"把"字句与"使"字句的置换》，《山西大学学报》2008年第3期。

郭锡良：《介词"以"的起源和发展》，《古汉语研究》1998年第1期。

郭锡良：《古汉语语法论集》，语文出版社1998年版。

郭锡良：《汉语史论集》（增补本），商务印书馆2005年版。

郭燕妮：《致使义把字句的句法语义语用分析》，《汉语学报》2008年第1期。

汉语大字典编辑委员会编纂：《汉语大字典》，崇文书局2010年版。

何亚南：《汉语处置式探源》，《南京师大学报》2001年第5期。

何乐士：《古汉语语法研究论文集》，商务印书馆2000年版。

洪水英：《南北方言中处置式主观性的差异表达——以〈红楼梦〉和〈蜃楼志〉"把/将"处置式为例》，《东南传播》2012年第11期。

胡附、文炼：《现代汉语语法探索》，东方书店1955年版。

胡昊：《汉语处置式类型学考察》，硕士学位论文，江西师范大学，

2021 年。

胡文泽：《也谈"把"字句的语法意义》，《语言研究》2005 年第 2 期。

黄锦章：《汉语处置式的原型及相关句式意义》，《东方语言学》2010 年第 1 期。

黄晓雪：《"持拿"义动词的演变模式及认知解释》，《语文研究》2010 年第 3 期。

黄晓雪、李崇兴：《方言中"把"的给予义的来源》，《语言研究》2004 年第 4 期。

黄新强、黄婷婷：《保留宾语把字句的句法生成研究》，《河北北方学院学报》（社会科学版）2011 年第 3 期。

黄征、张涌泉校注：《敦煌变文校注》，中华书局 1997 年版。

吉仕梅：《"把"字句究竟出现于何时》，《乐山师专学报》（社会科学版）1995 年第 2 期。

蒋光美：《汉语"把"字句研究综述》，《柳州职业技术学院学报》2013 年第 5 期。

蒋冀骋：《论明代吴方言的介词"捉"》，《古汉语研究》2003 年第 3 期。

蒋冀骋、吴福祥：《近代汉语纲要》，湖南教育出版社 1997 年版。

江蓝生：《汉语连—介词的来源及其语法化的路径和类型》，《中国语文》2012 年第 4 期。

蒋绍愚：《把字句略论——兼论功能扩展》，《中国语文》1997 年第 4 期。

蒋绍愚：《近代汉语研究概要》（修订本），北京大学出版社 2017 年版。

蒋绍愚、曹广顺主编：《近代汉语语法史研究综述》，商务印书馆 2005 年版。

金立鑫：《"把"字句的句法、语义、语境特征》，《中国语文》1997 年第 6 期。

金立鑫：《选择使用"把"字句的流程》，《汉语学习》1998 年第 4 期。

金立鑫、崔圭钵：《"把"字句的结构功能动因分析》，《汉语学习》

2019 年第 1 期。

景士俊：《"把"字句琐议》，《语文学刊》1988 年第 5 期。

雷冬平、胡丽珍：《汉语词汇化和语法化的多维探析》，学林出版社 2016 年版。

雷雨：《有定直宾双宾句与可转换"把"字句对比》，《汉语学习》2015 年第 1 期。

李崇兴：《处所词发展历史的初步考察》，胡竹安、杨耐思、蒋绍愚主编《近代汉语研究》，商务印书馆 1992 年版。

李春明、李永春：《〈朱子语类〉中几种常见处置式》，《语文学刊》2020 年第 2 期。

李蓝、曹茜蕾：《汉语方言中的处置式和"把"字句（上）》，《方言》2013 年第 1 期。

李蓝、曹茜蕾：《汉语方言中的处置式和"把"字句（下）》，《方言》2013 年第 2 期。

黎锦熙：《新著国语文法》，商务印书馆 1992 年版。

李临定：《现代汉语句型》，商务印书馆 1986 年版。

李林青：《"以"字结构与"将/把"处置式的对比》，《科教导刊》（中旬刊）2010 年第 10 期。

李璐笛：《从〈世说新语〉和〈洛阳伽蓝记〉看南北朝时期处置式的南北发展》，《中州大学学报》2018 年第 6 期。

李青：《现代汉语把字句主观性研究》，博士学位论文，吉林大学，2011 年。

李强、袁毓林：《语义解释的生成词库理论及其运用》，外语教学与研究出版社 2020 年版。

李如龙：《汉语方言研究文集》，商务印书馆 2008 年版。

李小军：《语法化演变中音变对义变的影响》，《汉语学报》2014 年第 2 期。

李小军：《汉语语法化词库》，中国社会科学出版社 2021 年版。

李顺：《〈朱子语类〉词义类聚研究》，硕士学位论文，广西师范学院，2016 年。

李因：《"把"字的误用》，《语文学习》1954 年第 4 期。

李英哲：《汉语历时共时语法论集》，北京语言文化大学出版社 2001

年版。

梁东汉：《论"把"字句》，北京大学中国语言文学系编《语言学论丛》（第二辑），新知识出版社 1958 年版。

刘宝霞：《上古汉语中与双宾语相关的几种句式》，《清华大学学报》2009 年第 2 期。

刘丹青：《语序类型学与介词理论》，商务印书馆 2003 年版。

刘丹青：《汉语方言语法研究的新视角》，上海教育出版社 2013 年版。

刘海波：《从致使表达的角度看近代汉语致使义处置式的来源和发展》，《荆楚学刊》2019 年第 4 期。

刘海平：《从语义角色角度看〈史记〉双宾句式》，《东南大学学报》（哲学社会科学版）2009 年第 6 期。

刘继超：《"被""把"同现句的类型及其句式转换》，《江西师范大学学报》1997 年第 1 期。

刘坚、江蓝生、白维国、曹广顺：《近代汉语虚词研究》，语文出版社 1992 年版。

刘坚、曹广顺、吴福祥：《论诱发汉语词汇语法化的若干因素》，《中国语文》1995 年第 3 期。

刘培玉、赵敬华：《把字句里介词"把"前面的成分》，《中南大学学报》（社会科学版）2005 年第 2 期。

刘培玉：《关于"把"字句的语法意义》，《汉语学习》2009 年第 3 期。

刘培玉：《现代汉语把字句的多角度探究》（第二辑），华中师范大学出版社 2009 年版。

柳士镇：《询问义动词"问"字宾语形式的历史考察》，《南京大学学报》1989 年第 6 期。

刘伟：《构式语法理论视角下的"把"字句研究》，《牡丹江教育学院学报》2014 年第 4 期。

刘希：《〈石点头〉处置式研究》，硕士学位论文，四川师范大学，2015 年。

刘正光：《构式语法研究》，上海外语教育出版社 2011 年版。

刘峥峥：《"把"字句"致使—位移"构式解释》，《现代语文》（语言研究版）2015 年第 5 期。

刘子健：《浅析使成式、处置式、被动式关系》，《时代文学》（上半月）2015 年第 12 期。

刘子瑜：《唐五代时期的处置式》，《语言研究》1995 年第 2 期。

刘子瑜：《再谈唐宋处置式的来源》，北京大学中文系《语言学论丛》编委会编《语言学论丛》（第二十五辑），商务印书馆 2002 年版。

刘子瑜：《处置式带补语的历时发展》，《语言教学与研究》2009 年第 1 期。

刘子瑜：《古汉语"以"字结构是否处置式的再讨论》，浙江大学汉语史研究中心主编《汉语史学报》（第十辑），上海教育出版社 2010 年版。

龙国富：《试论"以""持"不能进入狭义处置式的原因》，《古汉语研究》2007 年第 1 期。

龙国富：《从"以/将"的语义演变看汉语处置式的语法化链》，浙江大学汉语史研究中心主编《汉语史学报》（第九辑），上海教育出版社 2009 年版。

楼枫：《唐宋至明清处置式研究》，硕士学位论文，上海师范大学，2009 年。

楼枫：《近代汉语时期处置式与被动式糅合句型》，《赤峰学院学报》2011 年第 9 期。

楼枫：《近代汉语时期致使义处置式研究》，《长春师范学院学报》2012 年第 5 期。

陆丙甫、金立鑫主编：《语言类型学教程》，北京大学出版社 2015 年版。

卢惠惠：《古代白话小说"把/将"字句语体适应性》，《西北大学学报》（哲学社会科学版）2006 年第 3 期。

陆俭明：《现代汉语语法研究教程》，北京大学出版社 2003 年版。

陆俭明：《构式语法理论的价值与局限》，《南京师范大学文学院学报》2008 年第 1 期。

鲁小龙：《处置和被动："给+VP"结构的及物性和语义韵》，《语言研究集刊》2022 年第 1 期。

罗二红：《旅顺博物馆藏敦煌写本〈坛经〉研究》，硕士学位论文，云南师范大学，2016年。

罗国强：《"以字句"略论》，《浙江树人大学学报》（人文社会科学版）2007年第2期。

罗耀华：《副词化、词汇化与语法化——语气副词探微》，华中师范大学出版社2015年版。

罗耀华、郑友阶：《构式语法理论与汉语构式研究》，中国社会科学出版社2021年版。

吕叔湘：《中国文法要略》，商务印书馆2014年版。

吕叔湘著，江蓝生补：《近代汉语指代词》，商务印书馆1985年版。

吕叔湘：《汉语语法论文集》，商务印书馆1999年版。

马贝加：《对象介词"将"的产生》，《语言研究》2000年第4期。

马贝加：《近代汉语介词》，中华书局2002年版。

马贝加：《在汉语历时分析中如何区分动词和介词》，《中国语文》2003年第1期。

马庆株：《汉语语义语法范畴问题》，北京语言文化大学出版社1998年版。

梅广：《把字句》，《台湾大学文史哲学报》1978年第12期。

梅祖麟：《唐宋处置式的来源》，《中国语文》1990年第3期。

牛保义编著：《"把"字句语义建构的动因研究》，《现代外语》2008年第2期。

牛保义编著：《构式语法理论研究》，上海外语教育出版社2011年版。

牛保义、李香玲、申少帅：《构式语法研究》，外语教学与研究出版社2020年版。

潘秋平：《上古汉语与格句式研究》，商务印书馆2015年版。

潘文娱：《对"把"字句的进一步探讨》，《语言教学与研究》1978年第3期。

潘允中：《汉语语法史概要》，中州书画社1982年版。

齐沪扬：《带处所宾语的"把"字句中处所宾语省略与移位的制约因素的认知解释》，《华文教学与研究》2010年第1期。

齐荣：《"把"字句的用法》，《语文学习》1954年第4期。

钱一华、熊文新：《"把"字句下位构式原型语义及构式化程度对比研究》,《语料库语言学》2022 年第 1 期。

秦帅杰:《〈七侠五义〉中的"把"字句和"将"字句》,《现代语文》2020 年第 8 期。

裘锡圭:《说"以"》,《古文字论集》,中华书局 1992 年版。

屈承熹:《汉语认知功能语法》,黑龙江人民出版社 2005 年版。

饶长溶:《把字句·被字句》,人民教育出版社 1990 年版。

饶春、王煜景:《处置式起源与演变研究述评》,《现代语文》(语言研究版) 2012 年第 12 期。

邵敬敏:《把字句及其变换句式》,江苏古籍出版社编《研究生论文选集·语言文字分册》(一),江苏古籍出版社 1985 年版。

邵敬敏、赵春利:《"致使把字句"和"省隐被字句"及其语用解释》,《汉语学习》2005 年第 4 期。

邵敬敏:《汉语语法学史稿》(修订版),商务印书馆 2006 年版。

邵敬敏、赵春利:《关于语义范畴的理论思考》,《世界汉语教学》2006 年第 1 期。

邵敬敏主编:《现代汉语通论》(第二版),上海教育出版社 2007 年版。

邵敬敏、任芝锳、李家树、税昌锡、吴立红:《汉语语法专题研究》(增订本),北京大学出版社 2009 年版。

邵永海:《从〈左传〉和〈史记〉看上古汉语的双宾语结构及其发展》,严家炎、袁行霈主编《缀玉集——北京大学中文系研究生论文选编》,北京大学出版社 1990 年版。

沈家煊:《语法化研究综观》,《外语教学与研究》1994 年第 4 期。

沈家煊:《如何处置"处置式"?——论把字句的主观性》,《中国语文》2002 年第 5 期。

沈家煊主编:《现代汉语语法的功能、语用、认知研究》,商务印书馆 2005 年版。

沈家煊:《不对称和标记论》,商务印书馆 2015 年版。

时兵:《上古汉语双及物结构研究》,安徽大学出版社 2007 年版。

施发笔:《〈水浒传〉中用于处置式的介词"把"和"将"》,《忻州师范学院学报》2019 年第 6 期。

施春宏:《边缘"把"字句的语义理解和句法构造》,《语言教学与研究》2015 年第 6 期。

施春宏:《形式和意义互动的句式系统研究——互动构式语法探索》,商务印书馆 2018 年版。

史金生:《语法化的语用机制与汉语虚词研究》,学林出版社 2017 年版。

史俊丽:《处置式的语法化历程》,硕士学位论文,山西大学,2004 年。

石毓智:《汉语研究的类型学视野》,江西教育出版社 2004 年版。

石毓智:《处置式产生和发展的历史条件》,《语言研究》2006 年第 3 期。

石毓智:《语法化的动因与机制》,北京大学出版社 2006 年版。

石毓智:《汉语方言中被动式和处置式的复合标记》,《广西师范大学学报》(哲学社会科学版) 2008 年第 2 期。

石毓智、刘春卉:《汉语方言处置式的代词回指现象及其历史来源》,《语文研究》2008 年第 3 期。

石毓智:《语法结构之间的功能交叉——论处置、工具、双宾、比拟、充当等结构的共性》,《语言教学与研究》2008 年第 4 期。

石毓智、王统尚:《方言中处置式和被动式拥有共同标记的原因》,《汉语学报》2009 年第 2 期。

石毓智:《语法化理论——基于汉语发展的历史》,上海外语教育出版社 2011 年版。

石毓智、李讷:《汉语语法化的历程——形态句法发展的动因和机制》,北京大学出版社 2001 年版。

宋欢婕、杨玉玲:《基于隐喻的"把"字句家族构式网络研究》,《语言教学与研究》2022 年第 4 期。

宋奇霞:《现代汉语处置式的构式化及相关问题分析》,硕士学位论文,扬州大学,2022 年。

宋绍年:《汉语史论文集》,武汉出版社 2002 年版。

宋玉柱:《关于"把"字句的两个问题》,《语文研究》1981 年第 2 期。

孙锡信:《汉语历史语法要略》,复旦大学出版社 1992 年版。

孙艳:《佛经翻译与汉语四字格的发展》,《中央民族大学学报》2005

年第 1 期。

孙宜春、邵宜：《汉语方言位移类处置式中的 V_1V_2——兼论复音处置介词的来源》，《语言科学》2021 年第 3 期。

[日] 太田辰夫：《中国语历史文法》（修订译本），蒋绍愚、徐昌华译，北京大学出版社 2003 年第 2 版。

田春来：《〈祖堂集〉介词研究》，博士学位论文，上海师范大学，2007 年。

田春来：《汉语处置介词的来源和替换》，《浙江师范大学学报》（社会科学版）2011 年第 1 期。

田春来：《近代汉语处置式分类评述》，《燕山大学学报》2011 年第 1 期。

田飞：《论汉语处置式的发展变化》，《安顺学院学报》2013 年第 5 期。

唐圭璋编：《全宋词》，中华书局 1965 年版。

唐瑷彬、孙中会：《试析"把/将"字句在处置义上的差异》，《安徽文学》2012 年第 4 期。

王重民辑：《敦煌曲子词集》，商务印书馆 1950 年版。

王重民、王庆菽、向达、周一良、启功、曾毅公编：《敦煌变文集》，人民文学出版社 1984 年版。

王翠：《"洪涛越凌乱"应如何理解？》，《中国语文》2016 年第 5 期。

王广成、王秀卿：《事件结构的句法映射——以"把"字句为例》，《现代外语》2006 年第 4 期。

王红旗：《"把"字句的意义究竟是什么》，《语文研究》2003 年第 2 期。

王虎、王晶：《近代汉语处置式研究综述》，《湖南工程学院学报》2013 年第 3 期。

王还：《"把"字句和"被"字句》，上海教育出版社 1984 年版。

王乐苹：《处置义介词"将"的语法化研究》，《现代语文》2020 年第 11 期。

王蕾：《致使义视角下的"把"字句及其英语表达形式》，《外语教学与研究》（外国语文双月刊）2008 年第 1 期。

王力：《汉语史稿》，中华书局 2013 年版。

王力:《汉语语法史》,中华书局 2014 年版。

王力:《中国现代语法》,中华书局 2014 年版。

王力:《中国语法理论》,中华书局 2015 年版。

王立颖:《〈全唐诗〉中的处置式研究》,硕士学位论文,陕西师范大学,2015 年。

吴亮:《"把"字句与"将"字句差异的多角度考察与分析》,《南京航空航天大学学报》(社会科学版) 2013 年第 3 期。

王坤:《"将"字处置式的构式语法化》,《宜宾学院学报》2017 年第 1 期。

王忻:《从〈颜氏家训〉管窥魏晋时期汉语词汇复音化的发展》,《古汉语研究》1998 年第 3 期。

王寅:《语义理论与语言教学》,上海外语教育出版社 2001 年版。

王寅:《构式压制、词汇压制和惯性压制》,《外语与外语教学》2009 年第 12 期。

王寅:《构式语法研究(上卷):理论思索》,上海外语教育出版社 2011 年版。

王寅:《认知语言学教程》,北京大学出版社 2021 年版。

王远新:《语言理论与语言学方法论》,教育科学出版社 2006 年版。

王云路、方一新:《中古汉语语词例释》,吉林教育出版社 1992 年版。

王自强编著:《现代汉语虚词用法小词典》,上海辞书出版社 1984 年版。

魏培泉:《论古代汉语中几种处置式在发展中的分与合》,郑秋豫主编《中国境内语言暨语言学》(第四辑),"中研院"历史语言研究所出版品编辑委员会 1997 年版。

翁姗姗:《现代汉语非典型"把"字句研究》,博士学位论文,北京大学,2012 年。

吴翠翠:《〈贤愚经〉述补式和处置式研究》,硕士学位论文,南京师范大学,2017 年。

吴福祥:《敦煌变文语法研究》,岳麓书社 1996 年版。

吴福祥:《汉语伴随介词语法化的类型学研究——兼论 SVO 型语言中伴随介词的两种演化模式》,《中国语文》2003 年第 1 期。

吴福祥：《再论处置式的来源》，《语言研究》2003年第3期。

吴福祥主编：《汉语语法化研究》，商务印书馆2005年版。

吴福祥：《语法论丛》，上海教育出版社2009年版。

吴福祥：《汉语主观性与主观化研究》，商务印书馆2011年版。

吴福祥主编：《近代汉语语法》，中国社会科学出版社2015年版。

吴福祥、张定：《语义图模型：语言类型学的新视角》，《当代语言学》2011年第4期。

吴晶：《有关汉语处置句是否是逆动句的再讨论》，《南昌航空大学学报》（社会科学版）2022年第1期。

吴平、田兴斌：《汉语致使句的语义推衍：以"使"字句和"把"字句为例》，《逻辑学研究》2018年第1期。

伍铁平：《词义的感染》，《语文研究》1984年第3期。

吴为善：《认知语言学与汉语研究》，复旦大学出版社2010年版。

吴为善：《构式语法与汉语构式》，学林出版社2016年版。

席留生：《"把"字句的认知研究》，博士学位论文，河南大学，2008年。

夏靓：《早期北京话处置式研究》，硕士学位论文，黑龙江大学，2021年。

项楚：《寒山诗注》，中华书局2000年版。

邢志群：《汉语动词语法化的机制》，北京大学汉语语言学研究中心《语言学论丛》编委会主编《语言学论丛》（第二十八辑），商务印书馆2003年版。

熊仲儒：《致使范畴"以"与"以"字处置》，《语言科学》2010年第1期。

（汉）许慎：《说文解字》，中华书局1963年版。

徐宇红：《"捉"字句研究》，硕士学位论文，南京师范大学，2008年。

徐正考、杨朋飞：《"以"字处置式研究》，《南京师大学报》（社会科学版）2018年第5期。

徐志林：《双宾语的变式结构和早期处置式》，《广东教育学院学报》2008年第2期。

徐志林：《汉语双宾句式的历史发展及相关问题研究》，中国文史出版社 2013 年版。

薛凤生：《"把"字句和"被"字句的结构意义》，戴浩一、薛凤生主编《功能主义与汉语语法》，北京语言学院出版社 1994 年版。

杨朋飞：《唐宋处置构式研究》，博士学位论文，吉林大学，2020 年。

杨朋飞：《汉语处置式及其形成研究述评》，《淮北师范大学学报》（哲学社会科学版）2022 年第 5 期。

杨素英：《从情状类型来看"把"字句（上）》，《汉语学习》1998 年第 2 期。

杨素英：《从情状类型来看"把"字句（下）》，《汉语学习》1998 年第 3 期。

杨永龙：《结构式的语法化与构式演变》，《古汉语研究》2016 年第 4 期。

姚晓丹：《试说处置式的产生与发展》，《盐城师专学报》1993 年第 3 期。

殷薇：《佛经翻译之阶段性及其特点》，《长江大学学报》（社会科学版）2013 年第 3 期。

叶蜚声、徐通锵：《语言学纲要》，北京大学出版社 1997 年版。

叶狂、潘海华：《把字句的跨语言视角》，《语言科学》2012 年第 6 期。

叶向阳：《"把"字句的致使性解释》，《世界汉语教学》2004 年第 2 期。

叶友文：《隋唐处置式内在渊源分析》，《中国语言学报》1988 年第 1 期。

易勋：《把字句"处置式"之研究》，《语文学刊》2013 年第 18 期。

于红岩：《浅析"拿"字处置式》，《语文研究》2001 年第 3 期。

余乐：《汉语方言复合处置标记》，《华中学术》2020 年第 4 期。

余乐：《汉语方言处置范畴比较研究》，博士学位论文，华中师范大学，2018 年。

余少平、庄文量：《授予动词"把"来自对"把 $O_直$ 与 $O_间$"的重新分析》，林华东主编《汉语方言语法新探索：第四届汉语方言语法国际研讨会论文集》，厦门大学出版社 2010 年版。

袁宾：《近代汉语概论》，上海教育出版社 1992 年版。

袁宾编著：《二十世纪的近代汉语研究》，书海出版社 2001 年版。

曾海清：《近代汉语"把与"的来源去向及其句法语义探析》，《安徽大学学报》（哲学社会科学版）2011 年第 6 期。

张伯江：《现代汉语的双及物结构式》，《中国语文》1999 年第 3 期。

张伯江：《论"把"字句的句式语义》，《语言研究》2000 年第 1 期。

张伯江：《从施受关系到句式语义》，学林出版社 2015 年版。

张伯江：《说把字句》，学林出版社 2019 年版。

张赪：《汉语介词词组词序的历史演变》，北京语言文化大学出版社 2002 年版。

张宏玲：《处置式相关问题探析》，《语文学刊》2015 年第 1 期。

张华文：《〈早期处置式略论〉质疑——与陈初生同志商榷》，《云南师范大学学报》（哲学社会科学版）1985 年第 1 期。

张济卿：《有关"把"字句的若干验证与探索》，《语文研究》2000 年第 1 期。

张婧：《近代汉语"把"字式处置式研究》，《语文学刊》2009 年第 8 期。

张娟：《魏晋南北朝时期"以"字处置式的动词特点考察》，《宜宾学院学报》2009 年第 9 期。

张俊阁：《后期近代汉语方言处置式类型学考察》，山东人民出版社 2016 年版。

张黎：《汉语"把"字句的认知类型学解释》，《世界汉语教学》2007 年第 3 期。

张美兰：《论近代汉语"我把你个+名词性成分"句式》，《语文研究》2000 年第 3 期。

张美兰：《近代汉语语言研究》，天津教育出版社 2001 年版。

张美兰：《汉语双宾语结构句法及其语义的历时研究》，清华大学出版社 2014 年版。

张旺熹：《"把"字句的位移图式》，《语言教学与研究》2001 年第 3 期。

张文：《影响汉语给予类双及物构式句式选择的制约因素》，《语言教学与研究》2005 年第 2 期。

张谊生：《近代汉语"把个"句研究》，《语言研究》2005 年第 3 期。

张豫峰：《现代汉语致使态研究》，复旦大学出版社 2014 年版。

张玥：《处置事件的话语表达研究》，《华夏文化论坛》2022 年第 1 期。

章也：《汉语处置式探源》，《内蒙古师大学报》（哲学社会科学版）1992 年第 4 期。

张志公：《汉语语法常识》，新知识出版社 1953 年版。

赵燕华：《"把"字句研究新视角——"致使—位移"构式》，《哈尔滨师范大学社会科学学报》2011 年第 4 期。

郑宏：《介词"将"的产生》，《江汉大学学报》（人文科学版）2008 年第 3 期。

郑宏：《近代汉语"把"字被动句及其在现代汉语方言中的地域分布》，《西北大学学报》（哲学社会科学版）2012 年第 3 期。

郑宏：《近代汉语有标记被动句研究》，语文出版社 2017 年版。

郑伟娜：《汉语把字句的及物性分析》，《语言教学与研究》2012 年第 1 期。

中华书局编辑部编：《全唐诗》，中华书局 1999 年版。

钟叡逸：《语法地图见两岸闽客方言处置式拓展》，《海外华文教育》2018 年第 4 期。

周长银：《事件结构的语义和句法研究》，《当代语言学》2010 年第 1 期。

周国光、张林林编著：《现代汉语语法理论与方法》，广东高等教育出版社 2011 年版。

周红：《"把"字句、"被"字句与致使力的传递》，《齐齐哈尔大学学报》（哲学社会科学版）2008 年第 3 期。

周金萍：《〈五灯会元〉并列式复音词研究》，硕士学位论文，南京师范大学，2013 年。

周琼华：《明清处置式探讨》，硕士学位论文，上海师范大学，2009 年。

朱冠明：《中古译经中的"持"字处置式》，浙江大学汉语史研究中心主编《汉语史学报》（第二辑），上海教育出版社 2002 年版。

朱冠明：《中古译经处置式补例》，《中国语文》2004 年第 4 期。

朱佳蕾、花东帆：《被动主动句——认识把字句句法语义的新视角》，

《语言教学与研究》2018年第1期。

朱靖怡：《〈景德传灯录〉副词研究》，硕士学位论文，东北师范大学，2015年。

祝敏彻：《论初期处置式》，北京大学中国语言文学系编《语言学论丛》（第一辑），新知识出版社1957年版。

祝敏彻：《近代汉语句法史稿》，中州古籍出版社1996年版。

朱明来：《宋人话本动补结构研究》，博士学位论文，山东大学，2006年。

朱玉宾：《近代汉语"把"字句来源探析》，《新疆大学学报》（哲学·人文社会科学版）2016年第4期。

朱玉宾：《近代汉语"把/将"字句的竞争及成因》，《烟台大学学报》（哲学社会科学版）2016年第6期。

朱玉宾：《常式与变式——近代汉语"把"字句研究》，中西书局2018年版。

［法］贝罗贝（Alain Peyraube）：《双宾语结构从汉代至唐代的历史发展》，《中国语文》1986年第3期。

［法］贝罗贝（Alain Peyraube）：《早期"把"字句的几个问题》，《语文研究》1989年第1期。

［英］本涅特（P. A. Bennett）：《被动式和处置式的发展》，《中国语言学报》1981年第1期。

［英］布林顿（Laurel J. Brinton）、［美］特劳戈特（Elizabeth Closs Traugott）：《词汇化与语言演变》，罗耀华、郑友阶、樊城呈、柴延艳译，商务印书馆2013年版。

［德］盖拉茨（Dirk Geeraerts）主编：《认知语言学基础》，邵军航、杨波译，上海译文出版社2012年版。

［美］戈德伯格（Adele E. Goldberg）：《构式：论元结构的构式语法研究》，吴海波译，北京大学出版社2007年版。

［美］戈德伯格（Adele E. Goldberg）：《运作中的构式：语言概括的本质》，吴海波译，北京大学出版社2013年版。

［德］海涅（Bernd Heine）、克劳迪（Ulrike Claudi）、许内迈尔（Friederike Hünnemeyer）：《语法化：概念框架》，龙海平译，世界图书出版公司2018年版。

［德］海涅（Bernd Heine）、库特夫（Tania Kuteva）：《语法化的世界词库》，龙海平、谷峰、肖小平译，世界图书出版公司 2012 年版。

［美］霍伯尔（Paul J. Hopper）、特拉格特（Elizabeth Closs Traugott）：《语法化学说》（第二版），梁银峰译，复旦大学出版社 2008 年版。

［英］科姆里（Bernard Comrie）：《语言共性和语言类型》，沈家煊、罗天华译，北京大学出版社 2010 年版。

［美］莱考夫（George Lakoff）：《女人、火与危险事物：范畴显示的心智》，李葆嘉、章婷、邱雪玫译，世界图书出版公司 2016 年版。

［日］太田辰夫：《中国语历史文法》，北京大学出版社 2003 年第 2 版。

［美］特劳戈特（Elizabeth Closs Traugott）、［英］特荣斯代尔（Graeme Trousdale）：《构式化与构式演变》，詹芳琼、郑友阶译，商务印书馆 2019 年版。

［日］志村良治：《中国中世语法史研究》，江蓝生、白维国译，中华书局 1995 年版。